KB181805

모두를
위한
리눅스
프로그래밍

모두를위한 리눅스 프로그래밍

1쇄 발행 2018년 11월 21일

지은이 아오키 미네로
옮긴이 이동규
펴낸이 장성두
펴낸곳 주식회사 제이펍

출판신고 2009년 11월 10일 제406-2009-000087호
주소 경기도 파주시 회동길 159 3층 3-B호
전화 070-8201-9010 / **팩스** 02-6280-0405
홈페이지 www.jpub.kr / **원고투고** jeipub@gmail.com
독자문의 readers.jpub@gmail.com / **교재문의** jeipubmarketer@gmail.com

편집부 이종무, 황혜나, 최병찬, 이 슬, 이주원 / **소통·기획팀** 민지환 / **회계팀** 김유미
교정·교열 이주원 / **내지디자인** 최병찬 / **표지디자인** 미디어픽스
용지 에스에이치페이퍼 / **인쇄** 한승문화사 / **제본** 광우제책사

ISBN 979-11-88621-40-8 (93000)
값 30,000원

제이펍은 독자 여러분의 책에 관한 아이디어와 원고 투고를 기다리고 있습니다. 책으로 펴내고자 하는 아이디어나 원고가 있으신
분께서는 책에 대한 간단한 개요와 차례, 구성과 저(역)자 약력 등을 메일로 보내주세요. jeipub@gmail.com

LINUX
PROGRAMMING

모두를
위한
리눅스
프로그래밍

아오키 미네로 지음 / 이동규 옮김

제이펍

차 례

제 10 장

파일 시스템 관련 API ··· 170

제 11 장

프로세스와 하드웨어 ··· 204

제 III 부 **리눅스 네트워크 프로그래밍**

옮긴이
머리말

소프트웨어 엔지니어로서 경력을 쌓아 나가면서 점점 중요하게 느껴지는 것이 리눅스에 대한 풍부하고 깊이 있는 지식입니다. 현업 종사자 중에는 업무에 필요한 명령어만을 단편적으로 익힌 엔지니어가 있는가 하면, 리눅스를 구성하는 각 기능의 철학과 흐름을 이해하고 능숙하게 다루어 당면한 문제를 효과적으로 해결하는 엔지니어도 있습니다. 이 부분이 엔지니어의 역량 차이를 판가름하는 부분인데, 쉽게 메우기 어려운 부분이기도 합니다.

따라서 이제 컴퓨터학을 공부하는 학생이라면 꼭 리눅스의 기초부터 시작해서 깊은 영역까지 공부해 볼 것을 추천합니다. 회사에 들어가서 일하기 시작하면, 업무에 치여 따로 공부할 시간을 내기가 쉽지 않기 때문입니다.

이 책은 리눅스 프로그래밍 입문서로, 이제 막 C 언어 공부를 마친 학생에게 가장 추천하고 싶습니다. C 언어의 포인터라는 장벽을 무사히 통과하고 이제 무엇을 더 공부해야 할지 고민하고 있다면 주저하지 말고 이 책을 선택할 것을 권해드리고 싶습니다. 리눅스에서 많이 사용하는 명령어들을 C 언어로 만들어보는 예제를 통해 리눅스와 C 언어를 동시에 익히며 쉽고 빠르게 진도를 낼 수 있을 것입니다. 또한 리눅스라는 거대한 시스템을 파일 시스템, 프로세스, 스트림이라는 세 개의 키워드로 일관되게 설명하고 있어서 이제 막 리눅스에 입문하는 초보자에게는 이만한 책이 또 없으리라 생각합니다. 책을 읽고 난 후에는 리눅스와 C 언어에 대해서는 어느 정도 자신감을 가지고 네트워크 관련 프로그램까지도 만들 수 있게 될 것입니다.

그러나 입문서이므로 리눅스와 관련된 고급 주제에 대해 깊이 있게 다루지는 않습니다. 예를 들면 커널 코드에서 사용된 자료 구조나 알고리즘에 대한 분석, 컴파일을 하고 패치하는 방법 등은 다루지 않습니다. 어디까지나 리눅스에서 돌아가는 프로그래밍에 초점을 맞췄기 때문입니다. 앞서 언급한 것과 같은 커널 자체의 코드에 대해 알고 싶은 독자들을 위해 이 책 다음으로 읽어볼 만한 책을 마지막 장에 소개하였으니 참고 바랍니다. 모쪼록 역량 있는 소프트웨어 엔지니어를 꿈꾸는 많은 분께 이 책이 도움이 되길 바랍니다.

마지막으로, 이 책을 번역하는 데 많은 도움을 주신 부모님께 특별히 감사드립니다.

옮긴이 **이동규**

 # 머리말

이 책은 리눅스에서의 C 프로그래밍 입문서입니다.

흔히 리눅스 학습서에 대한 이야기를 들어 보면 "리눅스용 프로그램을 작성하고 싶은데, 리눅스 책은 너무 어려운 말로 가득해서…", "리눅스 설치부터 시작하는 기초적인 책, 아니면 무겁고 두꺼운 책밖에 없어서…", "윈도우에서는 프로그램을 작성할 수 있는데…"라고 생각하는 독자가 많아서 그들을 위해 리눅스 프로그래밍의 핵심을 소개하는 책을 집필했습니다.

일반적인 프로그래밍 입문서는 기능들을 순차적으로 나열하는 경우가 대부분이지만, 이 책은 리눅스를 구성하는 세 개의 개념인 스트림, 파일 시스템, 프로세스를 축으로 하여 리눅스의 구성을 일관되게 설명합니다. 아울러 'Hello, World!'부터 시작해서 차례대로 따라가다 보면, 마지막에는 HTTP 서버까지 작성할 수 있도록 구성했습니다. 또한, 되도록 실제 돌아가는 코드를 작성해 보게끔 해서 개념 설명에만 그치지 않도록 해놓았습니다.

이 책은 입문서이고 분량 제약상 다루지 못한 기능도 일부 있습니다. 예를 들면, 스레드나 select(2)를 사용한 I/O 다중화 등입니다. 이와 관련해서는 마지막 장에서 분야별로 추천 도서를 소개하였으니, 더욱 깊은 공부를 원하는 독자들은 참고하여 주십시오.

이 책의 초판이 나오고 12년이 지났습니다. 집필 당시에는 이 책이 10년은 갈 거라고 농담처럼 말했는데, 정말 그렇게 되었습니다. 아무래도 12년의 세월이 지났기 때문에 변경이 필요한 부분도 많아 이번 개정판을 되었네요. 특히 64비트 지원과 파일 시스템 레이아웃에 대한 부분을 2판에서 수정하여 수록하였습니다.

책의 구성과 대상 독자는 본문에 작성하였으니, 이만 줄이도록 하겠습니다. 모쪼록 이 책이 여러분께 도움이 되길 바랍니다.

지은이 아오키 미네로

김용현(Microsoft MVP)

이 책은 리눅스 프로그래밍을 처음 배우려는 사람에게 매우 유용합니다. 가장 기본적이고 핵심적인 내용에 대한 친절한 설명과 예제 코드는 다음 레벨의 리눅스 프로그래밍 서적을 볼 수 있는 기초 체력을 키워 줍니다. 그뿐만 아니라 특히 윈도우 개발자나 C처럼 낮은 레벨의 개념이 없는 언어에 익숙한 개발자에게 NDK를 이용한 안드로이드 프로그래밍이나 크로스 컴파일을 위한 간단한 로직을 만드는 데 아주 필수적인 개념과 예제를 알려주는 좋은 내용인 것 같습니다. 강력히 추천합니다!

박재유(LG전자)

나름대로 리눅스를 잘 다룬다고 생각했는데, 엄청난 오만이었다는 것을 이 책을 읽으며 깨달았습니다. 그럭저럭 적당히 사용할 줄 아는 정도만으로는 리눅스 커널이나 파일 시스템 레벨에 접근하기 힘들 수밖에 없습니다. 이 책은 리눅스의 커맨드 명령어가 실제로 어떻게 설계되어 있는지를 C 언어 수준으로 풀이한 후, 이를 직접 구현해 볼 수 있도록 독려합니다. 또한 프로그래밍 오류로 발생할 수 있는 취약한 부분들에 대한 저자의 세심한 지적도 인상 깊었습니다. 책 중반부까지 읽는 동안 당연히 저서인 줄 알았는데, 중반에 옮긴이 주석이 나오는 것을 보고서야 번역서임을 알았습니다. 그만큼 번역 또한 아주 자연스럽고 편집도 훌륭한 책입니다. 추천합니다!

온수영

리눅스 입문자가 반드시 알아야 할 부분을 정확히 설명하고 있으며, 다소 어려울 수 있는 개념이나 원리를 C 언어 코드 검증을 통해 독자가 쉽게 이해하도록 돕습니다. 이보다 더 명확하고 쉽게 설명할 수 있을까 싶은 생각마저 드네요. 리눅스 입문자가 명령어 옵션의 홍수 속에 빠져 허우적거릴 때, 이 책이 꼭 필요할 것입니다.

C 언어를 통해 기초를 다지고, 리눅스의 핵심 명령어를 구현해가다 보면, 난감하던 리눅스도 어느 정도 마스터할 수 있을 것입니다. 개정판이라 그런지 내용이 명확하고 깔끔하게 떨어지고, 기본에 충실하여 군더더기가 없는 느낌입니다.

🦋 이현수(이멕스)

번역이 매끄러워 읽기가 좋습니다. 내용을 읽어 보고, 제시된 코드를 직접 작성해 보는 것만으로도 리눅스 프로그래밍의 핵심이 머리에 잘 들어올 것입니다.

제이펍은 책에 대한 애정과 기술에 대한 열정이 뜨거운 베타리더들로 하여금
출간되는 모든 서적에 사전 검증을 시행하고 있습니다.

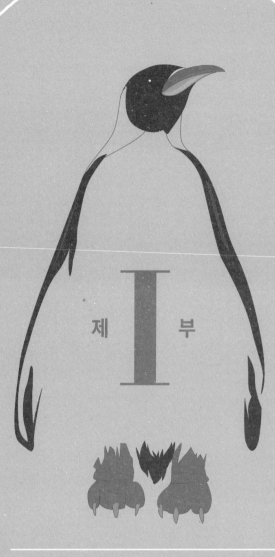

제 **I** 부

리눅스의 구조

제 **1** 장

리눅스 프로그래밍 시작하기

이번 장에서는 책의 전반적인 개요를 살핀 후, 리눅스에서 프로그램을 작성하는 방법에 대해 알아본다.

1.1 책의 개요

이 책은 리눅스 프로그래밍 입문서다. 이 책을 통해 여러분들은 리눅스에서 돌아가는 프로그램을 만들 수 있고, 특정 기능을 구현하기 위해 무엇이 필요한지 판단할 수 있게 될 것이다. 이때 가장 중요한 것은 리눅스가 내부적으로 어떻게 구성되고 동작하는지를 명확하게 아는 것이다.

집에서 사용할 목제 수납장을 직접 만든다고 생각해 보자. 무엇이 필요할까? 나무판자와 못, 망치 등이 생각날 것이다. 조금만 흥미를 가지고 조사해 보면 어떤 재료가 필요하고, 어떤 순서로 만들어야 하는지 알 수 있으며, 끈기 있게 해나가다 보면 직접 완성할 수도 있을 것이다. 이는 우리가 일상에서 목제 가구나 수납장을 많이 접하고 경험했기 때문이다. 즉, 세상을 살면서 얻은 경험과 상식이 존재하기 때문에 우리는 생활에 필요한 물건을 만들 수 있는 것이다.

마찬가지로 리눅스에서 돌아가는 프로그램을 만들기 위해서는 리눅스에 대한 경험과 지식이 필요하다. 이를 위해 이 책에서는 리눅스를 이해하기 위한 세 가지 개념을 중점적으로 소개하는데, 다음과 같다.

- 파일 시스템
- 프로세스
- 스트림

리눅스 프로그래밍을 위해서는 이 세 가지 개념을 확실히 아는 것이 매우 중요하므로 이에 대해 쉽게 설명하기 위해 노력했고, 독자 여러분도 이를 꼭 기억하며 책을 읽어 나가기 바란다.

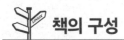 **책의 구성**

이 책의 구성은 표 1.1과 같다.

표 1.1 책의 구성

파트	내용
제1부 리눅스의 구조	
제1장 리눅스 프로그래밍 시작하기	책에 대한 개괄적인 설명
제2장 리눅스 커널의 세계	기본 용어와 세 개의 중요 개념
제3장 리눅스의 세 가지 중요 개념	
제4장 리눅스와 사용자	
제2부 리눅스 프로그래밍의 근간	
제5장 스트림 관련 시스템 콜	스트림 관련 설명
제6장 스트림 관련 라이브러리 함수	
제7장 head 명령어 만들기	
제8장 grep 명령어 만들기	
제9장 리눅스의 디렉터리 구조	파일 시스템 관련 설명
제10장 파일 시스템 관련 API	
제11장 프로세스와 하드웨어	프로세스 관련 설명
제12장 프로세스 관련 API	
제13장 시그널 관련 API	
제14장 프로세스 환경	
제3부 리눅스 네트워크 프로그래밍	
제15장 네트워크 프로그래밍의 기초	네트워크와 HTTP 서버
제16장 HTTP 서버 만들기	
제17장 본격적인 HTTP 서버 구현	
제18장 이 책을 다 읽은 후	이 책에서 다루지 않은 내용에 대하여

1부에서는 전반적인 개념과 용어에 관해 설명한다. 소스 코드보다는 이론적인 개념을 다루다 보니 손이 근질거리겠지만, 중요한 부분이니 꾹 참고 자세히 읽어 보기를 바란다.

2부에서는 본격적으로 리눅스의 3대 개념인 스트림, 파일 시스템, 프로세스에 대해 구체적으로 알아보고 프로그램에서 다루는 방법에 대해 배울 것이다. 아울러 핵심 개념을 파악하기 위한 예제들이 준비되어 있다.

3부에서는 앞서 알아본 지식을 활용하여 네트워크 프로그래밍을 다룬다. HTTP 서버를 직접 만들어 봄으로써 실용적인 프로그램을 만들어 보는 경험을 쌓을 수 있다.

마지막 장에서는 이 책에서 다루지 못한 내용을 간단히 정리하고 심화 학습을 원하는 독자를 위해 추천하는 서적을 소개한다.

📑 이 책의 대상 독자

이 책은 리눅스에서의 프로그래밍을 기초부터 다룬다. 그러나 C 언어와 리눅스의 기초적인 사용법에 대한 지식은 있어야 읽기 수월할 것이다. 구체적으로 다음 내용 정도는 알고 있는 것이 좋겠다.

- C 언어를 배워서 구조체와 포인터를 알고 있다.
- 리눅스에서 에디터를 사용할 수 있다(어떤 에디터를 사용해도 좋다).
- 리눅스 명령어를 사용해 본 경험이 있어 cd, ls, cat, less 등을 알고 있다.

이 책은 다음 내용을 몰라도 읽을 수 있다.

- 함수 포인터
- C 언어로 대규모 프로그램을 작성하는 법
- make나 autoconf 등의 빌드 도구
- 리눅스 시스템 관리
- 리눅스 이외 유닉스 계열 운영체제

결론적으로 이 책은 다음과 같은 독자에게 적합한 책이다.

- C 언어 입문을 마친 후 리눅스에서의 프로그래밍 방법을 익히고 싶은 사람
- 윈도우에서 C나 C++을 다뤄봤는데, 리눅스에서 프로그래밍하는 방법을 알고 싶은 사람
- 프로그래밍을 통해 리눅스의 구조를 파악하고 싶은 사람
- 리눅스나 유닉스 프로그래밍과 관련된 다른 책을 읽다가 어려워서 좌절한 사람

이 책은 입문서라 리눅스 프로그래밍의 모든 것을 담았다고는 할 수 없다. 그러나 입문하기 위해 필요한 핵심적인 개념은 충분히 다루고 있다.

리눅스 배포판

이 책은 특정 리눅스 배포판(우분투나 레드햇 등)에 종속된 설명을 하지 않도록 신경 썼다. 그러나 패키지 설치 같은 기능을 다룰 때는 우분투 16.04와 CentOS 7을 사용하여 설명했다.

우분투(Ubuntu)를 선택한 이유는 커뮤니티 주도 배포판 중에서 가장 사용자가 많고 활발하게 개발되고 있기 때문이다. 또한 웹 관련 기업을 중심으로 운영 환경에서 널리 사용되고 있으며, 무료로 구할 수 있다.

다음으로 CentOS를 선택한 이유는 업계 표준이라 할 수 있는 레드햇 엔터프라이즈 리눅스(Red Hat Enterprise Linux)에 가장 가깝기 때문이다. CentOS도 무료로 구할 수 있다.

1.2 프로그래밍 환경 준비

프로그래밍을 익히고자 한다면 무엇보다도 스스로 직접 만들고 돌려보는 것이 최고다. 그러므로 리눅스가 설치된 컴퓨터를 구해 직접 테스트하며 읽어 나가는 것이 가장 좋은 방법이다. 대부분의 프로그램은 관리자 권한이 필요 없다.

프로그램을 만들고 실행하기 위해서는 다음 소프트웨어들이 필수다.

먼저 텍스트 에디터가 필요하다. 리눅스에서 쓰이는 대표적인 에디터인 Emacs나 vi 혹은 그 외에 어떤 에디터를 사용해도 무방하다.

다음으로, C 언어 컴파일러가 필요하다. 리눅스에서는 **gcc**(GNU Compiler Collection)를 많이 사용한다. 다른 컴파일러를 사용해야 할 강력한 이유가 없다면 gcc를 사용하기 바란다. gcc가 설치되었는지 여부는 다음 명령어를 통해 확인할 수 있다.

```
$ gcc -dumpversion
5.4.0
```

이처럼 버전이 출력되면 정상적으로 설치된 것이다. 그러나 다음과 같이 출력되었다면 아직 gcc가 설치되지 않은 것이다.

```
$ gcc -dumpversion
bash: gcc: command not found
```

gcc가 설치되지 않았다면 설치를 진행하도록 한다. 우분투와 CentOS에서의 설치 방법은 다음과 같다.

우분투에서의 설치

우분투 16.04에는 기본으로 gcc나 libc6-dev 등의 개발 패키지가 설치되어 있다. 그래도 혹시 따로 설치해야 할 일이 생긴다면 build-essential 패키지를 설치하면 된다. 다음과 같이 명령어를 입력한다.

```
$ sudo apt-get install build-essential
```

 ## CentOS에서의 설치

CentOS에서는 yum 명령어를 사용한다.

```
$ sudo yum group install "Developer Tools"
```

1.3 gcc를 사용한 빌드(1)

C 언어와 gcc를 사용하여 간단한 프로그램을 만들고 빌드해 보자. 비주얼 스튜디오(Visual Studio)나 이클립스(Eclipse)와 같은 IDE(Integrated Development Environment, 통합 개발 환경)에는 빌드 기능이 포함되어 있어 간편하게 개발을 진행할 수 있지만, 여기서는 커맨드 라인에서 개발하는 방법을 알아볼 것이다. 리눅스의 커맨드 라인에서 C 언어를 개발하는 순서는 다음과 같다.

1. 에디터로 소스 코드를 작성한다(코딩).
2. 소스 코드를 컴파일해서 실행 파일로 만든다(빌드).

간단한 코드로 실습을 진행해 보도록 하자. 먼저 테스트를 위한 디렉터리를 만든다.

```
$ mkdir hello
$ cd hello
```

이어서 소스 코드를 입력하자. 어떤 에디터를 사용해도 좋다. 소스 코드 1.1의 내용을 입력하도록 한다.

코드 1.1 hello.c

```
#include <stdio.h>
int
main(int argc, char *argv[])
{
    printf("Hello, World!\n");
    return 0;
}
```

입문서에서 자주 볼 수 있는 Hello World 프로그램이다. 이 프로그램을 실행하면 "Hello, World!"라는 메시지가 출력된다. printf()는 아마 익숙할 텐데, 문자열을 출력하는 함수로 자세한 내용을 6장에서 다룰 것이다.

소스 1.1의 내용을 입력했다면 hello.c 라는 이름으로 저장한다. 참고로 샘플 예제는 이 책의 깃허브 리포지토리에서 다운로드할 수 있다.

```
$ vi hello.c  ◀── 편집·저장
$ ls  ◀── 확인
hello.c
```

그럼, 작성한 소스 코드를 빌드하자. gcc 명령어를 사용하여 다음과 같이 입력한다. 여기서는 어떤 옵션도 없이 실행한다.

```
$ gcc hello.c
```

아무런 메시지가 출력되지 않았으면 문제없이 빌드에 성공했음을 의미한다. gcc를 수행할 때 아무런 옵션도 주지 않으면, a.out이라는 이름의 실행 파일이 생성된다.

```
$ ls  ◀── a.out이 생성된 것을 확인
a.out hello.c
```

생성된 실행 파일 a.out을 실행해 보자. 현재 디렉터리에 있는 프로그램을 실행할 때는 ./를 붙여서 실행한다.

```
$ ./a.out
Hello, World!
```

여기까지 무사히 따라 했다면 리눅스 프로그래밍의 첫 번째 관문을 무사히 통과한 것이다.

 빌드에 실패한 경우

위 실습 과정 중에 문제가 생겼다면 다음 사항을 확인해 보도록 하자.

- **텍스트 파일을 만드는 방법을 모르는 경우**
  이 책은 독자가 리눅스의 기본적인 조작법을 아는 것을 전제로 한다. 만약 모른다면 이 책을 읽기 전에 먼저 리눅스의 기본 사용법에 대한 책을 읽을 것을 추천한다.

- **C 언어를 모르는 경우**

  이 책은 독자가 C 언어의 기본적인 문법을 아는 것을 전제로 한다. 만약 모른다면 이 책을 읽기 전에 먼저 C 언어 입문서를 읽을 것을 추천한다.

- **gcc 명령어가 실행되지 않음**

  앞서 설명한 방법에 따라 gcc 패키지가 설치되었는지 확인하도록 한다.

- **gcc 명령어를 실행하니 무언가 메시지가 출력됨**

  메시지의 내용에 맞게 대응해 주어야 하므로 우선 침착하게 해당 메시지를 읽어보도록 한다. 그리고 다음 항목에 해당하는지 확인해 보자.

- **gcc 명령어를 실행했을 때 parse error라고 출력됨**

  C 언어의 문법이 틀린 경우에 해당한다. 다시 한번 소스 코드를 확인하자. 여러 줄의 메시지가 출력되었다면, 첫 번째 표시되는 에러부터 확인한다. 첫 번째 표시되는 에러의 원인을 해결하면 나머지 에러 표시도 사라지는 경우가 대부분이다. 하나씩 해결하고 gcc를 다시 수행해 본다.

- **a.out이 실행되지 않음**

  a.out을 실행하려고 했을 때 'no such file on directory: a.out'과 같은 에러 메시지가 출력된다면 먼저 ls 명령어로 a.out이 존재하는지를 확인하도록 한다. 그리고 실행할 때 a.out 앞에 ./를 붙였는지도 확인한다. 그 외의 경우에는 메시지를 읽고 그것에 맞게 대응해야 한다.

참고로 리눅스에서는 대소문자를 엄격하게 구별한다. 이는 간혹 윈도우의 CMD에 익숙한 사람들이 헷갈리는 부분이다.

1.4 gcc를 사용한 빌드(2)

빌드 작업에 대해 더 구체적으로 살펴보자.

만들어지는 실행 파일의 이름을 a.out 외에 다른 이름을 주고 싶다면 gcc 명령어를 실행할 때 -o 옵션을 사용하면 된다. 예를 들어 hello라는 이름을 주고 싶으면 'gcc -o hello'와 같이 옵션을 지정하면 된다.

```
$ rm a.out  ◀── 이전에 생성된 a.out은 미리 지워 둔다
$ gcc -o hello hello.c
$ ls
hello hello.c
```

위와 같이 hello라는 실행 파일이 생성되었다. 정상적으로 동작하는지 실행해 보자.

```
$ ./hello
Hello, World!
```

결과가 문제없이 출력되었다.

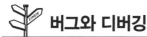 **버그와 디버깅**

작성한 프로그램에 문제가 있는 경우, 금방 발견되는 경우도 있으나 때로는 한참 뒤에 예상치 못한 곳에서 발견되기도 한다. 프로그램에 문제가 있다는 사실은 빨리 알수록 좋은데, '세그멘테이션 폴트(Segmentation fault)'의 경우 쉽게 발견할 수 있는 경우에 해당한다. 널(NULL) 포인터를 참조하는 *segv* 라는 프로그램을 만들어서 실행하면 다음과 같은 결과가 출력된다.

```
$ ./segv
Segmentation fault (core dumped)
```

운영체제에 따라 메시지가 다소 다를 수 있으나, 대부분의 리눅스에서 위와 비슷한 메시지가 출력되고 종료된다. 이를 '세그멘테이션 폴트에 의한 강제 종료'라고 한다. 리눅스에서는 널 포

인터를 참조하거나 배열의 범위를 넘어서서 접근하거나 하면, 세그멘테이션 폴트라고 하는 에러 이름으로 강제 종료된다. 이와 관련된 자세한 내용은 11장에서 다룬다.

세그멘테이션 폴트가 발생했다면 해당 프로그램의 코드에 문제가 있는 것이 확실하다. 즉 코드에 버그가 있는 것이고, 이러한 버그를 없애기 위한 조사 및 수정 작업을 **디버그**(debug)라고 한다.

디버그를 위한 가장 단순하지만 폭넓게 사용되는 기술 중 하나가 소위 **printf 신공**이다. printf 신공이란, 프로그램의 내부에 printf() 함수를 심어 변수나 식의 값을 출력하여, 예상했던 값이 출력되는지 눈으로 확인하는 방법을 말한다.

그리고 **디버거**(debugger)를 사용하는 방법도 있다. 디버거는 버그의 원인을 추적할 때 도움이 되는 프로그램이다. 디버거를 사용하면, 세그멘테이션 폴트가 발생하는 지점을 추적하거나, 실행 중인 프로그램의 변숫값을 표시하는 것이 가능하다. 리눅스에서 개발할 때는 **gdb**(GNU Debugger)가 많이 사용된다.

gdb의 사용법은 7장에서 다룬다.

컴파일러에 의한 코드 체크

버그가 발생한 뒤에 고치는 것도 중요하지만, 가능하면 애초에 버그가 발생하지 않도록 프로그램을 작성하는 것이 좋다. 버그를 사전에 방지하기 위한 좋은 방법은 gcc의 -Wall 옵션을 사용하는 것이다. 이 옵션을 붙이면 경고 옵션이 전부 활성화되어 인자의 수가 잘못된 점이나 타입을 잘못 사용한 부분이 경고로 꼼꼼하게 출력된다. gcc를 사용하여 빌드할 때는 항상 -Wall 옵션을 붙이는 습관을 들이는 것이 좋다.

한 가지 주의해야 할 점은, ANSI C 스타일로 프로그램을 작성하지 않으면 -Wall 옵션을 사용해도 제대로 된 확인이 이뤄지지 않는다는 점이다. 지금부터 프로그래밍을 배우려는 독자라면 시대가 지난 K&R 스타일[1]에 집착할 리가 없으나, 참고로 알아 두도록 하자.

---

1 **옮긴이** 브라이언 커닝핸(K)과 데니스 리치(R)가 1978년 출간한 《The C Programming Language》 책에서 사용한 초창기 C 언어 스타일이라고 볼 수 있다.

컴파일러에 의한 최적화

gcc의 옵션 중에는 최적화를 수행하는 옵션도 있다. **최적화**(optimization)란 것은 말 그대로 프로그램을 '최적'으로 만드는 것을 말하는데, 프로그래밍의 세계에서 '최적화'라고 하면 보통 '실행 속도를 가능한 범위 내에서 향상'하는 활동을 말한다. 다른 의미의 최적화를 말할 때는 '프로그램의 크기 최적화'와 같이 명시적으로 표현한다.

gcc에는 최적화를 수행하는 수준별로 –O1(혹은 -O), –O2, –O3 옵션이 있다. 기본적으로 뒤에 붙은 숫자가 클수록 강력한 최적화가 수행된다. 그런데 –O3의 경우 컴파일러에 의해 버그가 초래될 수도 있어 일반적으로 –O2를 사용한다. 여기서 'O'는 알파벳 대문자다.

1.5 커맨드라인 인자

이어서 리눅스에서 실행 인자를 다루는 방법에 대해 알아보자. 리눅스 터미널에서 다음과 같이 입력했을 때 'echo'는 명령어이고 'x y z'를 실행 인자라고 한다.

```
$ echo x y z
```

위 예에서는 실행 인자가 세 개고 'x', 'y', 'z'가 각각 실행 인자에 해당한다.

argc와 argv

실행 인자는 main() 함수의 인자로 프로그램에 전달된다. 처음으로 살펴봤던 Hello, World! 코드를 다시 한번 살펴보자.

코드 1.2 hello.c

```c
#include <stdio.h>

int
main(int argc, char *argv[])
{
    printf("Hello, World!\n");
    return 0;
}
```

여기서 argc와 argv가 실행 인자에 대한 정보를 담고 있다. argc는 실행 인자의 개수를 담고 있고, argv는 실행 인자의 내용을 문자열 배열 형태로 담고 있다. argv의 데이터 타입은 'char 타입을 가리키는 포인터의 배열'이다.

실행 인자로 'x', 'y', 'z'를 전달했을 때 argv의 구조는 그림 1.1과 같다.

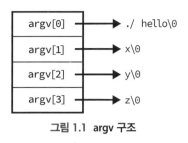

argv[0]	→	./ hello\0
argv[1]	→	x\0
argv[2]	→	y\0
argv[3]	→	z\0

그림 1.1 argv 구조

그림을 보면 argv[0]에는 프로그램을 실행할 때 입력한 명령어가 들어 있다. 따라서 argc는 언제나 1 이상이다. 실제 프로그램에 전달된 실행 인자는 argv[1]에서부터 시작한다.

 args.c

그럼, 실행 인자를 출력하는 프로그램을 만들어 보자(코드 1.3). 프로그램의 이름은 args로 하고 소스 코드의 파일 이름은 args.c로 한다.

코드 1.3 args.c

```c
#include <stdio.h>
#include <stdlib.h>

int
main(int argc, char *argv[])
{
    int i;

    printf("argc=%d\n", argc);
    for (i = 0; i < argc; i++) {
        printf("argv[%d]=%s\n", i, argv[i]);
    }
    exit(0);
}
```

argv의 내용을 전부 확인하기 위해 argv[0] 까지도 출력하였다. 또한 return 문 대신에 exit() 함수를 사용하여 프로그램을 종료했는데, 이를 위해 '#include <stdlib.h>'를 추가했다. 어떤 함수를 위해 어떤 헤더 파일을 추가해야 하는지는 나중에 설명할 man 페이지에서 확인할 수 있다. 따라서 굳이 외울 필요는 없지만 자주 사용하는 함수에 대해서는 자연스럽게 외우게 될 것이다.

만든 소스에 대해 빌드를 수행하도록 하자.

```
$ gcc -o args args.c
$ ls
args    args.c    hello    hello.c
```

gcc의 -o 옵션은 앞서 설명했듯이 생성될 실행 파일의 이름을 지정하는 옵션이다. 빌드가 종료되면 다양한 실행 인자를 주어 실행해 보도록 하자.

```
$ ./args
argc=1
argv[0] = ./args
$ ./args x
argc=2
argv[0]=./args
argv[1]=x
$ ./args x y
argc=3
argv[0]=./args
argv[1]=x
argv[2]=y
$ ./args x y z
argc=4
argv[0]=./args
argv[1]=x
argv[2]=y
argv[3]=z
```

프로그램을 실행할 때의 이름이 argv[0]에 항상 들어 있는 것과, 실행 인자를 늘리면 argc도 증가하는 것을 확인할 수 있다.

이번에는 실행 인자를 다음과 같이 부여하여 실행해 보자.

```
$ ./args "x y z"
argc=2
argv[0]=./args
argv[1]=x y z
```

" "는 셸(shell)의 기능으로, 감싼 부분을 하나의 실행 인자로 묶어 주는 효과가 있다. 다음 예도 살펴보자.

```
$ ./args *.c
argc=3
argv[0]=./args
argv[1]=hello.c
argv[2]=args.c
```

보통 '*'이나 '?'와 같은 와일드 카드(glob 패턴)를 사용하여 파일 이름의 집합을 표현하곤 하는데 위와 같이 파일 이름의 집합을 개별 인자로 바꿔 주는 것도 셸이 수행해 준다. 프로그램에서 직접 해석해야 하는 윈도우와 다른 점이다.

만약에 glob 패턴을 문자 그대로 사용하고 싶은 경우에는 다음과 같이 큰따옴표(")로 감싸 주면 된다.

```
$ ./args "*.c"
argc=2
argv[0]=./args
argv[1]=*.c
```

1.6 개발 환경 이야기

프로그램을 만드는 기초를 배웠으니, 개발 환경과 관련된 이야기를 몇 가지 해 보겠다.

통합 개발 환경

윈도우에서는 IDE(통합 개발 환경)을 사용하여 프로그래밍하는 것이 일반적이다. 최근에는 리눅스에서도 이클립스(Eclipse) 등의 IDE를 안정적으로 사용할 수 있게 되었다. 그러나 이 책에서는 여전히 콘솔에서 에디터와 gcc를 사용하여 프로그래밍하는 방법을 사용한다. 그렇게 하는 이유는 IDE를 사용해서는 리눅스를 깊이 있게 설명할 수 없기 때문이다. IDE는 기본적으로 프로그래머가 밑바닥의 동작을 잘 몰라도 다룰 수 있게 해주는 도구다. 이 책의 목표는 시스템을 깊숙이 이해하는 것인데 IDE를 사용해서는 그 목적을 이룰 수 없다고 판단하였다.

에디터 선택

IDE를 사용하지 않는다면 어떤 에디터를 선택해야 할까? 리눅스에서는 보통 Emacs 혹은 vi를 많이 사용한다. 그러나 두 에디터 중 어느 것이 더 좋은지 비교하는 것은 종교 논쟁과도 같으므로 언급을 피하겠다. 두 에디터 중 무엇이든 좋아하는 것을 사용하면 된다. 물론, 그 외의 에디터도 괜찮다.

참고로 지은이는 프로그램을 작성할 때는 vi를 사용하지만, 문서를 작성할 때는 Emacs를 사용한다. 한편, 이 책의 원고는 맥 OS(Mac OS)에서 Sublime Text 2로 작성하고 있다. 그리고 윈도우에서는 비주얼 스튜디오(Visual Studio)로 프로그램을 작성하기도 한다. 이렇게 여러 에디터를 사용하는 것도 각각의 장단점을 보충할 수 있어 권장할 만하다.

C 언어의 규격

C 언어의 사양에도 세대 차가 존재한다. 대부분의 변화는 연속적으로 이루어졌는데 예외적으로 K&R C(1978년)에서 ANSI C(1989년) 사이에는 큰 단절이 있었다. K&R C와 ANSI C는 함수의 작성법부터 차이가 있다. 최근에는 K&R C만 사용할 수 있는 환경은 거의 없어졌으므로,

ANSI C를 기본으로 하는 것이 좋다.

또한, 1999년과 2011년에 C 언어의 규격이 개정되었다. 각각의 규격을 각각 C99, C11이라고 부른다. 그래서 개정 전의 ANSI C를 C89라고 부르기도 한다. 보통, ANSI C 만을 이야기할 때는 C89를 말한다. gcc는 C99와 C11의 기능 대부분을 포함한다.

이 책은 C99를 바탕으로 하며 gcc 버전 4에서 옵션을 붙이지 않은 상태에서 유효한 C99의 기능만을 다룬다. 예를 들어 long long 타입, 블록 밖에서의 변수 선언, 줄 단위 주석 등이다.

1.7 정보를 얻는 방법

마지막으로 리눅스에서 C 프로그래밍을 할 때 필요한 각종 정보를 얻는 방법에 대해 알아보자.

 **man 명령어**

먼저 알아볼 것은 man 명령어다. man 명령어는 특정 함수의 스펙을 조사할 때 매우 유용하다. 예를 들어 strlen()이라는 함수에 대해 알고 싶으면, 콘솔에서 'man strlen'이라고 입력하면 된다.

man 페이지는 내용에 따라 여러 섹션으로 구성되어 있다. 각 섹션의 의미는 표 1.2와 같다.

표 1.2 리눅스 man 페이지의 섹션 구분

섹션	분류
1	실행 가능한 프로그램이나 셸 명령어
2	시스템 콜
3	라이브러리 함수
4	특별한 파일들(디바이스 파일 등)
5	파일 포맷
6	게임
7	규격 등
8	시스템 관리용 명령어

'시스템 콜'이나 '라이브러리 함수'의 의미에 대해서는 다음 장부터 설명할 것이니 지금은 이런 섹션이 있다는 정도로 넘어가도 좋다.

콘솔에서 'man strlen'이라고 입력하면, 섹션 1부터 차례대로 조사해서 제일 먼저 발견한 섹션의 페이지를 표시해 준다. 그리고 'man 3 strlen'와 같이 중간에 섹션 번호를 넣으면, 해당 섹션에 한해서만 검색한다.

여러 섹션에 동일한 이름의 페이지가 존재할 수도 있다. 예를 들어 'printf'의 경우 섹션 1과 3

에 있다. 그래서 'man printf'라고 하면 제일 먼저 발견되는 섹션 1이 표시된다. 그래서 라이브 러리 함수와 관련된 printf를 보고 싶으면 'man 3 printf'라고 입력해야 한다.

이러한 man의 섹션 번호는 리눅스나 유닉스와 관련된 문서에서도 자주 사용된다. 예를 들어, 명령어 printf는 printf(1)이라고 하고 라이브러리 함수 printf는 printf(3)이라고 표시하는 식이다. 이 책에서도 이와 같은 표기법을 사용할 것이다.

info

GNU가 만든 info라고 하는 문서 시스템도 있다. 특히, GNU libc의 경우는 man보다 info를 먼저 참고해야 한다. man을 보다가 뭔가 이상한 느낌이 들면 info 문서를 참조하도록 한다. 다만, info 문서를 탐색하는 방식이 생소할 수 있다. 내용 대부분이 웹 사이트에도 공개되어 있으니 웹을 통해 확인하는 것이 더 편할 것이다.

웹

예전에는 유닉스에 관련된 정보를 얻는 방법이 man, info 혹은 유즈넷이 전부였다. 지금은 인터넷에 많은 정보가 존재한다. 하다가 막히는 부분이 있으면 먼저 구글에서 검색하는 것이 좋다. 물론, 잘못된 정보나 비효율적인 방법이 적힌 신뢰할 수 없는 웹상의 정보도 존재한다. 따라서 웹 검색으로 문제 해결의 단서를 찾았다면 보다 정확한 공식 문서 등에서 한 번 더 확인해 보는 것이 좋다.

제 2 장

리눅스 커널의 세계

이번 장에서는 리눅스의 세계에 입문하기 위한 주요 개념들을 소개한다.

2.1 운영체제

이전 장에서 언급했듯이 이 책은 리눅스의 중요 개념인 다음 세 가지를 중심으로 리눅스와 리눅스에서의 프로그래밍에 관해 설명해나간다.

● 파일 시스템
● 프로세스
● 스트림

그 전에 먼저 '리눅스'란 무엇인지, 또한 이를 위해 운영체제(OS)란 무엇인지부터 알아볼 필요가 있다.

운영체제

컴퓨터에 **운영체제**(Operating System, OS)가 설치된다는 것은 다들 알고 있을 것이다. 운영체제의 대표적인 예가 윈도우, 맥 OS, 그리고 리눅스다. 그럼 운영체제란 무엇인가? 운영체제란 컴퓨터의 자원 즉, 하드웨어를 총괄하고 그 위에서 사용자가 애플리케이션을 돌릴 수 있도록 관리해 주는 소프트웨어다. 하지만 운영체제의 범위는 쉽게 정의하기 어렵다. 운영체제의 종류나 구현 방법이 시대에 따라 변해 왔기 때문이다. 극단적인 예로, 웹 브라우저가 운영체제의 일부인지를 가리기 위해 미국 법정에서 다툰 기업도 있었다.

리눅스의 경우에는 일반적으로 다음과 같은 소프트웨어 패키지가 포함된다.

● 셸(bash, ash, csh, tcsh, zsh, pdksh,....)
● util-linux(init, getty, login, reset, fdisk,…)
● procps(ps, pstree, top,…)
● GNU coreutils(ls, cat, mkdir, rmdir, cut, chmod,…)
● GNU grep, findutils, diffutils(grep, find, diff,…)
● GNU libc
● 각종 기본 라이브러리(ncurses, zlib, GDBM, …)
● 개발 환경(gcc, binutils, make, bison, flex, 헤더 파일 등, …)

- X Window System
- GNOME이나 KDE

평소 많이 사용하던 것도 있을 거고, 처음 보는 것도 있을 것이다. 지금 단계에서 전부 다 알고 있을 필요는 없다.

한편 우리가 보통 사용하는 리눅스인 레드햇(Red Hat), CentOS, 우분투(Ubuntu), SUSE, Gentoo는 리눅스의 **배포판**(distribution)이라 한다.

유닉스와 유닉스 계열 운영체제의 역사

리눅스를 공부하다 보면 이름이 비슷한 유닉스와의 관계가 궁금하게 될 것이다. 컴퓨터 운영체제 역사의 초기에 유닉스가 있었고, 리눅스가 유닉스에 영향을 받았지만, 단순히 '리눅스는 유닉스'라고 말하기는 어렵다. 그러나 프로그래머의 입장에서 리눅스를 유닉스 계열 중 하나라고 생각하고 프로그래밍할 수 있다고 말한다면 이는 아무런 문제가 없다.

유닉스 계열의 계보를 단순화하여 그려 보면 그림 2.1과 같다.

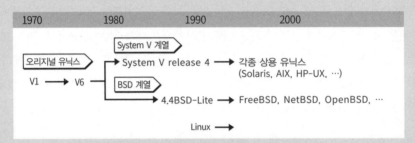

그림 2.1 유닉스 계열 운영체제의 단순한 계보

1969년 AT&T 벨 연구소에서 최초의 유닉스가 탄생했다. 이후 무수히 많은 분파가 생성되었다. 그 중에서 1980년 후반에 유닉스 버전 6에서 파생한 BSD와 System V가 주요 분파로 자리를 잡았다. 참고로, 맥 OS(옛 Mac OS X)는 FreeBSD로부터 파생하여 BSD 파라고 할 수 있다.

한편 리눅스는 System V나 BSD 파가 아닌, 처음부터 새롭게 개발된 OS다. 그러나 유닉스의 철학에 따라 구현하였고, System V와 BSD의 장점을 흡수했다. 또한, 요즘에는 여러 유닉스가 서로의 기능을 상당히 유연하게 흡수하고 있어, 예전처럼 큰 차이가 없어지는 중이다. 그 배경에는 POXIS를 필두로 한 표준 규격이 있었는데, 이에 대해서는 18장에서 다시 언급할 것이다.

커널

커널(kernel)이란, 사물의 중심이란 뜻을 가지며 운영체제의 중심을 의미한다. 보통 커널은 하나의 프로그램으로 구성되어 컴퓨터를 구성하는 모든 하드웨어와 소프트웨어를 관리한다.

리눅스의 루트 경로(/)에서 ls 명령어를 실행해 보면 vmlinuz나 vmlinux, vmlinuz-X.X.X라는 이름의 파일이 있을 것이다. 혹은 /boot 디렉터리에 있을 수도 있다. 이것이 리눅스 커널의 본체다.

엄밀히 말해 '리눅스'라고 하면 오직 커널만을 의미한다. 리눅스를 만든 리누스 토발즈(Linus Torvalds)가 관리하는 것도 커널뿐이다. 이 책에서도 리눅스 운영체제라고 하면 커널뿐만 아니라 다른 소프트웨어가 포함된 것을 말하고, 리눅스는 오직 커널만을 의미하는 용어로 사용하도록 하겠다.

디바이스와 디바이스 드라이버

커널의 중요한 역할 중 하나가 컴퓨터의 하드웨어를 관리하는 것이다. 커널이 관리하는 하드웨어에는 다음과 같은 것들이 있다.

- CPU
- 메모리
- HDD(Hard Disk Drive)
- SSD(Solid State Drive)
- DVD-ROM 드라이브
- CD-ROM 드라이브
- 그래픽 어댑터(화면을 모니터에 전달)
- 네트워크 어댑터
- 사운드 카드
- 시계(하드웨어 클록)

이와 같은 물리적인 부품을 **디바이스**(device)라고 한다. 커널은 위에 나열한 디바이스들을 총괄한다.

그런데 HDD에도 여러 종류가 있고 종류별로 조작 방법이 다 다르다. 따라서 종류가 다른 HDD가 세 개 있다면, 커널에도 이에 대응한 어댑터 코드가 세 개 필요하다. 이러한 디바이스를 다루는 코드는 그림 2.2와 같이 필요에 따라 커널에 적재할 수 있도록 디자인되어 있다.

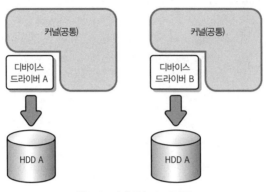

그림 2.2 디바이스 드라이버

이렇게 특정 디바이스를 조작하는 소프트웨어를 **디바이스 드라이버**(device driver)라 한다.

시스템 콜

하드웨어를 직접 다루는 건 커널만이 할 수 있기 때문에 일반 프로그램은 하드웨어를 조작하기 위해 커널에 의뢰해야만 한다. 커널은 시스템에서 가장 높은 위치에 있는 통치자이기도 하지만, 이처럼 밑바닥에서 혹사당하는 프로그램이기도 한 것이다.

일반 프로그램이 커널에 디바이스 조작 작업을 의뢰하기 위해 사용하는 것이 **시스템 콜**(system call)이다. 시스템 콜이란 이름에서 시스템은 커널을 말하며, 커널을 부른다(call)는 의미에서 시스템 콜이라 한다. 구체적으로는 다음과 같은 시스템 콜이 존재한다.

- open
- read
- write
- fork
- exec
- stat
- unlink

시스템 콜이라 해서 복잡한 호출 방법이 있는 것은 아니다. 다음은 read 시스템 콜을 호출하는 한 줄 코드다.

```
n = read(fd, buf, sizeof buf);
```

이처럼 시스템 콜을 호출하는 코드는 겉으로 봤을 때는 일반 함수를 사용하는 것과 큰 차이가 없다.

리눅스에 대한 이해

지금까지 알아본 바에 의하면 리눅스의 핵심에는 커널이 있고, 이 커널에 일을 맡기기 위해 시스템 콜을 사용한다. 리눅스의 세 가지 중요 개념인 파일 시스템, 프로세스, 스트림도 시스템 콜을 통해 동작한다. 즉, 리눅스를 이해하는 중심에 시스템 콜이 있다.

2.2 라이브러리

라이브러리와 라이브러리 함수

우리가 프로그램을 작성할 때 시스템 콜 이외에도 사용할 수 있는 함수가 있다. 바로 **라이브러리 함수**(library function)다. 라이브러리 함수의 예로는 이전 장에서 사용한 printf()나 exit(), 문자열 처리 함수인 strlen() 이나 strcpy() 등이 있다.

라이브러리 함수는 왜 라이브러리 함수라 부르는 걸까? 그 이유는 마치 '도서관'처럼 잘 정리되어 있기 때문이다. 실제 도서관에는 책이 잔뜩 있는 것처럼 리눅스의 라이브러리에는 파일이 잔뜩 있고, 그 안에 함수 코드가 들어가 있다.

또한, 실제 도서관에서 빌려주는 것처럼 리눅스의 라이브러리도 함수를 빌려서 사용하게 해준다. 함수를 빌리는 작업을 **링크**(link)라고 한다. 함수를 링크해 두면 해당 함수를 호출하는 것이 가능해진다. 링크에 대해서는 11장에서 다시 살펴볼 것이다.

시스템 콜과 라이브러리 함수

라이브러리 함수는 내부적으로 시스템 콜을 사용하기도 하고, 그렇지 않을 수도 있다. 예를 들어 printf()의 경우, 내부에서 write()라는 시스템 콜을 사용하고 strlen()의 경우는 어떤 시스템 콜도 사용하지 않는다.

또한, 예전에는 시스템 콜이었던 작업이 라이브러리 함수로 구현되는 경우도 있고, 그 반대의 경우도 있다. 그래서 라이브러리 함수와 시스템 콜을 굳이 의식적으로 구분해서 사용하지 않는 경우도 많다.

그러나 시스템 콜과 라이브러리 함수의 차이를 아는 것은 리눅스가 돌아가는 근본 원리에 해당하므로 잘 알아둘 필요가 있다. 또한, man 페이지를 참조할 때도 도움이 된다. 예를 들어 printf라는 셸 명령어도 있고 라이브러리 함수도 존재한다. 라이브러리 함수에 대한 설명을 보고 싶으면 'man 3 printf'라고 입력해야 한다. 한편 write는 셸 명령어와 시스템 콜에 각각 존재하는데, 시스템 콜에 대한 설명을 보고 싶다면 'man 2 write'라고 입력해야 한다.

libc

리눅스에는 여러 라이브러리가 있는데, 그중에서 특히 중요한 라이브러리가 **C 표준 라이브러리** (C standard library), 약칭 libc다. 우분투의 경우 /lib, CentOS는 /lib64 디렉터리에 있다. libc. so.6이 libc의 중심이 되는 파일이다.

이 libc.so.6라는 파일은 심볼릭 링크되어 있는데, 어디와 연결되어 있는지 'ls –l'로 추적해 보자.

```
$ ls /lib/x86_64-linux-gnu/libc.so.6
/lib/x86_64-linux-gnu/libc.so.6
$ ls -l /lib/x86_64-linux-gnu/libc.so.6
lrwxrwxrwx 1 root root 12 Mar 22 05:06 /lib/x86_64-linux-gnu/libc.so.6 -> libc-2.23.so
```

이처럼 지은이의 환경에서는 libc-2.23.so라는 파일과 연결되어 있다. 숫자 부분은 배포판의 종류나 버전에 따라 다소 다를 수 있지만, 버전은 2일 것이다.

리눅스에서 보통 사용되는 libc는 GNU libc(약칭 glibc)라고 하여, 이름대로 GNU 소프트웨어다. 앞서 설명한 대로 리눅스 커널은 리누스 토발즈가 만들고 있는데, GNU libc는 다른 사람이 만들고 있다. 그래서 일반적으로 리눅스라 하면 커널만을 의미하는 것이다.

그 외에 /lib나 /lib64 폴더에는 libm.so.6, libdl.so.2, libnss와 같은 파일도 있을 것이다. 이들도 C 표준 라이브러리의 일부다. 라이브러리는 여러 개의 파일로 구성되기도 한다. 참고로, libm. so.6에는 수학 관련 함수가 들어 있다. 예를 들어, sin()이나 cos()같은 함수들을 포함한다.

 API

시스템 콜과 라이브러리에 대해 알아봤으니 API라는 용어에 대해서도 살펴보자.

API(Application Programming Interface)란, 프로그래밍을 통해 무언가를 사용할 때의 인터페이스를 말한다. 커널의 API는 물론 시스템 콜이다. 그러나 경우에 따라서는 설정 파일이나 명령어조차도 API가 될 수 있다. 의외로 API라는 말은 프로그래밍할 때 사용하는 많은 것을 포괄하는 폭넓은 개념인 것이다.

이렇게 설명하는 이유는 API를 시스템 콜과 같다고 생각하는 사람이 꽤 많기 때문이다. 그 이유는 아무래도 Win32 API의 영향이 큰 것 같다. Win32 API는 '윈도우의 서브 시스템 Win32

의 API'로, 그 안에는 시스템 콜이 아닌 것도 많이 포함되어 있는데도 시스템 콜과 같은 것으로 오해하는 사람이 많다. 이 기회에 API는 시스템 콜뿐만 아니라 더 많은 것을 포함하는 개념이란 것을 꼭 기억해 두기 바란다.

제 **3** 장

리눅스의 세 가지 중요 개념

이번 장에서는 리눅스의 세 가지 중요 개념을 살펴본다.

3.1 파일 시스템

리눅스의 세 가지 중요 개념 중 우리에게 가장 친숙한 파일 시스템부터 알아보자.

파일

파일 시스템은 파일을 다루는 시스템이다. 따라서 파일 시스템을 알기 위해서는 **파일**(file)부터 알아야 한다. 그러나 파일이란 용어가 생각보다 어렵다. 리눅스에서의 파일은 다음 세 가지 경우로 나누어 생각해 볼 수 있다.

1. 넓은 의미의 파일
2. 좁은 의미의 파일
3. 스트림

스트림은 다음 절에서 자세히 설명하므로 이번 절에서는 **1**번과 **2**번의 의미에 대해서 살펴보도록 하자.

넓은 의미의 파일

다음과 같이 리눅스의 특정 폴더에서 ls를 입력해 보자.

```
$ ls /etc
               ⋮
dconf            kernel-img.conf    profile        updatedb.conf
debconf.conf     kerneloops.conf    profile.d      update-manager
debian_version   ldap               protocols      update-motd.d
default          ld.so.cache        pulse          update-notifier
deluser.conf     ld.so.conf         python         UPower
               ⋮
```

여기에는 텍스트 파일(예를 들면 profile)도 있고, 바이너리 파일(예를 들면, ld.so.cache)도 있다. 또한 디렉터리도 있고 심볼릭 링크도 있다. 이들을 서로 다른 존재라고 생각할 수 있으나,

사실은 전부 '파일'이다. 간단하게 말하면 ls로 표시되는 모든 것이 파일이다. 이때의 파일을 넓은 의미에서의 파일이라 할 수 있다.

파일의 종류

넓은 의미의 파일을 세분화해 보면 다음과 같다.

● 보통 파일

가장 일반적인 것으로 데이터가 들어 있는 파일을 말한다. 이를 영어로 regular file 혹은 normal file이라 한다. 좁은 의미에서 파일의 정의는 이러한 보통 파일만을 파일로 간주한다.

사람이 봤을 때는 보통 파일을 텍스트 파일, 영상 파일, 이미지 파일로 구분할 수 있지만, 커널의 관점에서는 그저 모두 보통 파일일 뿐이다.

윈도우의 경우에도 텍스트 파일과 영상 파일이 전부 구별된 것처럼 보이지만, 그저 파일의 확장자(예를 들어 파일 끝의 .txt)를 보고 구별하여 다루는 것일 뿐이다. 그래서 텍스트 파일의 확장자를 .jpg로 바꾸면 해당 파일을 이미지 파일로 다루고자 한다.

● 디렉터리

디렉터리(directory)는 다른 파일(넓은 의미의 파일)들을 담아 둘 수 있는 파일이다. 유닉스에서는 전통적으로 디렉터리의 데이터를 단순한 바이트 열로 읽는 것이 가능했지만 리눅스에서는 금지했다.

● 심볼릭 링크

심볼릭 링크(symbolic link)란, 다른 파일을 가리키는 파일을 말한다. 소프트 링크(soft link)라고도 한다. 심볼릭 링크 파일을 열면, 커널이 자동으로 연결된 파일을 열어 준다. 심볼릭 링크를 사용하면 파일이나 디렉터리에 다른 이름, 즉 별명을 부여할 수 있다.

리눅스에서 로그 파일은 일반적으로 /var/log에 쌓이는데, 배포판에 따라서는 /var/adm에 쌓이는 경우도 있다. 이러한 배포판에서 작성한 프로그램은 /var/adm에 로그 파일이 쌓이도록 코딩되어 있을 수도 있다. 이런 프로그램을 /var/log에 로그 파일을 쌓는 시스템에서 돌리고자 할 때 심볼릭 링크가 유용하게 사용될 수 있다.

즉 /var/adm을 /var/log로 심볼릭 링크를 걸어 놓으면, /var/adm으로의 접근이 /var/log로의 접근으로 자동 전환되는 것이다. 따라서 코드를 고치지 않고 양쪽 시스템에서 모두 사용할 수 있게 된다.

● 디바이스 파일

디바이스 파일(device file)이란, 디바이스(하드웨어)를 파일로 표현한 것이다. 예를 들어, 디바이스 파일 /dev/sda는 첫 번째 SSD 혹은 HDD를 의미한다. 따라서 5장 이후에 소개할 API를 사용하여 이 파일에 접근하면 SSD나 HDD에 기록된 데이터를 조작할 수 있다. 그러나 이것은 매우 위험하기 때문에 실제로 해 보지는 말도록 한다.

디바이스 파일은 다루는 하드웨어에 따라 **문자 디바이스 파일**(character device file)과 **블록 디바이스 파일**(block device filie)이 있다. 차이점은 원하는 시점에 원하는 곳에 접근할 수 있는지다. 예를 들어 SSD와 HDD는 대표적인 블록 디바이스다. 그리고 프린터나 모뎀은 문자 디바이스다.

그런데 디바이스 파일 중에 대응하는 디바이스가 없는 경우도 있다. 예를 들어 /dev/null의 경우, 분명 디바이스 파일이지만 내용은 언제나 비어 있고 무엇을 써도 공중에 사라져 버리는 신기한 파일이다. 마찬가지로 실제 물리적 디바이스가 없는 디바이스 파일로 /dev/zero와 /dev/random 등이 있다.

● 명명된 파이프

명명된 파이프(named pipe)는 프로세스 간 통신에 사용하는 파일이다. FIFO라고도 불린다. 명명된 파이프는 사용 빈도가 높지 않으므로 이 책에서 다루지 않겠다.

● UNIX 도메인 소켓

유닉스 도메인 소켓(UNIX domain socket)도 프로세스 간 통신에 사용하는 파일이다. 현재는 TCP 소켓으로 대체되었기 때문에 이 책에서 다루지 않겠다.

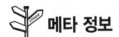 메타 정보

파일에는 데이터 그 자체 외에도 다음과 같은 다양한 정보가 존재한다.

- 파일의 종류(보통 파일인지, 디렉터리인지)
- 권한
- 크기
- 마지막 수정 시간

이러한 정보는 'ls –l'을 통해 살펴볼 수 있다.

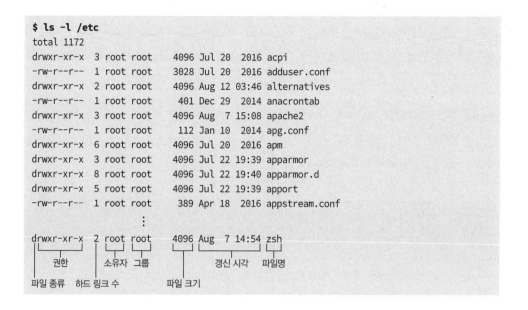

지금까지 파일에 대해 살펴봤다. 다시 한번 정리해 보면 파일은 다음과 같은 특징을 가진다.

- **어떤 데이터를 보유한다**

  일반적으로 모든 파일은 어떠한 데이터를 보유하고 있다. 보통 파일의 경우에는 텍스트나 이미지 등이 기록되어 있으며, 디렉터리는 그 내부 파일에 대한 정보가 기록되어 있다.

- **메타 정보가 있다**

  파일에는 수정 시각 등의 메타 정보가 붙어 있다.

- **이름(경로)으로 지정할 수 있다**

  이 점에 대해서는 명시적으로 언급하지 않았지만, 이름으로 지정할 수 있는 것은 빠뜨릴 수 없는 파일의 특징이다. 어떤 의미에서는 파일의 가장 큰 특징이라 해도 과언이 아니다.

이와 같은 특징을 가지는 파일을 관리하는 시스템이 바로 파일 시스템이다.

파일 시스템과 마운트

파일 시스템은 어디에 있을까? 물론, SSD나 HDD, USB 메모리처럼 물리적인 기억 장치에 존재한다. 예를 들어 SSD나 HDD의 경우, 먼저 디스크를 **파티션**(partition) 단위로 나눠 그 위에 파일 시스템을 얹어서 **마운트**(mount)하면 거대한 디렉터리 트리가 생성된다.

mount 명령어를 사용하면, 현재 사용하고 있는 시스템에서 어떤 파일 시스템을 사용하고 있는지 확인할 수 있다. 다음은 지은이의 시스템에서 mount 명령어를 실행한 결과다. 아무런 옵션을 주지 않으면 출력이 너무 많아져서 '-t ext4' 옵션을 붙였다.

```
$ mount -t ext4
/dev/sda1 on / type ext4 (rw,relatime,errors=remount-ro,data=ordered)
```

지은이의 컴퓨터에는 파티션이 하나밖에 없어서 한 줄만 나왔다. 파티션이 더 있는 경우에는 그만큼 더 출력될 것이다. /dev/sda1은 디스크의 파티션에 대응하는 디바이스 파일의 이름이다. 그것이 루트 경로(/)에 마운트되어 있고 ext4라고 하는 파일 시스템을 사용하고 있음을 알 수 있다. 하나의 운영체제에서도 파일 시스템의 종류는 다양할 수 있다. 다음은 리눅스에서 사용할 수 있는 파일 시스템 몇 가지를 나타낸 표다.

표 3.1 다양한 파일 시스템

종류	특징
ext4	현재 리눅스에서 가장 일반적으로 사용되는 파일 시스템
xfs	구 SGI 사가 제공한 저널링 파일 시스템
btrfs	리눅스 항 copy-on-write B tree 파일 시스템

앞서 mount 명령어를 사용할 때 '-t ext4'와 같은 옵션을 붙였었는데, -t 옵션은 특정 타입의 파일 시스템만을 출력하도록 하는 옵션이다.

이 외에도 procfs, tmpfs, devfs 등의 파일 시스템이 있다. 이들은 ext4나 btrfs와는 다소 다른 파일 시스템으로, 물리적인 디바이스가 존재하지 않는다. 이러한 타입의 파일 시스템을 **가상 파일 시스템**(pseudo file system)이라 한다. 이에 대해서는 9장에서 자세히 다룬다.

3.2 프로세스

이어서 리눅스의 세 가지 중요 개념 중 두 번째인 **프로세스**(process)에 대해 알아보자.

프로세스

'프로세스'란, 간단히 말해 실행 중인 프로그램을 말한다. 그리고 '프로그램'이란 파일 형태로 존재하는 실행 가능한 파일을 말한다. 예를 들면, 이전 장에서 만든 hello는 프로그램이다. 이 것을 실행하면 그때마다 새로운 hello 프로세스가 만들어진다. 즉, 하나의 프로그램이 있으면 새로운 프로세스를 계속 만들 수 있는 것이다.

콘솔에서 'ps –ef'를 실행해 보면 현재 시스템에서 수행 중인 프로세스 목록이 표시된다. 지은 이의 컴퓨터에서 'ps –ef'를 실행한 결과는 다음과 같다.

```
$ ps -ef
UID       PID PPID C STIME TTY        TIME CMD
root        1    0 0 Aug01 ?      00:00:02 /lib/systemd/systemd --system --deserialize 20
root        2    0 0 Aug01 ?      00:00:00 [kthreadd]
              ⋮
root      944    1 0 Aug01 ?      00:00:01 /usr/bin/prltoolsd -p /var/run/prltoolsd.pid
root      947  944 0 Aug01 ?      00:00:02 /usr/bin/prltoolsd -p /var/run/prltoolsd.pid
root      954  944 0 Aug01 ?      00:00:05 prlshprint
root      956  944 0 Aug01 ?      00:00:00 prltimesync
root     1097    1 0 Aug01 ?      00:00:00 /usr/sbin/lightdm
root     1133 1097 0 Aug01 tty7   00:01:07 /usr/lib/xorg/Xorg -core :0 -seat seat0 -auth
root     1134    2 0 00:11 ?      00:00:00 [kworker/0:2]
root     1138    1 0 Aug01 tty1   00:00:00 /sbin/agetty --noclear tty1 linux
              ⋮
```

다양한 프로세스가 돌아가는 중인 것을 알 수 있다. 가장 오른쪽에 표시되는 내용이 해당 프로세스가 실행될 때의 프로그램 이름과 실행 인자다.

앞서 설명했듯이 하나의 프로그램으로 여러 개의 프로세스가 만들어질 수 있다. 위 ps 출력 결과에도 /usr/bin/ptltoolsd가 두 번 나타나고 있다.

프로세스 ID

하나의 프로그램으로 여러 개의 프로세스를 만들 수 있다는 것은, 프로그램의 이름만으로는 프로세스를 서로 구별할 수 없음을 의미한다. 앞의 예에서도 prltoolsd라는 프로그램 이름으로 만들어진 프로세스가 두 개 있었다.

여기서 도움이 되는 것이 **프로세스 ID**(process ID)다. ps 명령어의 출력 결과에서 왼쪽에서 두 번째 열에 표시되는 것이 각 프로세스의 프로세스 ID다. 프로세스 ID는 시스템에서 돌고 있는 모든 프로세스 간에 중복되지 않도록 할당된 번호다. 따라서 프로세스 ID를 사용하여 특정 프로세스를 지정할 수 있어 유일하다(unique)고 말할 수 있다.

시그널

프로세스 ID가 사용되는 대표적인 예로 **시그널**(signal)이 있다.

Ctrl + C를 눌러 실행 중인 프로세스를 멈춘 경험이 있을 것이다. 이때 사용된 기능이 바로 시그널이다. Ctrl + C를 누르면 커널이 해당 프로세스에 인터럽트 시그널(SIGINT)을 보내, 이를 전달받은 프로세스가 자발적으로 종료한다. 이 동작에 대해서는 4장에서 설명하는 단말과 12장에서 설명하는 프로세스 그룹을 거쳐 13장까지 읽어야 완벽한 이해가 가능하다.

시그널은 유닉스에서 예전부터 존재했고, 리눅스 프로그래밍에서 매우 중요한 위치를 차지한다.

3.3 스트림

리눅스의 세 가지 중요 개념 중 마지막은 **스트림**(stream)이다. 영어로 stream 이란 무엇인가의 좁은 흐름을 말한다. 예를 들면, 시냇물을 stream이라 한다. 이 책에서의 스트림은 물도 공기도 아닌 바이트의 흐름, 즉 바이트 스트림(byte stream)을 말한다. 스트림을 바이트들이 흘러다니는 길이라고 생각해도 좋다. 스트림에 대한 정의는 5장에서 API를 소개한 후 다시 언급하겠다.

그런데 참고로 이 책에서 말하는 스트림이란 개념은 엄밀히 말하면 다른 책과는 약간의 차이가 난다. 리눅스를 더 쉽게 바라볼 수 있도록 데이터(바이트)가 이동하는 통로를 스트림이라고 했는데, 다른 책에서는 파일이나 open file로 다뤄지곤 한다.

그리고 다른 서적에서는 스트림이란 단어를 다음 두 가지 의미로 사용한다.

- FILE 타입
- STREAMS 커널 모듈

FILE 타입은 이 책에서 말하는 스트림을 다룰 때 사용하는 자료 구조로 6장에서 자세히 다룰 예정이다.

STREAMS는 스트림 기능을 위해 사용되는 커널 모듈을 말한다. 하지만 이 책에서의 스트림은 이들을 의미하지 않고 오로지 바이트 스트림, 즉 데이터가 한 쪽에서 다른 쪽으로 이동할 수 있도록 연결된 통로라는 개념으로 사용된다.

파일에 연결된 스트림

스트림은 리눅스의 여기저기서 사용된다. 예를 들어 프로세스가 파일의 내용을 읽고 싶다면 어떻게 해야 할까? 파일에 연결된 스트림을 만들도록 커널에(시스템 콜을 사용하여) 의뢰한다. 그리고 다시 시스템 콜을 사용하여 파일의 내용을 읽는다(그림 3.1).

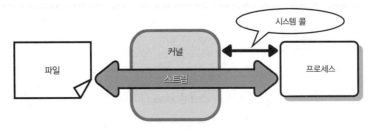

그림 3.1 파일 및 스트림

스트림에서 바이트 열을 꺼내는 것을 **읽는다**(read)고 한다. 반대로 바이트 열을 흘려보내는 것을 **쓴다**(write)고 한다.

디바이스에 연결된 스트림

스트림은 이외에도 많은 곳에서 사용된다. 앞의 예에서는 스트림의 끝에 보통 파일(regular file)이 있었는데, 바이트 열이 흘러갈 수 있는 곳이라면 어떤 것도 스트림에 연결될 수 있다.

예를 들어 SSD나 HDD, 키보드와 같은 하드웨어도 마찬가지다. SSD나 HDD는 바이트 덩어리라고 볼 수 있는 하드웨어이므로 당연히 스트림이 연결될 수 있다. 키보드도 입력된 키를 바이트 열로 보내는 장치이므로 스트림의 끝단에 위치할 수 있다(그림 3.2).

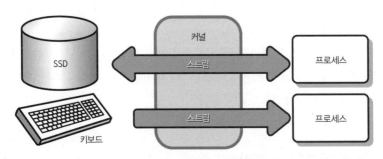

그림 3.2 스트림과 디바이스 파일

파일 시스템에서 살펴본 디바이스 파일은 스트림 연결에 사용된다.

파이프

바이트 열이 흘러다니는 곳이 스트림이다. 여기서 먼저 그림 3.1을 보기 바란다. 프로세스에

스트림이 연결되어 바이트 열이 흘러가고 있다. 즉, 스트림의 양 끝에 프로세스가 있는 구조다(그림 3.3). 이와 같은 스트림을 **파이프**(pipe)라고 한다.

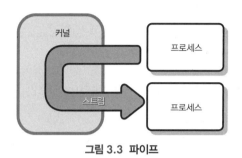

그림 3.3 파이프

명령어의 출력을 less 명령어로 보거나, grep 명령어로 검색하거나 할 때 파이프를 사용한다. 이러한 동작은 다음과 같은 원리로 수행된다.

1. 먼저 각 명령어를 독립된 프로세스로 동시에 실행한다.
2. 각 프로세스를 스트림(파이프)으로 연결한다.

 네트워크 통신

스트림이란 바이트 열의 통로다. 바이트 열이 잘 수송될 수 있다면 스트림이 다른 컴퓨터로까지 연결될 수도 있다(그림 3.4). 이것이 **네트워크 통신**(network communication)이다.

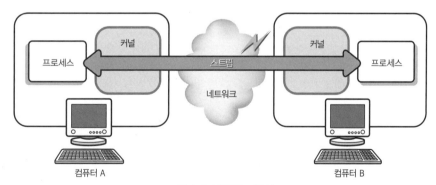

그림 3.4 네트워크 통신

네트워크 통신에서는 프로세스 간 스트림 연결이 많아 그림 3.4에서 스트림의 끝단에 프로세스라고 표시했지만, 파일이 연결될 수도 있다.

프로세스 간 통신

파이프나 네트워크 통신과 같이 프로세스 간에 스트림을 통해 데이터를 주고받으며 의사소통하는 것을 일반적으로 **프로세스 간 통신**(InterProcess Communication, IPC)이라 한다. 스트림은 프로세스 간 통신에 있어 중요한 역할을 수행한다.

그러나 스트림만이 유일한 프로세스 간 통신 방법인 것은 아니다. 예를 들어 **POSIX IPC**는 스트림을 사용하지 않는 프로세스 간 통신 기법이다.

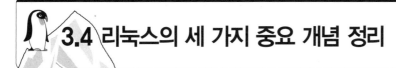

3.4 리눅스의 세 가지 중요 개념 정리

이것으로 세 가지 중요 개념을 모두 설명했다.

데이터에 이름을 붙여 보관하고 관리하는 파일 시스템이 있다. 그리고 어떤 활동을 하는 주체로서 프로세스가 있다. 마지막으로 프로세스가 파일 시스템이나 다른 프로세스와 데이터를 주고받는 수단으로서 스트림이 있다. 이 삼자 간의 관계를 정리한 그림이 3.5다.

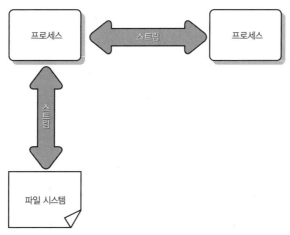

그림 3.5 프로세스, 파일 시스템, 스트림

단순한 구조이지만 이것을 올바로 이해하는 것이 리눅스 프로그래밍에 있어서 매우 중요하다.

제 **4** 장

리눅스와 사용자

이번 장에서는 리눅스를 사용하는 관점에서 바라봤을 때 핵심적인 키워드라 할
수 있는 사용자, 그룹, 단말과 셸에 대해 살펴보겠다.

4.1 사용자와 그룹

다중 사용자 시스템

우리가 리눅스를 사용할 때 제일 먼저 하는 일은 **로그인**(login)이다. 아이디와 비밀번호를 입력하고 로그인에 성공하면 해당 사용자로 리눅스를 사용할 수 있게 된다. 이 과정을 통해 사용자의 홈 디렉터리에서 셸(Bash 등)이 기동되어 허가된 파일을 읽고 쓰고 실행하는 것이 가능해진다.

로그인이 필요한 이유는 무엇일까? 혹은 어째서 여러 명의 사용자가 동시에 사용할 수 있게 만들어진 것일까? 리눅스처럼 여러 명의 사용자가 동시에 사용할 수 있는 시스템을 **다중 사용자 시스템**(multi-user system)이라 부르는데, 다중 사용자 시스템이 아닌 운영체제도 다수 존재한다.[2] 예를 들면 iOS나 안드로이드(Android)가 그렇다.

단순하게 생각해 보면 1인용보다는 여러 명이 동시에 사용할 수 있는 게 좋아 보이긴 하지만, 반대로 운영 체제의 구현과 사용 관점에서는 복잡도가 높아진다. 여러 명이 함께 사용하기 위한 로그인과 권한 관리가 필수적이기 때문이다.

리눅스가 다중 사용자 시스템인 것은 유닉스 시스템의 역사에 따른다. 예전에는 컴퓨터 한 대의 가격이 비쌌기 때문에 한 명이 독점한다는 것은 생각할 수 없었다. 그래서 자연스레 여러 명이 사용하는 설계가 이루어진 것이다.

하지만 최근에는 컴퓨터를 혼자서 사용하는 경우도 많은데, 그렇다면 다중 사용자 시스템이 아닌 경우도 고려해 볼 만한 걸까? 그렇지 않다. 다중 사용자를 전제로 한 설계가 더 안전한 시스템의 근간이 되기 때문이다.

예를 들어 시스템에는 libc.so.6과 같이 중요한 파일도 있고, 임시 메모 파일처럼 시스템 관점에서는 중요하지 않은 파일도 있다. 이 두 파일을 동일하게 취급해서는 안 된다. 임시 메모 파일은 지워져도 시스템 관점에서 크게 문제가 발생하지 않지만, libc.so.6을 지워버리면 운영체

---

2 옮긴이 잠금 화면과 같이 인증 화면이 존재하지만, 어떤 사용자로 로그인할지 선택하는 UI가 없고 기본적으로 한 명이 사용한다는 관점에서 그렇다. 안드로이드는 리눅스 커널을 기반으로 하고, iOS는 멀리 내다본다면 Berkeley UNIX(BSD)를 기반으로 한다.

제를 다시 설치해야 하는 상황이 될 수도 있다. 따라서 libc.so.6과 같은 중요한 파일은 아무나 쉽게 지우지 못하도록 설계되어야 한다.

이때 다중 사용자 시스템이 효과적이다. 시스템에 있어 중요한 파일은 보통 사용자와 구별된 별도의 사용자가 소유하도록 하고, 해당 소유자 이외에는 수정/삭제가 불가능하도록 만드는 것이다. 이렇게 하면 일반 사용자가 중요한 파일을 실수로 지워버리는 일이 생기지 않을 것이다.

운영체제를 여러 명의 사용자로 구분해 놓으면 복잡해지기도 하지만, 시스템의 안전을 위해 필수적인 부분이기도 하다. 윈도우도 예전에는 1인용 시스템이었지만, XP 이후에는 다중 사용자 시스템이 되었다.

권한의 분할

파일을 특정 사용자만 수정/삭제할 수 있도록 하기 위해 사용자별 파일에 대한 권한(permission)이 적용된다. 그래서 사용자별로 읽기/쓰기/실행 가능한 파일이 다르게 되는 것이다.

모든 파일에 모든 권한을 가지는 사용자를 **슈퍼 사용자**(super user)라 하고, 보통 **root**라는 이름을 가진다. 슈퍼 사용자는 모든 파일을 수정, 삭제할 수 있고, 모든 프로세스를 정지할 수 있는 권한도 가졌다.

그룹

그룹(group)을 사용하면 권한을 더 유연하게 배정할 수 있다. 그룹은 이름 그대로 사용자의 그룹으로, 그룹에 권한을 부여하면 그 그룹의 멤버 전원에게 해당 권한이 부여된다. 예를 들어 어떤 파일을 특정 그룹만 읽고 쓸 수 있도록 허가해 두면, 해당 그룹에 속한 모든 멤버가 그 파일을 읽고 쓸 수 있게 된다.

예를 들어, 특정 디바이스 파일에 대한 사용 허가를 그룹별로 부여하는 것을 생각해 볼 수 있다. 가령, DVD 드라이브를 사용하도록 허가하고 싶은 사용자가 있고 그렇지 않은 사용자가 있다고 하자. 그럴 때 허가할 사용자들을 dvd 그룹에 묶고, 그 그룹에 DVD 드라이브(디바이스 파일 /dev/sr0 등)에 대한 읽기/쓰기 권한을 부여하면 된다.

각 사용자는 항상 최소한 한 개의 그룹에 소속되어 있다. 보통 이 최초의 그룹을 기본 그룹이라고 하는데, useradd 명령어로 사용자를 만들 때 -g 옵션을 주어 지정하는 것이 가능하다.

그리고 시스템 관리자는 하나의 사용자를 기본 그룹 이외에 여러 그룹에 한꺼번에 추가하는 것이 가능하다. 사용자를 만들 때 useradd 명령어에 -G 옵션으로 지정하거나 만들어진 사용자에 대해 vigr 명령어를 사용하여 추가할 수 있다. 이렇게 기본 그룹 이외에 추가로 가지는 그룹을 **부가 그룹**(supplementary groups)이라 한다.

 ## 권한

사용자·그룹별로 특정 파일에 대한 사용을 허가/비허가 하는 것을 **권한**(permission) 설정이라한다. 이를 위해 리눅스에서는 개별 파일별로 소유자와 소유 그룹이 반드시 존재하게 되어 있다. 그러면 다음 세 집단에 대해 서로 다른 권한 설정이 가능하다.

- 파일을 소유하는 사용자
- 파일을 소유하는 그룹에 속한 사용자
- 그 외의 사용자

권한의 종류는 다음 세 가지다.

- 읽을 수 있는 권한(read, r)
- 쓸 수 있는 권한(write, w)
- 실행(execute, x)

즉, 세 개의 사용자 그룹에 세 개의 권한을 설정하여 총 아홉 개의 설정이 가능하다. 루트 디렉터리에서 'ls -l'을 입력해 보자.

```
$ ls -l /
total 100
drwxr-xr-x   2 root root  4096 Aug  2 00:57 bin
drwxr-xr-x   3 root root  4096 Aug  2 00:58 boot
drwxrwxr-x   2 root root  4096 Jan 11  2017 cdrom
drwxr-xr-x  20 root root  4000 Jul 22 19:42 dev
drwxr-xr-x 132 root root 12288 Aug  2 00:57 etc
drwxr-xr-x   3 root root  4096 Jan 11  2017 home
lrwxrwxrwx   1 root root    32 Jul 22 19:39 initrd.img -> boot/initrd.img-4.4.0-83-generic
lrwxrwxrwx   1 root root    32 Jan 12  2017 initrd.img.old -> boot/initrd.img-4.4.0-59-generic
drwxr-xr-x  22 root root  4096 Jul 22 19:37 lib
drwxr-xr-x   2 root root  4096 Jul 22 19:36 lib64
drwx------   2 root root 16384 Jan 11  2017 lost+found
```

```
drwxr-xr-x   4 root root  4096 Jul 22 18:38 media
drwxr-xr-x   2 root root  4096 Jul 20  2016 mnt
drwxr-xr-x   2 root root  4096 Jan 11  2017 opt
dr-xr-xr-x 198 root root     0 Jul 22 19:42 proc
drwx------   4 root root  4096 Jan 11  2017 root
drwxr-xr-x  26 root root   840 Aug  2 00:58 run
drwxr-xr-x   2 root root 12288 Aug  2 00:57 sbin
drwxr-xr-x   2 root root  4096 Jun 30  2016 snap
drwxr-xr-x   2 root root  4096 Jul 20  2016 srv
dr-xr-xr-x  13 root root     0 Jul 22 19:42 sys
drwxrwxrwt  11 root root  4096 Aug  2 01:45 tmp
drwxr-xr-x  11 root root  4096 Jul 20  2016 usr
drwxr-xr-x  14 root root  4096 Jul 20  2016 var
lrwxrwxrwx   1 root root    29 Jul 22 19:39 vmlinuz -> boot/vmlinuz-4.4.0-83-generic
lrwxrwxrwx   1 root root    29 Jan 12  2017 vmlinuz.old -> boot/vmlinuz-4.4.0-59-generic
```

맨 왼쪽에 표시되는 'drwxr-xr-x'에서 첫 번째 문자를 제외한 아홉 개의 문자가 권한을 나타낸다. 앞서 설명한 아홉 개의 권한 설정과 다음과 같이 대응된다.

표 4.1 권한

	소유 사용자			소유 그룹			그 외		
	읽기	쓰기	실행	읽기	쓰기	실행	읽기	쓰기	실행
가능	r	w	x	r	w	x	r	w	x
불가능	-	-	-	-	-	-	-	-	-

구체적인 예를 살펴보자.

- rw-r--r--
  소유자만 읽고 쓸 수 있고, 그 외의 사용자는 읽을 수만 있다. 일반적으로 자주 적용되는 권한이다.

- rwxr-xr-x
  소유자는 읽고 쓸 수 있고, 그 외의 사용자는 읽고 실행만 할 수 있다. 프로그램이나 디렉터리에 사용되는 패턴이다.

- rw-------
  소유자만 읽고 쓸 수 있다. SSH의 비밀 키, 본인 이외 사용자가 봐서는 안 될 파일에 적용되는 패턴이다.

🌿 권한의 8진수 표기

권한을 표시할 때는 'rwxr-xr-x'와 같은 표기법 이외에 다른 방법도 있다. 대표적인 것으로 각 문자를 1비트의 수치로 보는 8진 표기 방식이 있다. 이 경우 'rwx'를 r = 4, w = 2, x = 1, - = 0 으로 간주하여 합계를 구한다. 그러면 rwx = 4 + 2 + 1 = 7, r - x = 4 + 0 + 1 = 5가 된다. 이 값을 세 개 나열한 것이 최종적인 표기에 해당한다. 예를 들어 rwxr-xr-x면 755, rw-r--r--는 644다.

이러한 표기는 비트 연산을 기반으로 한다. r이 4인 것은 2진 표기로 100, w가 2인 것은 2진 표기로 010, x는 1인 것은 2진 표기로 001이기 때문이다. 이러한 표기법은 C 언어에서 그대로 활용하기 쉽다.

🌿 디렉터리 권한

디렉터리의 권한은 일반 파일과 조금 다르게 적용된다.

- 읽기 권한이 있으면 ls 명령어 등으로 디렉터리의 파일 목록을 확인할 수 있다.
- 쓰기 권한이 있으면 그 안에 새로운 파일을 쓰거나 삭제할 수 있다.
- 실행 가능 권한이 있으면 그 안의 파일에 접근할 수 있다.

디렉터리를 그 안에 담긴 파일 리스트를 기록한 파일이라고 보면, 읽기 권한이 있을 때 파일 목록을 얻을 수 있다는 것이 이해가 될 것이다.

한편, 쉽게 이해하기 어려운 부분이 실행 가능 권한이다. 디렉터리의 실행 권한이 없으면 그 안에 있는 파일의 권한과 상관없이 접근이 일절 불가능하다. 여기서 말하는 접근이란 읽기/쓰기/실행 전부를 말한다. 디렉터리에 실행 권한이 있는 경우에는 그 디렉터리 안의 파일에 대한 권한에 따라 읽기/쓰기/실행이 가능해진다.

🌿 자격 증명

파일의 권한에 대한 설명이 끝났으니 이번에는 파일에 접근하는 쪽에 대해 알아보도록 하자.

예를 들어, 사용자 A가 소유하고 있는 파일이 있다고 가정하자. 그리고 이 파일의 권한은 rw-r-r로 설정되어 있다. 즉, 사용자 A라면 접근하여 해당 파일을 읽고 쓸 수 있는데, 여기서 '사용자 A로 접근'한다는 말은 구체적으로 무엇을 뜻하는 걸까?

사실은 '사용자 A가 접근한다'는 것은 '사용자 A의 속성을 가진 프로세스가 접근한다'는 뜻이다. 리눅스상에서 활동하는 주체는 사람이 아니라 프로세스이기 때문이다. 그래서 사용자 A가 조작한다는 것은 사용자 A의 속성을 가진 프로세스군이 조작한다는 것과 같은 말이다.

그런데 여기서 '사용자 A의 속성'이라는 말이 나왔다. 이렇게 프로세스가 가지는 사용자의 속성을 **자격 증명**(credential)이라고 한다. 자격 증명이란, 말하자면 '이 프로세스는 리눅스상에서 이 사용자의 대리인으로 동작하고 있다'는 증명서다. 커널은 그 증명서를 보고 '이 프로세스는 이 사용자의 파일을 봐도 괜찮구나'라고 판단한다. 거꾸로 말하면, 증명서만 있으면 누가 생성한 프로세스라도 커널은 그 사용자의 대리인으로 인정한다는 말이기도 하다.

'하지만 나는 그런 증명서를 만들거나 건넨 적이 없는데...'라고 생각할 수도 있다. 하지만 그렇지 않다. 여러분이 리눅스를 사용할 때 언제나 제일 먼저 하는 일이 있다. 바로, **로그인**(login)이다. 이 로그인하는 과정에서 사용자의 증명서를 가진 프로세스가 시스템상에 생성된다. 이 최초의 프로세스가 다른 명령(프로세스)을 실행할 때 증명서를 자동으로 복사하고 전달하므로 우리가 로그인해서 생성한 프로세스는 모두 사용자의 대리인 자격을 가지고 실행되는 것이다.

사용자 이름과 사용자 ID

보통 여러분은 로그인할 때 사용자 '이름'을 입력할 것이다. 그러나 리눅스 커널은 이 사용자 이름을 기반으로 동작하지 않는다. 대신에 사용자 이름에 대응하는 사용자 ID(숫자)를 기반으로 동작한다. 파일의 소유자도 사용자 ID로 기록되며, 프로세스의 자격 증명서도 ID를 기반으로 다뤄진다.

'ls –l'를 하면 파일의 소유자 이름이 출력되는데, 이는 ls 명령어가 매번 ID를 이름으로 변환하는 것에 불과하다. ls 외에도 사용자 이름을 입력받거나 표시하는 프로그램들은 모두 내부적으로 사용자 ID와 사용자 이름을 변환하여 사용하고 있다.

사용자 데이터 베이스

그렇다면 사용자 이름과 사용자 ID의 매핑은 어디에 기록되어 있을까? 일반적으로는 /etc/

passwd에 작성되어 있다. 다음은 지은이의 컴퓨터에 있는 /etc/passwd의 내용이다.

```
root:x:0:0:root:/root:/bin/bash
daemon:x:1:1:daemon:/usr/sbin:/usr/sbin/nologin
bin:x:2:2:bin:/bin:/usr/sbin/nologin
sys:x:3:3:sys:/dev:/usr/sbin/nologin
sync:x:4:65534:sync:/bin:/bin/sync
games:x:5:60:games:/usr/games:/usr/sbin/nologin
man:x:6:12:man:/var/cache/man:/usr/sbin/nologin
```

/etc/passwd에는 한 줄 단위로 사용자 정보가 등록되어 있다. 각 줄은 콜론(:)으로 항목이 구분 되어 있는데 첫 번째 항목은 사용자 이름이고, 두 번째 항목이 x이면 비밀번호가 /etc/shadow 파일에 저장되었음을 의미한다. 그리고 세 번째 항목이 사용자 ID를 나타낸다. 즉, 위 예에서 는 daemon 사용자의 ID는 1, bin 사용자의 ID는 2인 것이다.

또 네 번째 항목은 사용자가 속한 그룹의 그룹 ID다. 즉 daemon 사용자는 그룹 ID가 1인 그 룹에 소속되었고, bin 사용자는 그룹 ID가 2인 그룹에 소속되어 있다.

그러나 그룹 ID가 1이라고 하면 어떤 그룹인지 알기 어렵다. 그룹 ID와 그룹 이름의 매핑은 어 디에 있을까? 해당 정보는 /etc/passwd와 비슷한 형식으로 /etc/group이라는 파일에 기록되어 있다. 다음은 지은이의 /etc/group의 일부를 발췌한 내용이다.

```
root:x:0:
daemon:x:1:
bin:x:2:
sys:x:3:
adm:x:4:syslog
tty:x:5:
disk:x:6:
```

콜론(:)을 구분자로 첫 번째 항목이 그룹 이름이고 세 번째 항목이 그룹 ID다. 따라서 그룹 ID 가 1인 그룹은 daemon 그룹이다. 그리고 /etc/group의 네 번째 항목에는 이 그룹이 부가 그룹 인 사용자가 기록되어 있다. 위 예에서는 syslog가 부가 그룹으로 adm에 속하는 사용자임을 알 수 있다.

🌱 사용자 데이터 베이스 접근

만드는 프로그램에서 사용자 이름과 사용자 ID를 다루기 위해 직접 /etc/passwd나 /etc/group을 해석할 필요는 없다. 그리고 보안상으로도 그렇게 해서는 안 된다. 대신에 /etc/passwd나 /etc/group에 액세스하기 위한 전용 API가 있으므로 그것을 사용하면 된다. 이와 관련한 내용은 14장에서 다룬다.

왜 API를 사용하지 않으면 안 될까? 그것은 사용자 정보가 반드시 /etc/passwd에 있다고는 할 수 없기 때문이다. 중소규모 조직을 위한 **NIS**(Network Information Service)나 현대적인 **LDAP**(Lightweight Directory Access Protocol)와 같은 시스템을 사용하여 복수의 머신에서 사용자 정보를 공유하는 경우가 있다. 14장에서 소개하는 API를 사용하면 NIS나 LDAP를 사용해도 정보를 적절히 반환해 준다.

4.2 셸과 단말

이번 절에서는 리눅스의 사용자 인터페이스를 구성하는 두 가지 요소에 관해 설명한다. **셸**(shell)과 **단말**(terminal)이다.

단말

단말은 컴퓨터 하드웨어 중에서 사용자가 직접 접촉하는 부분이다. 따라서 오늘날의 환경에서 보면 PC에 해당한다.

처음으로 리눅스를 공부하는 독자들이라면 단말이란 게 무엇을 말하는지 감을 잡기 어려울 수도 있다. 왜냐하면 현대적인 컴퓨터만을 경험해 본 독자들이 유닉스가 처음 만들어진 시절의 단말을 상상하기는 어렵기 때문이다.

그 시절에는 한 대의 컴퓨터에 많은 사용자가 붙어서 한꺼번에 사용했는데, 중심이 되는 컴퓨터에는 모니터나 키보드 대신 오직 단말들만 잔뜩 연결되어 있었다. 이어서 단말의 개념을 보다 명확하게 이해하기 위해서 지나간 역사를 살펴보도록 하자.

단말의 역사

유닉스 초기에 많이 사용되었던 단말은 **tty**라고 부르는 **텔레타이프**(teletype)였다. 당시 텔레타이프는 요즘 같은 디스플레이가 없었기 때문에 출력은 프린터를 통해 긴 종이에 찍혀 나왔다. 그리고 입력은 종이테이프나 타이프라이터가 사용되었다. 유닉스에서는 단말을 tty라 부르곤 하는데, 이 용어는 텔레타이프(TeleTYpe)에서 유래한다.

이후 등장한 것이 **덤 단말**(dumb terminal)이다. 덤 단말은 문자만 표시 가능한 디스플레이와 키보드 및 이와 관련된 하드웨어로 구성되었다. 컴퓨터와 같은 자체 계산 기능이 없기 때문에 덤(dumb)라고 부른다. 덤 단말 중에서 가장 유명한 것이 지금은 사라진 DEC사의 VT100이다.

VT100를 시작으로 한 초기 덤 단말을 **캐릭터 단말**(character terminal)이라고 하며, 화면에는 문자만 표시할 수 있었다. 요즘 모니터를 생각한다면 문자만 출력 가능하다는 점을 상상할 수 없을 텐데, 예를 들어 전자계산기를 떠올려 보기 바란다. 8이라는 직선의 집합으로 숫자가 표시된다. 캐릭터 단말도 이와 비슷한 구조로, 직선을 몇 개 조합하여 문자를 표시하는 방식이었다. 또한 색도 없었다.

한편, 요즘 모니터는 작은 색점의 집합으로 모든 것을 표현하고 있다. 이를 **비트맵 디스플레이** (bitmap display)라고 한다. 오래된 유닉스 단말 중에서도 최근에 가까운 것 중에는 비트맵 디스플레이를 탑재한 기종이 나타났다. X 윈도우 시스템을 위한 **X 단말**(X terminal)이 대표적인 예에 해당한다.

가장 최근에 등장한 단말이 **단말 에뮬레이터**(terminal emulator)다. 원래 하드웨어였던 단말을 전부 소프트웨어로 구현한 것이 단말 에뮬레이터로, GNOME terminal, Konsole, 맥 OS의 Terminal.app 및 iTerm2 등이 있다. 이들은 현대적인 비트맵 디스플레이를 탑재한 단말(즉, 컴퓨터)에서 굳이 캐릭터 입출력을 수행하는 단말을 구현한 것에 해당한다.

이처럼 단말이란 텔레타이프에서 캐릭터 단말, 비트맵 디스플레이 단말, 하드웨어가 없는 단말 에뮬레이터까지 모두를 통칭하는 이름이다. 이들의 공통점이라고 한다면 사용자가 컴퓨터를 조작하기 위해 사용한다는 점 정도다. 이렇게 오랜 역사 동안 다양한 변화를 거쳐온 장치를 가리키는 단어이므로 단말이 무엇인지 쉽게 와닿지 않는 것도 어찌 보면 당연하다.

🌱 가상 콘솔

가상 콘솔(virtual console)이란, 소프트웨어적으로 만든 단말을 말한다. **콘솔**(console)은 단말과 같은 의미다. PC에 리눅스를 설치하고 사용하는 경우에 물리적인 디스플레이나 키보드는 하나씩 있지만, 사실 컴퓨터 내부에서는 많은 가상 콘솔들이 독립적으로 작동하고 있다. 리눅스를 부팅하면 첫 가상 콘솔을 사용하게 되며, Ctrl + Alt + 펑션(function)[3] 키를 누르면 가상 콘솔을 다른 가상 콘솔로 바꿀 수 있다(단, X 윈도우 시스템이 작동 중일 경우에는 가상 콘솔을 바꾸는 것을 금지하는 경우가 많아 작동하지 않을 수 있다). 참고로, X 윈도우 시스템이 작동 중일 경우에는 X가 단말 하나를 점유한다. 따라서 일반적인 경우에는 가상 콘솔을 하나만 사용하고 있는 셈이다. 일반적으로 첫 여섯 개가 텍스트 콘솔이고 X 윈도우 시스템은 tty7을 사용한다.

3 　**옮긴이** 컴퓨터 자판 상단의 F1~F12의 키를 가리킨다.

캐릭터 단말에서는 입력도 출력도 문자뿐이었다. 즉, 단말과는 문자 데이터만을 주고받으면 되었다. 'a'라는 글자를 표시하고 싶으면 'a'라는 글자를 표시하도록 지정하는 것으로 충분했다. 이에 비해 요즘의 GUI를 장착한 컴퓨터의 경우는 내부적으로 'a'에 해당하는 이미지를 메모리에 준비하고 화면에 그리는 과정이 수반된다.

단말에 'a'라는 문자를 표시하도록 지정하기 위해 내부적으로는 문자에 대응하는 숫자를 전달한다. 이러한 '문자와 숫자의 대응 규칙' 중에서 가장 많이 사용되고 있는 것이 바로 **ASCII**(American Standard Code for Information Interchange) 코드다. 이 ASCII는 요즘의 운영체제에서도 기본 문자 코드로 사용되고 있으며, 리눅스에서도 마찬가지다. 표 4.2가 아스키 코드표에 해당한다.

표 4.2 ASCII 코드표

	0	1	2	3	4	5	6	7	8	9
0	NUL	SOH	STX	ETX	EOT	ENQ	ACK	BEL	BS	HT
10	LF	VT	FF	CR	SO	SI	DLE	DC1	DC2	DC3
20	DC4	NAK	SYN	ETB	CAN	EM	SUB	ESC	FS	GS
30	RS	US	' '	!	"	#	$	%	&	'
40	(	)	*	+	,	–		/	0	1
50	2	3	4	5	6	7	8	9	:	;
60	<	=	>	?	@	A	B	C	D	E
70	F	G	H	I	J	K	L	M	N	O
80	P	Q	R	S	T	U	V	W	X	Y
90	Z	[	\	]	^	_	'	a	b	c
100	d	e	f	g	h	i	j	k	l	m
110	n	o	p	q	r	s	t	u	v	w
120	x	y	z	{	|	}	~	DEL		

표를 읽는 방법은 가장 왼쪽 열에 적힌 10단위의 숫자와 첫 번째 줄의 0~9까지의 숫자를 더한 값이 교차 지점에 있는 문자의 ASCII 값에 해당한다. 따라서 가로와 세로를 대응시켜 보면 'A'가 65이고 'B'가 66, 'a'가 97이 된다.

그런데 표의 윗부분에는 단순한 문자가 아닌 것으로 여겨지는 코드가 보인다. 이를테면 0에 대응하는 NUL이나 127에 대응하는 DEL 등이다. 이것들은 단말에게 문자를 표시하는 것 이외의 명령을 전달하기 위해 사용하는 값들이다. 예를 들어, 숫자 10에 대응하는 'LF'는 C 언어에서 개행('\n')에 사용되는 문자로, 커서를 한 줄 밑으로 이동하도록 명령할 때 사용한다.

한편, 수치 7에 대응하는 'BEL'을 단말에 송신하면 벨이 울린다. 텔레타이프 시절에 BEL(숫자 7)을 전송하면 실제로 벨 소리가 울렸다. 현재도 코드 4.1과 같이 '\007'을 출력하면 벨이 울릴 수 있다. 단말에 따라서는 벨 울림 대신에 화면이 점멸하는 경우도 있다.

코드 4.1 bell.c

```c
#include <stdio.h>
#include <stdlib.h>

int
main(int argc, char *argv[])
{
    printf("\007");
    exit(0);
}
```

이처럼 ASCII는 원래 캐릭터 단말을 위해 만들어진 것이다. 그러나 지금은 이런 의미가 유명무실해졌고 순수한 문자 부분과 개행 등의 일부 코드만 사용되고 있다.

표 4.3 문자 표시 외의 기능을 하는 ASCII 코드

숫자	ASCII 기호	C 언어에서의 표기	의미
0	NUL	'\0'	문자열의 끝
7	BEL	'\a'	단말의 벨을 울리기
8	BS	'\b'	**백스페이스**(backspace). 커서의 한 글자를 삭제
9	HT	'\t'	**탭**(tab). 다음 탭스톱까지 스페이스로 채우기. 리눅스에서 탭스톱은 보통 여덟 글자이지만 설정에 따라 바뀜
10	LF	'\n'	**개행**(line feed). 커서를 다음 줄로 이동
12	FF	'\f'	**폼피드**(form feed). 커서를 다음 페이지로 이동
13	CR	'\r'	**캐리지 리턴**(carriage return). 커서를 행의 맨 왼쪽으로 이동

표 4.3 중에서 많이 사용되는 것이 개행('\n')과 탭('\t')이다. 특히 탭은 간단한 표를 나타낼 때 편리하다. 참고로 탭(tab)이란 단어는 table(표)에서 유래했다.

파일로 표현되는 단말

지금까지 단말에 대해 꽤 자세히 알아봤다. '리눅스는 파일 시스템, 프로세스 그리고 스트림으로 구성되어 있다'고 했는데 단말은 이중 어디에 위치하는 것일까?

유닉스는 SSD나 HDD를 비롯하여 다양한 장치를 파일로 표현하는 특징을 가지고 있는데, 이는 단말도 마찬가지다. /dev 폴더 아래에는 단말에 대응하는 디바이스 파일이 있다. 첫 번째 가상 콘솔은 /dev/tty0이고 두 번째 가상 콘솔은 /dev/tty1이다. 그리고 /dev/ttyS0는 예전의 PC에 붙어 있던 시리얼 회선(RS-232C 회선)을 나타내는 디바이스 파일이다. 이름에 tty가 붙어 있는 것에서 알 수 있듯이 단말을 연결하기 위해 사용되었다.

이렇게 장치를 파일로 표현함으로써 얻게 되는 장점으로는 무엇이 있을까? 그것은 장치에 대한 데이터 입출력을 파일에 대한 스트림으로 표현할 수 있다는 점이다. 예를 들어, 단말에 연결된 스트림을 읽으면 키보드로부터의 입력을 얻을 수 있다. 또한, 단말에 연결된 스트림에 데이터를 쓰면 화면에 문자를 출력할 수 있다(그림 4.1).

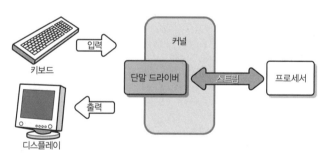

그림 4.1 단말에 접속한 스트림

프로세스의 관점에서는 스트림과 연결된 반대편에 단말이 있는지, 실제 파일이 있는지에 관계없이 그저 파일에 데이터를 읽고 쓰면 된다. 따라서 리눅스 시스템을 큼지막하게 추상화해 보면 파일 시스템과 프로세스 그리고 스트림으로 구성되어 있다고 말할 수 있다.

셸

셸은 사용자가 입력한 명령어를 해석해서 실행한 후 결과를 출력하는 프로그램이다. sh, bash, csh, tcsh, zsh, ksh, ash 등이 대표적인 커맨드라인 셸이다. 셸은 로그인 시에 실행된다는 점이 조금 독특하지만, 셸 자체는 스트림에서 커맨드를 읽고 실행하는 프로그램에 불과하다.

셸이 단말에 연결된 경우에는 $나 %와 같은 익숙한 커맨드라인 프롬프트가 출력된다.

정리

지금까지 단말과 셸에 대해 알아봤다. 프로세스를 종료시킬 때 사용하는 Ctrl + C 도 연결해서 공부하면 좋은데, 관련 내용은 13장에서 다루도록 하겠다.

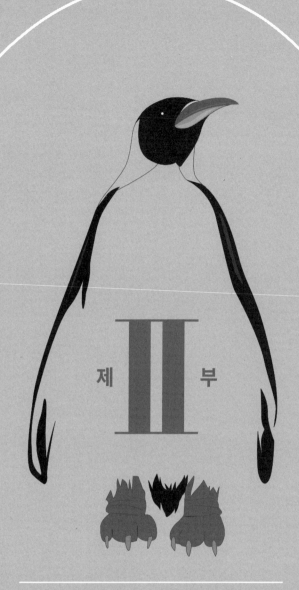

제 **II** 부

리눅스 프로그래밍의 근간

제 5 장

스트림 관련 시스템 콜

이번 장부터 리눅스의 세 가지 중요 개념에 대한 자세한 내용과 실제
프로그래밍과 관련된 내용에 대해 알아본다.

5.1 이번 장에서 다루는 내용

리눅스의 세 가지 개념 중 제일 먼저 '스트림'에 대해 자세히 알아보도록 하자. 스트림과 관련된 시스템 콜과 라이브러리 함수 중 더 밑바닥에 있는 시스템 콜부터 다루도록 하겠다. 다른 서적에서는 활용도가 더욱 높은 라이브러리 함수를 먼저 설명하는 경우도 있는데, 이 책은 내부 구조를 이해하는 것에 중점을 두기 때문에 커널에 더 가까운 쪽의 시스템 콜을 먼저 설명하도록 하겠다. 이번 장에서 소개하는 시스템 콜은 다음과 같다.

- 스트림에서 바이트 열을 읽는 read
- 스트림에 바이트 열을 쓰는 write
- 새로운 스트림을 생성하는 open
- 사용 완료한 스트림을 닫는 close

리눅스(유닉스)의 입출력은 대부분 이 네 개의 시스템 콜로 처리된다.

5.2 파일 디스크립터

프로세스에서 파일을 읽거나 쓸 때 혹은 다른 프로세스와 데이터를 주고받을 때 스트림을 사용한다고 설명했었다. 그렇다면 우리가 만든 프로그램에서 스트림을 사용하려면 어떻게 해야 할까? 이를 위해 **파일 디스크립터**(file descriptor)라는 것을 사용하는데, 커널이 스트림을 열 때 부여하는 번호다(그림 5.1).

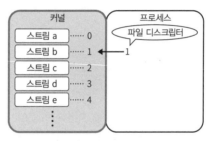

그림 5.1 파일 디스크립터

커널이 만들어 준 스트림의 번호(파일 디스크립터)를 알아야 스트림을 본격적으로 사용할 수 있게 되는 것이다.

5.3 표준 입력, 표준 출력, 표준 에러 출력

보통 셸을 통해 프로세스가 생성되는 경우, 세 개의 스트림이 기본으로 생성되며, 이에 대한 파일 디스크립터 값이 미리 할당된다. 이 세 개의 스트림이란 **표준 입력**(standard input), **표준 출력**(standard output) 그리고 **표준 에러 출력**(standard error output)이다. 이들 스트림은 각각 파일 디스크립터 0번, 1번, 2번에 할당된다. 이 값에 대한 매크로도 준비되어 있는데 각각 STDIN_FILENO, STDOUT_FILENO, STDERR_FILENO다.

표준 입력과 표준 출력

표준 입력과 표준 출력을 잘 활용하면 리눅스 명령어를 조합하여 고도의 작업을 수행할 수 있다. 여러 명령어를 파이프로 연결하여 데이터를 처리하는 것이 가능한 것도 각 명령어가 표준 입력에서 데이터를 읽어 들이고 처리 결과를 표준 출력에 쓰게 되어 있기 때문이다. 이 경우의 '표준'은 '디폴트'에 가까운 의미다. 표준 입력은 프로그램의 디폴트 입력 소스이며, 표준 출력은 디폴트 출력지라는 것이다.

이해를 돕기 위하여 구체적인 예를 들어 보자. cat 명령어를 단독으로 실행하는 경우 표준 입력은 단말(키보드 입력)에 연결되고, 표준 출력도 역시 단말(화면)에 연결된다(그림 5.2).

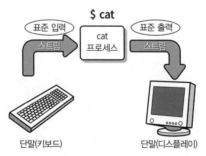

그림 5.2 표준 입출력(1)

이 경우 엔터 키를 누를 때마다 키보드를 통해 입력한 내용이 단말에 그대로 표시된다.

이번에는 특정 파일을 cat의 표준 입력으로 리다이렉트해 보자(그림 5.3).

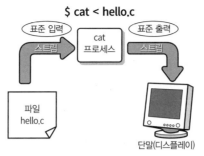

그림 5.3 표준 입출력(2)

파일의 내용이 cat 명령어의 표준 입력으로 연결되었고, 표준 출력은 화면으로 연결되었다. 이 경우 파일의 내용이 단말에 표시된다. 여기서 주목할 점은 cat 명령어는 파일에서 읽어 들이는 것을 모른다는 것이다. 표준 입력 스트림에 파일을 연결하는 작업은 셸이 하므로 cat 명령어는 스트림 끝에 연결된 파일을 의식하지 않고 실행된다.

마지막으로 셸의 강력한 기능이라 할 수 있는 파이프라인을 사용한 예를 살펴보자. grep 명령어와 head 명령어를 파이프라인으로 연결한 예가 그림 5.4에 표현되어 있다.

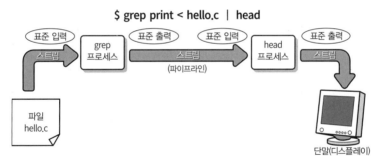

그림 5.4 표준 입출력(3)

이 경우에도 grep 명령어와 head 명령어는 각각 표준 입력에서 데이터를 읽고 표준 출력에 쓰는 일을 할 뿐이다. 그러나 서로 독립적인 프로그램의 입력과 출력을 연결함으로써 더 유용한 데이터 처리를 해내고 있다. 이는 각 리눅스 명령어가 '표준 입력에서 읽고 표준 출력에 쓴다'라는 약속을 따르고 있기 때문에 가능한 것이다.

표준 에러 출력

표준 에러 출력은 에러 메시지를 출력하기 위해 사용한다. 표준 에러 출력이 필요한 이유도 역시 파이프라인과 관련이 있다. 일반적으로 표준 출력은 파이프라인을 통해 다음 프로그램의 표준 입력에 연결된다. 따라서 에러 메시지를 표준 출력으로 내보내면 사람이 에러 발생을 알기 어렵게 된다. 그래서 여분의 스트림을 준비해서 일반 메시지는 파이프라인을 통해 표준 출력으로 보내고, 에러 메시지는 표준 에러 출력으로 출력하도록 한 것이다.

표 5.1에 표준 입력, 표준 출력, 표준 에러 출력에 대해 정리해 놓았다.

표 5.1 표준 입출력 스트림 정리

파일 디스크립터	매크로	의미
0	STDIN_FILENO	표준 입력, 기본 입력 스트림
1	STDOUT_FILENO	표준 출력, 기본 출력 스트림
2	STDERR_FILENO	표준 에러 출력, 별도 메시지 출력용

5.4 스트림 읽기 및 쓰기

스트림에서 데이터를 읽고 쓰기 위해 read()와 write()라는 시스템 콜을 사용한다.

read(2)

스트림에서 바이트 열을 읽기 위해 사용하는 시스템 콜이 read()다.

```
#include <unistd.h>

ssize_t read(int fd, void *buf, size_t bufsize);
```

책에서 처음으로 API를 설명하기 때문에 표기와 관련하여 몇 가지 짚고 넘어가도록 하겠다. 우선 'read(2)'에서 '(2)'는 시스템 콜을 의미한다. 1.7절에서 설명한 man 명령어의 섹션 번호에 해당한다. 앞으로도 'read(2)'나 'fgets(3)' 같은 표현이 자주 등장하기 때문에 잘 기억해 두기 바란다.

그리고 위와 같이 #include가 있는 경우는 API를 사용하기 위해 해당 헤더 파일을 포함해야 함을 의미한다. 다시 말하면 read(2)를 사용하기 위해서는 unistd.h를 include해야 한다.

또, 위 API를 보면 반환값의 타입으로 ssize_t, 인자의 타입으로 size_t가 사용되었다. 이들은 모두 sys/types.h에 정의된 자료형으로 정수형의 별명(alias)에 지나지 않는다. 말하자면 int 타입 또는 long 타입이다. ssize_t는 부호가 있는 정수형이고, size_t는 부호가 없는 정수형으로 정의되어 있다.

이렇게 타입 이름을 정의하는 이유는 사용하는 운영체제나 컴퓨터(CPU) 그리고 커널의 버전에 상관없이 하나의 소스 코드를 사용하기 위해서다. 실제 커널 버전에 따라 실제 사용되는 타입이 바뀌는 경우도 있다. 따라서 헤더에 선언된 타입을 그대로 사용하는 것이 좋다.

계속해서 read(2)의 사용 방법에 대해 알아보자.

```
#include <unistd.h>

ssize_t read(int fd, void *buf, size_t bufsize);
```

read()는 파일 디스크립터 번호인 fd에 해당하는 스트림에서 바이트 열을 읽는 시스템 콜이다. 최대 bufsize 바이트 수를 읽어 buf에 기록한다. buf의 크기는 bufsize로 할당하는 것이 일반적이다.

read()는 읽기 작업이 순조롭게 완료되면 읽어 들인 바이트 수를 반환한다. 그리고 파일의 끝에 도달한 경우에는 0을 반환하고, 중간에 에러가 발생한 경우에는 -1을 반환한다. bufsize 바이트 수보다 적은 바이트 수를 읽는 경우도 많으므로 반환값을 체크하도록 코딩해야 한다.

그런데 C 언어 문자열(char 배열)에는 임의의 바이트 열을 저장할 수 있지만, 일반적으로 문자열의 끝에는 '\0'을 넣는 게 관례다. API 중에도 문자열의 끝에 '\0'이 있다고 전제하는 것과 그렇지 않은 것이 있어 사용에 주의해야 한다. 예를 들어 문자열의 끝에 '\0'가 있다고 전제하는 API에 '\0'로 끝나지 않는 문자열을 전달하면 문제가 될 수 있다.

read(2)의 경우는 읽어 들인 데이터의 끝에 '\0'가 있다고 전제하지 않는 API다. 따라서 read(2)를 통해 읽어 들인 문자열의 끝에 '\0'이 있다고 생각하고 코드를 작성해서는 안 된다. 예를 들어, printf()의 경우는 문자열의 끝에 '\0'이 들어가 있다고 전제하는 API이므로 read(2)로 읽은 문자열을 그대로 printf()로 전달해서는 안 된다. 이는 보안상 취약점이 될 수도 있다.

🪧 write(2)

스트림에 바이트 열을 쓸 때는 시스템 콜 write()를 사용한다.

```
#include <unistd.h>

ssize_t write(int fd, const *buf, size_t bufsize);
```

write()는 인자로 지정한 bufsize 바이트만큼 buf의 내용을 fd로 지정한 파일 디스크립터의 스트림에 쓴다. 반환값의 데이터 타입인 ssize_t는 부호 있는 정수를 의미한다. 정상적으로 쓴 바이트 수를 반환하고 에러가 발생한 경우에는 -1을 반환한다.

write()가 bufsize로 지정한 바이트 수만큼 쓸 수 없는 상황은 비교적 드물지만, 발생할 여지는 충분히 있다. 정확한 처리가 필요한 경우에는 반환값을 체크하도록 하자.

🌱 스트림이란?

스트림은 파일 디스크립터로 표현되고, read()나 write()를 통해 읽고 쓸 수 있다. 예를 들면 파일을 open()하면 read()나 write()를 통해 파일의 내용을 읽거나 쓸 수 있는데, 이것이 바로 스트림인 것이다. 같은 맥락에서 파이프라인이나 소켓도 스트림인데, 이에 대해서는 책의 후반부에서 다룬다.

5.5 파일 열기

5.3절에서 프로세스가 만들어질 때부터 사용할 수 있는 스트림으로 표준 입력과 표준 출력, 표준 에러 출력이 있다고 했다. 이번에는 이 외의 스트림을 만드는 방법에 대해 알아보자.

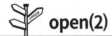 **open(2)**

파일을 읽고 쓰는 스트림을 만들려면 시스템 콜 open()을 사용한다.

```
#include <sys/types.h>
#include <sys/stat.h>
#include <fcntl.h>

int open(const char *path, int flags);
int open(const char *path, int flags, mode_t mode);
```

open()은 첫 번째 인자 path로 지정한 경로의 파일에 대한 스트림을 만들고, 그 스트림을 가리키는 파일 디스크립터를 반환한다. 이러한 과정을 흔히 파일을 연다(open)고 한다.

두 번째 인자인 flags에는 파일을 어떤 모드로 열 것인지 표 5.2와 표 5.3의 flag들을 비트 연산자 OR을 사용하여 지정한다. 표 5.2에 있는 flag는 스트림의 기본 성격을 지정하기 위해 사용하며, O_RDONLY, O_WRONLY, O_RDWR 중에서 하나를 지정한다.

표 5.2 파일을 열 때 사용할 수 있는 flag(1)

flag	의미
O_RDONLY	읽기 전용
O_WRONLY	쓰기 전용
O_RDWR	읽고 쓰기

O_WRONLY 또는 O_RDWR을 사용하여 쓰는 스트림을 만들 때는 표 5.3의 flag를 함께 사용하여 추가적인 옵션을 지정할 수 있다. 표 5.3의 flag는 필요에 따라 설정하지 않거나 두 개 이상 지정하는 것도 가능하다.

표 5.3 파일을 열 때 사용할 수 있는 flag(2)

flag	의미
O_CREATE	파일이 존재하지 않으면 새롭게 만든다.
O_EXCL	O_CREAT와 함께 사용되어 이미 파일이 존재하면 에러가 된다.
O_TRUNC	O_CREAT와 함께 사용되어 이미 파일이 존재하면 파일의 크기를 0으로 만든다.
O_APPEND	write() 함수가 항상 파일의 끝에 쓰도록 설정한다.

O_EXCL flag는 복수의 프로세스가 동시에 같은 경로의 파일을 만들 것이 우려될 때 사용한다. 이 flag를 설정하면 먼저 만든 하나의 프로세스만 파일을 만들 수 있으며, 다른 프로세스는 모두 open()에 실패하게 된다. 다른 flag에 대한 설명은 생략하도록 하겠다. 완전한 리스트가 필요할 때는 'man 2 open'를 참고하기 바란다.

마지막으로 open()의 세 번째 인자인 mode는 두 번째 인자 flags에 O_CREAT를 설정했을 때만 유효한 인자다. 새로운 파일을 만들 때, 그 파일의 권한(permission)을 지정한다. 그러나 여기서 지정한 값이 그대로 그 파일의 권한이 되는 것은 아니고 umask라는 값이 엮이게 되는데, 자세한 내용은 10장에서 mkdir()을 배우면서 설명할 것이다.

 **close(2)**

사용이 끝난 스트림은 close()로 닫는다.

```
#include <unistd.h>

Int close(int fd);
```

close()는 파일 디스크립터 fd에 연결된 스트림을 해제한다. 이러한 처리를 파일을 **닫는다**(close)고 한다. 오류 없이 닫히면 0, 에러가 발생하면 –1을 반환한다. 일반적으로 close() 함수를 호출하는 코드는 다음과 같다.

```
if (close(fd) < 0) {
    /* 에러 처리 */
}
```

프로세스가 종료되면 사용하던 모든 스트림을 커널이 파기하기 때문에 close()를 하지 않아도 시스템에 이상이 생기지 않을 수도 있다. 그러나 사용이 완료된 스트림은 반드시 바로 종료해 주는 것이 좋다. 프로세스가 동시에 사용할 수 있는 스트림의 개수에 제한이 있기도 하고, 스트림의 반대편에 프로세스가 close()할 때까지 기다리고 있을 수도 있다. 모든 리소스는 사용이 완료되었을 때 닫아 주는 것이 바람직하다.

파일을 연다는 표현

우리가 보통 컴퓨터를 다루면서 파일을 연다'는 표현을 많이 쓰는데, 이는 앞서 알아본 open 함수의 의미와 일맥상통하다. 다만 윈도우에서 파일을 열 때는 리눅스의 open 함수의 동작보다 많은 동작을 내포할 수 있다. 예를 들어 '아웃룩에서 메일을 여는 것만으로도 바이러스가 감염된다'고 하는 경우, 여기서 '연다'는 표현은 '연관된 프로그램에 파일을 넘겨 처리를 수행하는 것'까지를 포함한다. 즉, 리눅스의 open()보다 훨씬 많은 처리가 포함된 것이다.

5.6 cat 명령어 만들기

지금까지 배운 스트림과 관련된 네 가지 기본 시스템 콜을 활용하여 프로그램을 작성해 보도록 하자. 우리가 처음으로 만들어 볼 프로그램은 바로 cat 명령어다. cat은 concatenate(연결하다)라는 단어에서 유래하였으며, 다음과 같이 cat과 리다이렉트를 조합하면 파일과 파일을 연결할 수 있다.

> $ **cat a b c > out** ◄─── 파일 a, b, c를 연결해서 out에 출력한다.

cat.c

원래 cat 명령어는 여러 가지 옵션을 줘서 실행할 수 있지만 이번에는 기능을 단순화하여 옵션이 없는 버전을 만들어 보자. 인자로 파일명을 한 개 이상 받아 그 파일의 내용을 전부 표준출력에 쓰는 프로그램이다. 소스 코드는 다음과 같다.

코드 5.1 cat.c

```
#include <stdio.h>
#include <stdlib.h>
#include <unistd.h>
#include <sys/types.h>
#include <sys/stat.h>
#include <fcntl.h>

static void do_cat(const char *path);
static void die(const char *s);

int
main(int argc, char *argv[])
{
    int i;
    if (argc < 2) {
        fprintf(stderr, "%s: file name not given\n", argv[0]);
        exit(1);
    }
    for (i = 1; i < argc; i++) {
        do_cat(argv[i]);
    }
```

```
        exit(0);
}

#define BUFFER_SIZE 2048

static void do_cat(const char *path)
{
    int fd;
    unsigned char buf[BUFFER_SIZE];
    int n;

    fd = open(path, O_RDONLY);
    if (fd < 0) die(path);
    for (;;) {
        n = read(fd, buf, sizeof buf);
        if (n < 0) die(path);
        if (n == 0) break;
        if (write(STDOUT_FILENO, buf, n) < 0) die(path);
    }
    if (close(fd) < 0) die(path);
}

static void
die(const char *s)
{

    perror(s);
    exit(1);
}
```

main을 포함하여 총 세 개의 함수로 구성된다. 함수별로 살펴보자.

main()

먼저 프로그램의 흐름이 시작되는 main 함수부터 살펴보자.

```
int
main(int argc, char *argv[])
{
    int i;

    if (argc < 2) {
        fprintf(stderr, "%s: file name not given\n", argv[0]);
        exit(1);
    }
    for (i = 1; i < argc; i++) {
```

```
        do_cat(argv[i]);
    }
    exit(0);
}
```

main 함수에서는 제일 먼저 if문을 사용하여 프로그램에 전달된 인자의 개수를 확인한다. 만약 실행 인자가 한 개도 전달되지 않은 경우에는 에러 메시지를 출력하고 exit()하도록 했다. 에러 메시지를 출력할 때 사용한 fprintf()는 printf()와 비슷한 기능을 가진 함수다. 이때, argv[0]에 있는 프로그램의 이름을 출력하고 있다.

이어서 for문이 이어진다. 이 for문은 인자로 전달받은 파일 이름들에 대해 하나씩 순차적으로 do_cat 함수를 수행한다. 여기서 for문의 인덱스를 1부터 시작한 것은 1번 인덱스부터 실제 인자가 들어 있기 때문이다.

main 함수는 인자 처리가 전부고, 가장 중요한 처리는 do_cat()에서 이루어진다. 즉, 파일을 열고 읽는 작업이 이루어진다.

 do_cat()의 동작 - 1

do_cat() 함수를 살펴보자.

```
#define BUFFER_SIZE 2048

static void
do_cat(const char *path)
{
    int fd;
    unsigned char buf[BUFFER_SIZE];
    int n;

    fd = open(path, O_RDONLY);
    if (fd < 0) die(path);
    for (;;) {
        n = read(fd, buf, sizeof buf);
        if (n < 0) die(path);
        if (n == 0) break;
        if (write(STDOUT_FILENO, buf, n) < 0) die(path);
    }
    if (close(fd) < 0) die(path);
}
```

코드가 쉽게 파악이 안 될 때는 필요한 부분만 남겨 둠으로써 단순화하는 것이 도움이 된다.

 do_cat()의 동작 - 2

do_cat 함수의 동작을 확인하기 위해 함수의 시작과 끝에 있는 open()과 close()만을 남겨 보
도록 하자.

```
fd = open(path, O_RDONLY);
if (fd < 0) die(path)
        ⋮

if (close(fd) < 0) die(path);
```

이제 구조가 조금 잡힐 것이다. 먼저 open()으로 파일을 연다. 주어진 파일을 읽기만 하면 되
므로 플래그를 O_RDONLY로 즉, 읽기 전용으로 열었다. 그리고 그다음 줄에서는 파일이 확
실히 열렸는지 확인한다.

마지막 부분에서는 close()로 파일을 닫고 있다. 이때 파일을 닫는 동시에 파일이 정상적으로
닫혔는지 확인하기 위해 if문을 사용하고 있다. 이 부분을 풀어서 쓰면 다음 코드와 동일하다.

```
int status = close(fd);
if (status < 0) die(path);
```

C 언어의 입문서라면 위와 같이 명확하게 기술했을 테지만, 실무에서는 더 간결한 표현을 선
호한다. close()의 반환값이 0보다 작으면 die() 함수를 호출하고 있다. die() 함수는 에러 메시
지를 출력하고 프로그램을 종료시킨다.

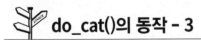 do_cat()의 동작 - 3

open()과 close() 중간에 있는 for문을 살펴보자.

```
for (;;) {
    n = read(fd, buf, sizeof buf);
    if (n < 0) die(path);
    if (n == 0) break;
```

```
        if (write(STDOUT_FILENO, buf, n) < 0) die(path);
    }
```

위 for문은 무한 루프로 구성되어 있다. 이 for문은 read()로 시작해서 write()로 끝나고 있다. 즉, read()로 스트림에서 데이터를 읽어서 write()로 쓰는 동작을 무한 반복하는 코드인 것이다. 이 반복은 파일의 끝까지 읽었을 때 종료된다. 다음과 같이 for문에서 빠져나오는 코드가 있다.

```
        if (n == 0) break;
```

'n == 0'은 읽은 바이트 수가 0 즉, 파일의 끝에 도달하여 더 읽어 들일 바이트가 없는지 확인하는 조건문이다.

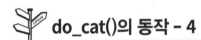 do_cat()의 동작 - 4

그럼 read()와 write()에 대해서 좀 더 구체적으로 살펴보자.

```
    n = read(fd, buf, sizeof buf);
    if (n < 0) die(path);
    if (n == 0) break;
    if (write(STDOUT_FILENO, buf, n) < 0) die(path);
```

read() 함수를 사용해서 fd로 지정한 스트림에서 바이트 열을 읽어서 buf에 담는다. 읽어 들이는 크기는 최대 'sizeof buf', 즉 배열 buf의 크기만큼이다. 배열 buf의 크기는 BUFFER_SIZE로, BUFFER_SIZE는 2048이라고 코드의 윗부분에 정의했다.

따라서 read 함수의 세 번째 인자에 'sizeof buf'라는 표현 대신에 BUFFER_SIZE를 사용해도 동작은 같다. 그러나 BUFFER_SIZE를 사용하게 되면 코드를 읽는 사람이 BUFFER_SIZE의 의미를 파악하기 위해 코드를 여기저기 탐색해야 하는 불편함이 생긴다. 반면, 'sizeof buf'를 사용하면 sizeof라는 C 언어 키워드만 안다면 한 줄만 봐도 그 의미를 명확히 알 수 있다. 이처럼 되도록 작은 범위만 봐도 그 내용을 이해할 수 있도록 작성하는 것이 좋은 코딩 습관이다.

read()의 다음 줄에서는 read()가 에러를 리턴하는지 확인한다. 예를 들어, 스트림이 파이프에 연결된 경우(지금은 파일에 연결되어 있다), 파이프 건너편에 있는 프로그램이 종료하면 read()가 에러를 반환한다. 이런 경우를 고려하여 에러가 발생하면 종료하도록 에러 처리를 기술한 것이다.

그리고 다음 줄에서는 파일을 끝까지 읽었으면 종료토록 했다. 파일의 끝까지 읽은 뒤에는 read()가 0을 반환하는 특징을 이용하였다.

마지막으로 write()를 호출했는데, 이 코드도 close()와 마찬가지로 write()와 에러 체크를 함께 표현하고 있다. 이를 분해해 보면 다음과 같다.

```
status = write(STDOUT_FILENO, buf, n);
if (status < 0) die(path);
```

먼저 write()로 buf의 내용을 STDOUT_FILENO, 즉 표준 출력에 쓰는 작업을 실행한다. 여기서는 N바이트 즉, read()로 읽어 들인 바이트 수만큼 쓰고 있다. read()가 언제나 버퍼 크기 가득 읽어 들이는 것은 아니다. 예를 들어 길이가 2050바이트인 파일을 읽을 경우, 첫 번째 read()에서는 2048바이트를 읽고, 두 번째 read()에서 2바이트만 읽는다. 또한, 스트림이 파이프에 연결된 경우에는 읽어 들이는 크기가 매번 달라진다.

do_cat() 총정리

지금까지 do_cat() 함수를 부분적으로 살펴봤는데 이제 전체적인 흐름을 살펴보자.

우선 함수의 가장 안쪽에 있는 read()와 write()를 통해 스트림에서 바이트 열을 읽은 것을 전부 표준 출력에 쓴다. 그리고 이를 둘러싼 for문이 이 동작을 무한 반복하고 있다. 단, 파일의 끝까지 읽으면 무한 루프에서 벗어난다. 이때 읽어 들이는 스트림은 do_cat()의 인자로 전달된 경로의 파일을 열어서 만든 스트림이다. 즉, 스트림은 파일에 연결되어 있다.

이상이 do_cat()의 내용이다. 정리하면 do_cat()은 '인자로 지정한 파일을 열어 그 내용을 가공하지 않고 그대로 표준 출력에 쓰는 함수'다.

헤드 파일

코드 5.1의 시작 부분을 보면 여러 헤더 파일을 include한 것을 알 수 있다. 코드의 시작 부분에 기재되어 있지만, 코딩을 시작할 때부터 사용할 헤더 파일을 전부 작성하고 시작해야 하는 것은 아니다. 코드를 작성하는 도중에 필요한 API가 있으면 man 페이지를 참고하여 헤더 파일을 추가하면 된다.

또한 필요한 헤더 파일을 include하는 것을 잊어도, gcc에 -Wall 옵션을 붙여서 실행하면 적절하게 경고해 준다. 따라서 개발 중에는 항상 -Wall을 지정하고 컴파일하는 것이 좋다. 매번 옵션을 붙여 실행하는 것이 귀찮을 수도 있는데, 이는 18장에서 알아볼 make 명령어를 사용하여 해결할 수 있으니 참고하자.

 ## errno 변수

앞서 간단하게 살펴보고 넘어간 에러 처리 코드를 다시 살펴보자. 입문서에서는 에러 처리를 생략하는 경우가 많지만, 이 책은 실무를 고려하여 에러 처리를 최대한 기술하고 있다.

open(), close(), read(), write()의 반환값을 보면 일정한 패턴이 있는데 다음과 같다.

- 성공하면 0 이상의 정수를 반환한다.
- 실패하면 -1을 반환한다.

그리고 일반적으로 시스템 콜이 실패할 경우 그 원인을 나타내는 정수가 전역 변수 errno에 설정된다. errno는 'Error Number(No)'의 약자다. errno에는 파일이 존재하지 않을 때 발생하는 ENOENT나, 인자의 값이 올바르지 않을 때 발생하는 EINVAL 등의 값이 대입된다. 각 시스템 콜을 사용할 때 발생할 가능성이 있는 errno 값은 man 페이지에서 확인할 수 있다.

 ## die()

일반적으로 에러 처리는 예상되는 에러의 종류별로 어떻게 처리해야 하는가를 기술해야 한다. 그러나 예상치 못한 에러가 발생한 경우에는 에러 메시지를 표시하고 exit()하는 것이 좋다. 그러한 기능을 수행하기 위해 만든 것이 die() 함수다.

```
static void
die(const char *s)
{
    perror(s);
```

```
    exit(1);
}
```

die()는 perror()를 사용하여 에러 메시지를 출력하고 exit()로 종료하는 함수다. 여기서 사용하고 있는 perror()은 라이브러리 함수다.

 **perror(3)**

```
#include <stdio.h>

void perror(const char *s);
```

perror()는 errno 값에 해당하는 에러 메시지를 표준 에러 출력에 출력한다. 또한, 문자열 s가 빈 문자열이 아닌 경우에는 s의 내용을 출력하고 이어서 에러 메시지를 출력한다. perror()의 인자로는 실패의 원인을 파악할 수 있는 정보를 전달하는 것이 좋다. 위 예에서는 open()으로 열려고 했던 파일의 경로를 출력하도록 했다.

우리가 작성한 cat 명령어에 에러를 발생시키도록 하여 어떠한 메시지가 출력되는지 살펴보자.

```
$ ./cat not_exist_file ◀── 존재하지 않는 파일
not_exist_file: No such file or directory
$ ./cat .. ◀── 디렉터리
..: Is a directory
$ ./cat /etc/shadow ◀── 읽기 권한이 없는 파일
/etc/shadow: Permission denied
```

에러 처리는 perror() 이외에 strerror()라는 라이브러리 함수도 사용할 수 있다.

```
#include <string.h>

char *strerror(int errnum);
```

이 함수는 errno 값인 errnum에 해당하는 에러 메시지를 반환한다. strerror()의 반환값은 다시 함수를 호출할 때 덮어써지므로 보통 즉시 출력한다.

5.7 기타 시스템 콜

파일 오프셋

지금까지 '스트림이 파일에 연결된다'는 표현을 사용해 왔는데, 더 구체적인 내용을 알아보자. 같은 파일 디스크립터에 대해 read() 시스템 콜을 반복해서 호출하면 파일의 마지막에 도달하게 되는데, 이것은 스트림이 마지막으로 읽은 파일의 위치를 기억하고 있기 때문이다. 즉, 그림 5.5처럼 스트림은 파일의 특정 위치에 연결되어 있다(그림 5.5). 이렇게 스트림이 연결되어 있는 위치를 **파일 오프셋**(file offset)이라고 한다.

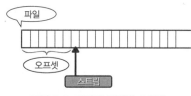

그림 5.5 파일에 연결된 스트림

파일 오프셋은 스트림의 속성으로 시스템 콜을 사용해서 조작할 수 있다. 파일 오프셋을 조작하는 대표적인 시스템 콜이 lseek()이다.

lseek(2)

```
#include <sys/types.h>
#include <unistd.h>

Off_t lseek(int fd, off_t offset, int whence);
```

lseek()은 파일 디스크립터 내부의 파일 오프셋을 지정한 위치로 이동한다. 옮겨갈 위치를 지정하는 방식은 표 5.4에 있는 세 가지가 있고, 그것을 whence라는 인자에 지정한다. 그림 5.6의 사용 방법을 참고하기 바란다.

표 5.4 whence 플래그

플래그	이동 위치
SEEK_SET	파일의 처음을 기준으로 오프셋 계산 및 이동
SEEK_CUR	현재 위치 기준으로 오프셋 계산 및 이동
SEEK_END	파일의 마지막을 기준으로 오프셋 계산 및 이동

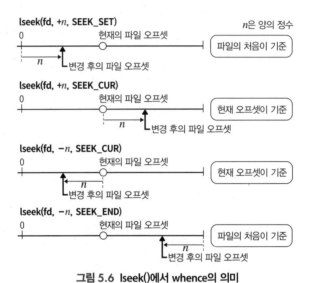

그림 5.6 lseek()에서 whence의 의미

그러나 스트림의 반대편에 있는 실체에 따라 lseek()를 사용할 수 없는 경우도 있다. 예를 들어 단말이나 프로세스에 연결된 스트림에 대해서 lseek()를 실행하면 에러가 발생한다.

참고로 lseek()에서 L은 long의 L이다. 과거에는 seek()라는 시스템 콜이 있어 그 두 번째 인자인 오프셋의 타입이 short형이었다. 그것을 long으로 변경한 것이 lseek()이다. 현재는 인자의 형태가 추상화되어 off_t가 되었지만, 함수 이름을 그대로 사용하고 있다.

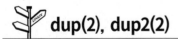 **dup(2), dup2(2)**

```
#include <unistd.h>

int dup(int oldfd);
int dup2(int oldfd, int newfd);
```

dup()과 dup2()는 인자로 지정한 파일 디스크립터 oldfd를 복제하는 시스템 콜이다. 'dup'는 duplicate(복제하다)의 dup이다. dup()과 dup2()는 프로세스와 관련된 시스템 콜과 함께 사용하는 경우가 많은데 12장에서 다시 설명한다.

 **ioctl(2)**

```
#include <sys/ioctl.h>

Int ioctl(int fd, unsigned long request, ...);
```

ioctl()은 스트림이 연결된 디바이스에 특화된 작업을 모두 포함하는 시스템 콜이다. 예를 들면, 다음과 같은 작업을 할 수 있다.

- DVD 드라이브 여닫기, 음악 CD 재생
- 프린터 구동이나 일시 정지
- SCSI 디바이스 하드웨어 옵션 설정
- 단말 통신 속도 설정

유닉스의 open(), read(), write(), close() 인터페이스 이외의 기능들이 모두 ioctl()에 있다.

두 번째 인자인 request에 어떤 작업을 할 것인가를 상수로 지정한다. request별로 추가 지정해야 하는 인자를 세 번째 인자 이후에 지정한다. 사용 가능한 request 목록은 'man ioctl_list'에서 확인할 수 있다.

참고로 함수 선언에 있는 '...'은 가변 인자라 불리는데, 인자를 원하는 개수만큼 원하는 형태로 넘길 수 있다는 표현이다. printf()도 가변 인자를 사용하도록 정의되어 있다.

 **fcntl(2)**

ioctl()의 기능 중에서 파일 디스크립터 관련 작업을 분리하려고 만들어진 것이 fcntl()이다.

```
#include <unistd.h>
#include <fcntl.h>

int fcntl(int fd, int cmd, ...);
```

여기서도 가변 인자가 사용되고 있다. fcntl()의 두 번째 인자 cmd에 실제로 수행되는 작업을 지정하고, 지정한 작업의 종류에 따라 세 번째 이후의 인자가 결정된다.

fcntl()의 가장 단순한 사용 예는 dup()일 것이다. fcntl(fd, F_DUPFD)와 dup(fd)는 동일한 기능을 수행한다. 그 외에도 몇 가지 기능이 더 있는데, 특별히 빈번하게 사용하지는 않는다. 자세한 내용은 'man 2 fcntl'에서 확인할 수 있다.

1. 이 장에서 작성한 cat 명령어를 수정하여 실행 인자가 없는 경우에는 표준 입력에서 읽도록 수정하라.

2. '\n'의 개수를 세어서 파일이 몇 줄로 구성되었는지 출력하는 명령어를 작성하라('wc-l' 과 동일 기능).

※ 해답은 이 책의 깃허브에서 확인 가능

제 **6** 장

스트림 관련 라이브러리 함수

이번 장에서도 스트림에 대한 API를 알아본다. 지난 장에서 배운 입출력 시스템 콜을 쉽게 사용할 수 있는 라이브러리인 stdio에 대해 알아보겠다.

6.1 stdio

5장에서는 시스템 콜을 사용하여 프로그램을 작성했었다. 그런데 시스템 콜만을 사용하여 더욱 복잡한 입출력 기능을 구현하려 한다면 다음과 같은 문제에 봉착하게 될 것이다.

첫째, 시스템 콜은 바이트 단위로만 읽고 쓸 수 있다. 우리에게 더 익숙한 단위, 예를 들면 문자 단위나 줄 단위로 문자열을 처리할 수 있다면 더 편리할 것이다.

두 번째로 성능의 문제가 발생한다. 예를 들어 10바이트나 20바이트 단위로 read()와 write() 호출을 반복한다면 아무리 최신 컴퓨터로도 시간이 오래 걸릴 수밖에 없다. 스트림에 연결된 장치에 따라 다르지만, 대체로 1KB 이상의 단위로 시스템 콜을 호출해야 효율적이다.

이러한 문제를 피해서 편리하게 사용할 수 있게 만들어진 것이 바로 **표준 입출력 라이브러리** (standard I/O library)다. 줄여서 stdio라고 한다. stdio는 libc의 큰 비중을 차지하는 만큼 중요한 라이브러리라 할 수 있다.

버퍼링

stdio는 커널 수준의 스트림을 쉽게 사용할 수 있는 인터페이스를 제공한다. 예를 들어 바이트 단위로 읽고 쓰는 함수나, 줄 단위로 읽고 쓰는 함수를 제공한다. 또한, 숫자나 문자열을 포맷에 맞게 출력하는 함수도 있다. 그러면 stdio는 어떤 구조로 이러한 인터페이스를 제공하는 것일까? 먼저 스트림을 읽는 경우를 생각해 보자.

5장에서 살펴봤듯이 시스템 콜 read()는 스트림에서 우리가 지정한 buffer에 지정한 크기만큼 읽어 들인다. 반면, stdio는 독자적인 버퍼(buffer)를 사용한다. 여기서 버퍼란, 일시적으로 데이터를 저장하는 장소를 말한다. 그래서 시스템 콜 read()를 사용해서 적정한 크기의 데이터를 버퍼에 읽어 들이고, 프로그램에서 요구하는 만큼을 다시 반환해 준다. 예를 들어 1바이트를 읽어 달라는 요청을 받으면 버퍼에서 1바이트만 반환한다(그림 6.1). 이처럼 버퍼를 사용해서 데이터를 주고받는 것을 **버퍼링**(buffering)이라고 한다.

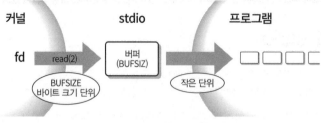

그림 6.1 stdio에 의한 버퍼링(읽기)

시스템 콜로 1바이트를 연속해서 요청하면 속도가 안 나는 반면, stdio를 사용한다면 성능의 저하 없이 바이트 단위로 읽는 것이 가능하다.

🌱 버퍼링 모드

그럼, 데이터를 쓸 때는 어떻게 동작할까? 데이터를 쓸 때도 읽을 때와 마찬가지로 버퍼를 사용한다. 바이트 단위 또는 줄 단위의 데이터를 전달받아 버퍼가 꽉 차면 시스템 콜 write()를 호출한다(그림 6.2).

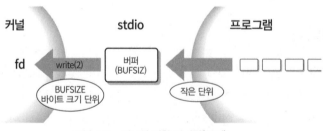

그림 6.2 stdio에 의한 버퍼링(쓰기)

그러나 몇 가지 중요한 예외가 있다.

먼저 스트림이 단말에 연결된 경우에는 버퍼가 가득 찰 때까지 기다리지 않고 개행('\n')을 만나는 시점에서 write()를 실행한다. 이유는, 반대편에 모니터와 같은 단말이 있다면 사람이 출력을 보고 있을 가능성이 높기 때문이다. 버퍼가 가득 차기까지는 오랜 시간이 걸릴 수도 있기 때문에 적절한 순간에 바로 출력해 주는 것이 프로그램의 응답이 빨라지고 사용자의 사용성도 좋아진다.

두 번째 예외는 스트림이 **비버퍼링 모드**(unbuffered mode)로 되어 있는 경우다. 비버퍼링 모드로 설정된 stdio 스트림에 데이터를 쓰면 버퍼링 없이 즉시 write()가 수행된다. 이 모드는

setvbuf()로 설정할 수 있다. 구체적인 내용은 'man setvbuf'를 참고하기 바란다.

세 번째 예외는 표준 에러 출력에 해당하는 stderr에 대한 출력이다. stderr은 예외적으로 처음부터 비버퍼링 모드다. 그 이유는 표준 에러 출력의 경우, 에러 메시지나 디버깅 정보를 출력하는 데 사용되기 때문에 발생한 시점에서 바로 출력하는 것이 바람직하기 때문이다.

FILE 타입

시스템 콜 레벨에서는 스트림을 지정하기 위해 파일 디스크립터라는 것을 사용했었다. 한편, stdio에서는 비슷한 역할을 위해 FILE 타입에 대한 포인터를 사용한다. FILE 타입은 typedef으로 정의되어 있어, 그 안에는 파일 디스크립터와 앞서 설명한 stdio 버퍼의 내부 정보를 포함하고 있다. 라이브러리를 사용하는 입장에서는 FILE 타입의 내부 구조를 몰라도 사용할 수 있다.

stdio의 표준 입출력

시스템 콜을 사용할 때 표준 입출력 스트림을 지정하기 위해 예약된 정수가 있었는데, stdio에도 이에 대응하여 준비된 FILE* 타입의 변수가 있다.

표 6.1 표준 입출력을 나타내는 변수

파일 디스크립터	정식 명칭	stdio 변수명	의미
0	STDIN_FILENO	stdin	표준 입력
1	STDOUT_FILENO	stdout	표준 출력
2	STDERR_FILENO	stderr	표준 에러 출력

참고로 표준 입출력 라이브러리(stdio)는 이름에서도 알 수 있듯이 표준 입력과 출력을 다루는 라이브러리다.

fopen(3)

표준 입출력 이외의 스트림에 대한 FILE을 여는 것도 물론 가능하다. 이때는 fopen()이라는 API를 사용한다. 이것은 시스템 콜 open()에 대응된다.

```
#include <stdio.h>

FILE *fopen(const char *path, const char *mode);
```

fopen()은 첫 번째 인자 path로 지정한 파일에 대한 스트림을 만들고 그것을 관리하는 FILE 포인터를 반환한다. 만약 실패할 경우 NULL을 리턴하고, 원인을 나타내는 상수를 errno에 설정한다. 그리고 두 번째 인자인 mode에는 다음과 같은 옵션을 지정할 수 있다.

표 6.2 fopen()의 mode

값	시스템 콜 open(2)에서 대응되는 모드	의미
"r"	O_RDONLY	읽기용. 파일이 존재해야 한다.
"w"	O_WRONLY, O_CREAT, O_TRUNC	쓰기용. 파일이 없으면 새롭게 만든다. 있으면 크기를 0으로 새롭게 쓰기 시작한다.
"a"	O_WRONLY, O_CREAT, O_APPEND	이어 쓰기용. 파일이 없으면 새롭게 만들고, 있으면 파일의 끝에서부터 이어 쓴다.
"r+"	O_RDWR	읽고 쓰기용. 파일이 존재해야 한다.
"w+"	O_RDWR, O_CREAT, O_TRUNC	읽고 쓰기용. 파일이 없으면 새롭게 만들고, 있으면 크기를 0으로 하고 새롭게 쓰기 시작한다.
"a+"	O_RDWR, O_CREAT, O_APPEND	읽고 쓰기용. 파일이 없으면 새롭게 만들고, 있으면 파일의 끝에서부터 이어 쓴다.

또한, 이 외의 바이너리 파일을 나타내기 위해 'b'를 추가할 수도 있다. 그러나 리눅스에서는 바이너리 파일과 텍스트 파일의 구분이 없기 때문에 지정해도 무시된다.

 **fclose(3)**

시스템 콜 open()에 대응하는 API가 fopen()이라면, close()에 대응하는 API는 fclose()다.

```
#include <stdio.h>

int fclose(FILE *stream);
```

fclose()는 첫 번째 인자 stream이 가리키는 스트림을 닫는다. fopen()으로 연 파일은 fclose()로 닫아야 한다. fclose()가 성공적으로 수행되면 0을 반환한다. 그리고 실패한 경우에는 상수 EOF를 반환하고, 원인을 나타내는 숫자를 errno에 설정한다. EOF는 stdio.h에 정의된 매크로로로 보통 -1이다.

6.2 바이트 단위 입출력

다음은 바이트 단위로 읽고 쓰는 API를 소개한다. 바이트 단위는 문자 단위가 아님에 주의하기 바란다. 어떤 C 언어 책은 바이트와 문자를 구분하지 않기도 하는데 둘의 차이점을 알아두는 것이 중요하다. 문자열 처리에 대해서는 8장에서 다룬다.

 ## fgetc(3), fputc(3)

대표적인 바이트 단위 입출력 API로 fgetc()와 fputc()가 있다.

```
#include <stdio.h>

int fgetc(FILE *stream);
int fputc(int c, FILE *stream);
```

fgetc()는 인자로 지정한 stream에서 1바이트를 읽어서 읽은 값을 반환한다. 반환값이 char형이 아니라 int 타입인 것은, 읽어 들인 바이트 대신 '스트림 종료' 정보를 반환하기도 하기 때문이다. 그런 경우 EOF가 반환된다. EOF는 stdio.h에 정의되어 있는 매크로로 보통 -1의 값을 가진다. 또한, 에러가 발생한 경우에도 EOF를 반환한다.

fputc()는 인자로 지정한 stream에 바이트 c를 쓴다. 여기도 c가 char형이 아니라 int 타입이다. 이는 fgetc()에서 얻은 바이트를 그대로 fputc()에 사용할 수 있도록 하기 위함이다. fputc()는 정상적으로 수행되었을 경우 쓴 바이트를 그대로 반환하고, 에러가 발생한 경우에는 EOF를 반환한다.

getc(3), putc(3)

fgetc()와 fputc()가 함수인 것에 반해 getc()와 putc()는 매크로다.

```
#include <stdio.h>

int getc(FILE * stream);
int putc(int c, FILE * stream);
```

getc()와 fgetc() 그리고 putc()와 fputc()는 같은 기능을 가진다. 차이는 오로지 함수인지 매크로 인지의 차이뿐이다.

이렇게 매크로 버전이 있는 이유는 속도 때문이다. 예전에는 지금보다 컴퓨터의 속도가 훨씬 느렸기 때문에 바이트 단위 입출력처럼 작은 작업은 매크로를 사용하는 편이 빠르다는 인식 이 있었다. 그러나 최근에는 매크로를 사용한다고 해서 더 빠르다고 말할 수 없게 되었고, 현 재 GNU libc에 한해서는 fgetc()를 쓰나 getc()를 쓰나 결국 같은 함수를 사용하기 때문에 속도 의 차이가 없다.

 ## getchar(3), putchar(3)

표준 입출력에서만 읽는 쓰는 바이트 단위 입출력 API도 있다.

```
#include <stdio.h>

int getchar(void);
int putchar(int c);
```

getchar()는 getc(stdin)와 동일한 의미이고, putchar(c)는 putc(c, stdout)와 동일한 의미다.

 ## ungetc(3)

마지막으로 소개할 바이트 단위 API인 ungetc()는 조금 독특하다. 이 함수는 1바이트를 버퍼 에 반환한다.

```
#include <stdio.h>

int ungetc(int c, FILE *stream);
```

ungetc()는 바이트 c를 stream의 버퍼로 되돌린다. 즉, ungetc()를 하고서 fgetc()나 getc()로 stream을 읽으면 c가 반환된다. 단, 하나의 stream에 대해 연속으로 ungetc()를 호출할 수는 없다. 즉, 2바이트 이상을 되돌릴 수는 없다.

왜 이런 함수가 존재하는 걸까? ungetc()는 바이트 단위로 읽으며 토큰을 구분하기 위해 사용한다. 예를 들어 문자열에서 숫자 부분만을 읽고 싶다면 반드시 한 글자를 더 읽어 봐야 숫자가 끝났는지를 알 수 있다(그림 6.3). 숫자가 끝났는지 여부를 판별하고자 추가로 읽은 마지막 한 문자를 원래 스트림에 되돌려 놓기 위해 ungetc()를 사용한다.

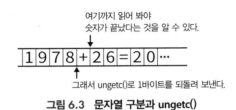

그림 6.3 문자열 구분과 ungetc()

6.3 stdio로 cat 명령어 만들기

지금까지 소개한 stdio의 바이트 단위 입출력 함수를 사용해서 cat 명령어를 만들어 보자 (코드 6.1).

코드 6.1 cat2.c

```c
#include <stdio.h>
#include <stdlib.h>

int
main(int argc, char *argv[])
{
    int i;

    for (i = 1 ; i < argc; i++) {
        FILE *f ;
        int c;

        f = fopen(argv[i], "r");
        if (!f) {
            perror(argv[i]);
            exit(1);
        }
        while ((c = fgetc(f))!= EOF) {
            if (putchar(c) < 0) exit(1);
        }
        fclose(f);
    }
    exit(0);
}
```

앞 장의 cat.c(75쪽)과 비교하여 버퍼가 없어져서 깔끔해졌다. 이 코드에서 가장 어려운 부분은 다음 부분일 것이다.

```c
while ((c = fgetc(f)) != EOF) {
    if (putchar(c) < 0) exit(1);
}
```

이 while문의 조건식은 C 언어에서 자주 사용하는 표현으로, EOF에 도달할 때까지 fgetc()를 반복하라는 뜻이다. 그리고 이번에도 역시 putchar()에 대한 에러 체크 코드가 기술되어 있다. 에러는 어떠한 상황에서 발생하는가 하면, 예를 들어 표준 출력이 파이프로 연결된 경우에 그 파이프에 연결된 프로세스가 종료된 상황에서 쓰기 함수를 수행하면 에러가 발생한다.

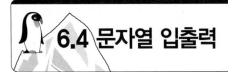

6.4 문자열 입출력

이번 절에서는 줄 단위의 문자열 입출력 API와 포맷에 맞게 입출력하는 API를 설명한다.

리눅스에서의 '줄'이란?

3장에서 설명한 바와 같이, 파일은 바이트의 연속이다. 그런데 그 바이트의 연속을 문자의 연속으로 본다면 파일은 곧 줄의 연속이라고 볼 수도 있다. 여러분이 평소 많이 사용하는 워드프로세서와 같은 에디터를 사용할 때 줄 단위로 문서를 작성했을 것이다. 마찬가지로 리눅스도 줄을 다룰 수 있도록 구성되어 있다.

그렇다면 리눅스 시스템에서 '줄'을 어떻게 표현하고 있을까? 문자가 나열되어 있으면 특수 문자 '\n'을 기준으로 줄이 나뉜다(그림 6.4). C 언어로 코드를 작성할 때 세미콜론(;)과 비슷한 역할을 한다고 생각할 수 있다.

그림 6.4 문자열과 줄(1)

또한, 파일의 마지막이나 스트림으로부터의 입력이 끝나는 지점에서는 '\n'이 없어도 하나의 줄로 간주한다(그림 6.5).

그림 6.5 문자열과 줄(2)

 fgets(3)

대표적인 줄 단위 입력 API로 fgets()가 있다.

```
#include <stdio.h>

char *fgets(char *buf, int size, FILE *stream);
```

fgets()는 세 번째 인자인 stream으로 지정한 스트림에서 한 줄을 읽어 들여, 첫 번째 인자 buf에 저장한다. fgets()는 두 번째 인자로 지정한 size에서 1을 뺀 바이트 수만큼을 최대로 읽어 들인다. 그래서 buf의 크기를 size로 지정하면 스트림에서 size-1 바이트를 읽고 마지막에 '\0'을 넣어서 반환한다.

문제없이 읽기에 성공했으면 buf를 반환한다. 반면에 에러가 발생했거나, 문자를 하나도 읽지 않은 채 파일의 끝(EOF)에 도달한 경우에는 NULL을 반환한다.

fgets()를 사용할 때 한 가지 문제점이 있다. 그것은 fgets()를 통해 한 줄을 전부 읽었는지 혹은 버퍼의 크기만큼만 읽었는지 알 수 없다는 점이다. 이를 위해 한 문자를 더 읽어 보고 다시 되돌려놓는 getc()를 사용하기도 한다.

버퍼 오버플로

fgets()와 비슷한 gets()라는 함수가 있는데, 이 함수는 절대로 사용해서는 안 된다. gets()는 **버퍼 오버플로**(buffer overflow)라는 문제를 일으킬 수 있기 때문이다.

버퍼 오버플로란, 지정한 버퍼를 초과해서 사용하는 것을 말한다. '초과해서 사용한다'는 것은 예를 들면 'char buf[1024]'라고 정의된 buf가 있는데, buf[1025]나 buf[9999]에 값을 할당하는 경우를 말한다. 이러한 경우를 버퍼 오버플로(buffer overflow) 혹은 **버퍼 오버런**(buffer overrun)이라고 한다.

버퍼 오버플로가 발생했을 때 운이 좋으면 운영체제의 보호 장치에 걸려 프로그램이 중지되기도 하지만, 운이 나쁘면 프로그램과 상관없는 어딘가에서 에러가 발생한다. 더 안 좋은 경우에는 에러 없이 조용히 데이터를 파괴하기도 한다. **컴퓨터 바이러스**(computer virus)나 **인터넷 웜**(internet worm) 중에는 프로그램의 버퍼 오버플로를 이용하는 경우가 많다.

gets()의 프로토타입은 다음과 같다.

```
#include <stdio.h>

char *gets(char *buf);
```

보는 바와 같이, gets()는 fgets와 달리 버퍼 크기를 지정하는 인자가 없다. 만약 buf의 길이보다 읽어 들이는 한 줄의 크기가 더 큰 경우에는 gets()가 버퍼의 범위를 넘어서서 데이터를 쓰게 된다. 즉, gets()는 본질적으로 버퍼 오버플로 발생 가능성을 포함하고 있는 것이다. 이것은 꽤 유명한 결함으로, 세계 최초의 인터넷 웜도 이 결함을 악용해서 만들어진 것이다. C 언어와 표준 라이브러리가 개발된 시점에서는 버퍼 오버플로에 관한 지식이나 인식이 충분하지 않았기 때문에 gets()와 같은 위험한 API가 제법 존재한다.

이처럼 시스템이 제공하는 API여도 문제가 있을 수 있다. 특히 오래전에 만들어진 libc의 함수 중에는 문제의 소지가 존재하는 경우도 있으므로 주의가 필요하다.

 fputs(3)

이번에는 출력 API에 대해 알아보자.

```
#include <stdio.h>

int fputs(const char *buf, FILE *stream);
```

fputs()는 첫 번째 인자인 buf로 지정한 문자열을, 두 번째 인자인 stream으로 지정한 스트림에 출력한다. 문제없이 출력에 성공하면 0 이상의 숫자를 반환한다. fputs()는 줄 단위로 출력하는 함수는 아니다. 줄 단위로 읽어 들이는 fgets()와 짝을 이루는 것 같은 이름이라 주의가 필요하다.

fputs()는 오류가 발생했을 때 EOF를 반환한다. 문제가 발생한 경우에는 그 원인을 나타내는 상수가 errno에 설정되는데, 스트림이 종료된 경우와 구별하기 위해서는 다음과 같이 호출 전에 errno를 0으로 설정하는 것이 좋다.

```
#include <errno.h>

{
    errno = 0;
    if (fputs(buf, f) ==  EOF) {
        if (errno != 0)  {
            /* 에러 발생. errno에 따른 에러 처리 */
        }
    }
}
```

 puts(3)

fputs()와 한 글자가 다를 뿐인 puts()라는 함수도 있다.

```
#include <stdio.h>

int puts(const char *buf);
```

puts()는 문자열 buf를 표준 출력에 출력하고, 이에 덧붙여 '\n'을 출력한다. fputs()와의 차이점
은 출력 목적지가 표준 출력에 고정되어 있다는 것과, '\n'을 추가한다는 점이다. 고로 puts()는
명백히 줄 단위 처리를 의식한 출력 API다.

주의해야 할 점은 fgets()로 읽어 들인 문자열에는 '\n'이 붙어 있기 때문에 fgets()로 읽어 들인
내용을 그대로 puts()에 넘기면 '\n'이 하나 여분으로 붙어 버린다. 그래서 fgets()는 fputs()와
조합하여 사용하는 것이 좋다.

 printf(3), fprintf(3)

이번에는 이 책에서 이미 몇 번 사용한 printf()에 대해 자세히 알아보자.

```
#include <stdio.h>

Int printf(const char *fmt, ...);
Int fprintf(FILE *stream, const char *fmt, ...);
```

printf()는 첫 번째 인자 fmt에서 지정한 형식에 따라 이어지는 인자의 내용을 포함한 문자열을 출력한다. printf()는 표준 출력에 출력하고, fprintf()는 인자로 지정한 stream에 출력한다.

fmt에서 사용할 수 있는 포맷 지정 문자열은 매우 다양하기 때문에 여기서는 자주 사용하는 것만 설명하겠다. 전체 내용은 printf()의 man 페이지에서 확인할 수 있다.

기본적으로 '%'와 여러 문자를 조합하여 다양한 출력 포맷을 지정한다. 이때 사용하는 문자를 형식 지정자라고 하며 표 6.3에 정리해 놓았다.

표 6.3 형식 지정자

문자	출력되는 표현
c	unsigned char형의 값을 문자로 출력
s	unsigned char*형이 가리키는 값을 문자열로서 출력
d, i	정수형 값을 10진수 표기로 출력
u	부호 없는 정수형 값을 10진수 표기로 출력
o	부호 없는 정수형 값을 8진수 표기로 출력
x, X	부호 없는 정수형 값을 16진수 표기로 출력
f, F	부동 소수점수형 값을 소수점 표현(XX.XXXX)으로 출력
e, E	부동 소수점수형 값을 'e표기'(X.XXe+XX)로 출력
p	포인터를 16진수 표기로 출력

몇 개의 간단한 예를 표 6.4에 정리하였다.

표 6.4 printf 사용 예(기본적 형식 지정자)

코드	출력
printf("%d",99)	99
printf("%s","abc")	abc
printf("%c",'a')	a
printf("%x",77)	4d

형식 지정자 중 X, F, E는 소문자를 사용한 것과 거의 동일하지만, 알파벳 부분을 대문자로 출력한다는 점이 다르다. 예를 들어 '%x'를 사용하면 77은 '4d'로 출력되지만, '%X'를 사용하면 '4D'로 출력된다.

이 외에 자주 사용하는 문자로는 long 타입의 값을 출력할 때 앞에 붙이는 'l'이 있다. 예를 들어, long 타입의 정숫값을 16진수로 출력한다면 '%lx'를 사용한다.

그리고 자릿수를 맞춰서 출력할 수도 있다. 그냥 %d나 %x를 사용하면 값 그대로 출력되지만, '%'와 형식 지정자 사이에 숫자를 넣으면, 지정한 숫자가 최소 출력 자릿수가 된다. 이때 마이너스 기호를 앞에 두면 왼쪽 맞춤이 되고, 0을 앞에 써넣으면 빈 부분이 '0'으로 채워진다(표 6.5).

표 6.5 printf 예(다양한 앞에 두는 문자)

코드	출력
printf("%10d",77)	77
printf("%10x",77)	4d
printf("%010x",77)	000000004d
printf("%10s","abc")	abc
printf("%-10s","abc")	abc

만약에 '%'를 문자로서 출력하고 싶은 경우에는 '%%'라고 쓰면 된다.

printf() 사용 시 주의점

이 책의 서두에서 소개한 Hello, World! 프로그램에서도 printf()를 사용했는데, 이처럼 printf()는 표준 출력이 필요한 경우에 많이 사용된다. 그런데 사실 printf()는 포매팅에 특화된 API다. "Hello, World!"처럼 고정 문자를 출력할 때는 printf()를 사용하지 않아도 될 것 같지만, 이런 경우에도 널리 사용된다.

그 이유로는 먼저 '표준 출력에 문자열을 그대로 출력하는' API가 stdio에 없기 때문이다. fputs()는 출력지가 되는 스트림을 인자로 명시적으로 지정해야 하고 puts()도 끝에 개행이 추가되는 것이 거추장스럽다. 하지만 printf()를 사용한다면 포맷 처리 때문에 실행 속도가 아주 조금 느려질 뿐, 대체로 치명적인 문제가 발생하지 않기 때문에 많이 사용한다.

그러나 printf()을 제대로 사용하지 않으면 치명적인 문제가 발생할 수도 있다. 다음 경우를 살펴보자.

```
char buf[1024];

fgets(buf, sizeof buf, stdin);
printf(buf);
```

표준 입력에서 한 줄을 읽어 그대로 printf()로 출력하고 있다. 이 코드의 어디가 잘못된 것일까?

이 코드는 buf에 문자 '%'가 들어 있을 때 문제가 된다. printf()는 문자 '%'를 만나면 다음 인자를 취하려 하는데, 인자가 없기 때문에 문제가 되는 것이다. 이 문제는 버퍼 오버플로만큼이나 심각한 문제라고 볼 수 있다. 따라서 포매팅을 하지 않고 문자열을 출력하는 경우에도 printf("%s", str)와 같이 '%s'를 사용하여 출력하는 것이 좋다.

scanf(3)

printf()와는 반대로, 포맷을 지정하여 입력할 수 있는 scanf() 함수도 있다. 예를 들어 10진수 정수를 읽어야 하는 경우에는 다음과 같이 작성하면 된다.

```
int n;

scanf("%d", &n);
```

그러나 이 함수는 사용하지 않는 것이 좋다. 왜냐하면 gets()와 같은 이유로 잠재적으로 버퍼 오버플로를 일으킬 위험이 있어 신중하게 코딩해야 하기 때문이다. scanf()에 대한 자세한 설명은 생략하도록 하겠다.

6.5 고정 길이 입출력

시스템 콜 read()나 write()와 같이 고정 길이 바이트 열의 입출력에 해당하는 API가 stdio에도 있다. fread()와 fwrite()다.

 **fread(3)**

```
#include <stdio.h>

size_t fread(void *buf, size_t size, size_t nmemb, FILE *stream);
```

fread()는 네 번째 인자 stream이 가리키는 스트림에서 최대 size × nmemb 바이트의 데이터를 읽어 들여, 첫 번째 인자 buf가 가리키는 메모리 영역에 쓴다. 성공하면 nmemb를 반환하고, 실패하거나 size × nmemb 바이트를 읽기 전에 EOF에 도달한 경우에는 nmemb보다 작은 값을 반환한다. EOF와 에러를 구분하려면 뒤에 설명하는 ferror()를 사용해야 한다.

fread는 버퍼 끝에 '\0'을 넣지 않는다. 그리고 nmemb는 'number of members'의 줄인 말이다.

fwrite(3)

```
#include <stdio.h>

size_t fwrite(const void *buf, size_t size, size_t nmemb, FILE *stream);
```

fwrite()는 첫 번째 인자 buf에 있는 size × nmemb 바이트의 데이터를 네 번째 인자 stream이 가리키는 스트림에 쓴다. 성공하면 nmemb를 반환하고 실패하는 경우에는 nmemb보다 작은 값을 반환하고 errno를 설정한다.

어째서 고정 길이 입출력 API가 필요한가?

fread()와 fwrite()는 시스템 콜 read(), write()와 큰 차이가 없어 왜 있는 건지 궁금할 것이다. fread()와 fwrite()는 다음과 같은 존재 의의가 있다.

무엇보다도 다른 stdio API와 함께 사용할 수 있다. 앞서 설명한 대로 stdio는 내부에 독자적인 버퍼를 가지고 있는데, 만약 시스템 콜인 read()와 write()와 stdio API를 함께 사용하게 되면 입출력 순서가 꼬인다.

또한 이식성이 좋다. read() 또는 write()는 기본적으로 유닉스 시스템 콜이기 때문에 다른 운영 체제에서 반드시 존재한다고 확신할 수 없다. 그러나 fread()와 fwrite()는 C 언어의 표준 함수 이기 때문에 더 많은 환경에서 사용 가능하리라 기대할 수 있다.

6.6 파일 오프셋 작업

이번에는 파일 오프셋에 관련된 API를 설명한다.

fseek(3), fseeko(3)

```
#include <stdio.h>

int fseek(FILE *stream, long offset, int whence);
int fseeko(FILE *stream, off_t offset, int whence);
```

시스템 콜 lseek()에 해당하는 stdio API가 fseek()과 fseeko()다. stream의 파일 오프셋을 whence와 offset으로 나타내는 위치로 이동한다. whence의 의미와 값은 lseek()와 동일하다.

fseek()와 fseeko()의 차이는 두 번째 인자 offset의 데이터 타입뿐이다. 비슷한 함수가 두 개 있는 이유는 2GB 이상의 대용량 파일을 지원하기 위해서다. 10년 전까지만 해도 리눅스가 가동되는 대부분의 컴퓨터가 32비트 시스템이었으므로 long 타입이 32비트였다. 이 범위로 나타낼 수 있는 크기의 한계가 2GB이기 때문에 새롭게 만든 API가 fseeko()이다. off_t 타입은 기본적으로 long 타입인데, #define _FILE_OFFSET_BITS 64라고 선언하고 프로그램을 빌드하면 32비트 컴퓨터에서도 64비트 부호가 있는 정수형(보통 long long)으로 정의되어 64비트 오프셋을 사용할 수 있게 된다.

요즘에는 64비트 머신이 일반적이어서 처음부터 off_t 타입이 64비트라 fseeko()만을 사용한다면 크게 문제가 될 일은 없다. off_t 타입에 대해서는 10장에서 다시 언급한다.

ftell(3), ftello(3)

```
#include <stdio.h>

long ftell(FILE *stream);
off_t ftello(FILE *stream);
```

ftell() 함수는 stream의 파일 오프셋값을 반환한다.

ftell()과 ftello()의 관계는 fseek()와 fseeko()의 관계와 동일하다. 즉, #define _FILE_OFFSET_ BITS 64를 선언하고 빌드하면 반환값의 데이터 타입인 off_t가 64비트가 된다.

rewind(3)

```
#include <stdio.h>

void rewind(FILE *stream);
```

rewind()는 stream의 파일 오프셋을 파일의 처음으로 되돌린다.

6.7 파일 디스크립터와 FILE 타입

FILE은 파일 디스크립터를 감싸고, 버퍼링 기능을 추가한 구조체다. 이처럼 기존의 기능을 그대로 감싸고 추가적인 기능을 제공하는 레이어를 **래퍼**(wrapper)라고 한다. wrap이란 '덮는다'는 뜻을 가진다. 그래서 FILE은 파일 디스크립터의 래퍼라고 할 수 있다. 이 절에서는 FILE과 파일 디스크립터의 관계를 다루는 API를 소개한다.

fileno(3)

```
#include <stdio.h>

int fileno(FILE *stream);
```

인자로 지정한 stream이 감싸고 있는 파일 디스크립터를 반환한다.

fdopen(3)

```
#include (stdio.h>

FILE *fdopen(int fd, const char *mode);
```

파일 디스크립터 fd를 감싸고 있는 FILE을 만들어서 그 포인터를 반환한다. 실패 시에는 NULL을 반환한다. 두 번째 인자 mode의 의미는 fopen()과 동일하다.

파일 디스크립터와 FILE 타입을 함께 사용하지 않기

여기서 주의해야 할 점이 있다. 위에서 소개한 함수를 사용하면 파일 디스크립터에서 FILE을 만들 수 있고, FILE이 감싸고 있는 파일 디스크립터도 얻을 수 있는데, 그렇다고 이 둘을 함께 사용해서는 안 된다. 고정 길이 입출력 부분에서도 언급했듯이, 버퍼를 사용한 작업과 그렇지 않은 작업이 섞이면 입출력 순서가 의도치 않게 바뀌기 때문이다.

그렇다면 앞서 소개한 함수들은 왜 있는 걸까? 그것은 stdio에서 할 수 없는 작업이 있기 때문이다. 예를 들어, fopen()을 사용해서는 새로운 파일을 만들 때 해당 파일에 대한 권한을 지정할 수 없다. 그래서 파일을 만듦과 동시에 권한을 지정하고 싶은 경우에는 먼저 open()으로 파일을 열고 fdopen()으로 FILE을 만들게 된다. 또한 stdio에는 ioctl() 또는 fcntl()에 해당하는 함수가 없는데, 이러한 경우에 fdopen()과 fileno()를 사용하게 된다.

6.8 버퍼링 작업

이번에는 stdio의 특징인 버퍼링을 제어하기 위한 API를 설명한다.

 fflush(3)

```
#include <stdio.h>

int fflush(FILE *stream);
```

fflush()는 stream이 버퍼링하고 있는 내용을 즉시 write()하도록 하는 API다. 이러한 작업을
플러시(flush)라고 하는 데 성공하면 0을 반환하고, 실패하면 EOF를 반환하며, 에러의 내용을
errno에 설정한다. fflush()는 문자열을 개행하지 않고 단말에 출력할 때 사용한다. 셸 프롬프
트 등이 좋은 예다.

setvbuf(3)

setvbuf()라는 API를 사용하면 지정한 버퍼를 stdio의 버퍼로 사용하게 만들 수 있다. 또한 버
퍼링 모드를 변경할 수도 있는데, 자세한 내용은 'man setvbuf'를 참조하기 바란다.

6.9 EOF와 에러

마지막으로 각종 플래그를 처리하는 API를 간단하게 소개한다.

 feof(3)

```
#include <stdio.h>

int feof(FILE *stream);
```

feof()는 인자로 지정한 스트림의 EOF 플래그를 가져온다. EOF 플래그는 스트림이 처음 만들어질 때는 0(거짓)의 값을 가지다가 stream을 읽는 작업이 EOF에 도달하면 0이 아닌 값이 설정된다.

그런데 이 함수는 잘못 사용하기 쉽다. foef()는 다른 stdio 함수로 데이터를 읽어서 EOF에 도달해서야 비로소 0이 아닌 값을 반환한다. 그래서 다음과 같이 잘못된 코드를 짜는 경우가 있다.

```
char buf[1024];
while (! foef(stdin)) {
    fgets(buf, 1023, stdin);
    fputs(buf, stdout);
}
```

이 코드는 fgets()를 사용하여 데이터를 읽기 전에 feof()를 사용하고 있다. 따라서 fgets()가 실제로 EOF를 만나고 나서도 fputs가 실행된 후에야 루프를 빠져나온다. 결과적으로 마지막 줄이 두 번 출력되고 만다.

feof()는 fread()처럼 반환값이 EOF인지 에러인지 구별할 수 없는 API와 함께 사용하는 것이 바람직하다. 그러나 곧 이어서 설명하는 ferror()를 사용하는 것이 더 좋다.

ferror(3)

```
#include <stdio.h>

int ferror(FILE *stream);
```

ferror()는 인자로 지정한 스트림의 에러 플래그를 가져온다. 에러 플래그는 스트림이 만들어 질 때는 0이고, stream에 대한 입출력 작업에서 에러가 발생했을 때 0이 아닌 값이 설정된다.

이 함수는 fread() 함수처럼 반환값을 에러와 EOF로 구분할 수 없는 API에서 에러만을 확인 하기 위해 사용한다.

clearerr(3)

```
#include <stdio.h>

void clearerr(FILE *stream);
```

clearerr()는 지정한 stream의 에러 플래그와 EOF 플래그를 지운다.

이 함수는 비교적 많이 사용된다. 예를 들어 tail 명령의 -f 옵션처럼 계속 생성되는 파일을 출 력하는 경우를 생각해 보자. 이 경우 일단 EOF에 도달한 후에도 다른 프로세스가 내용을 추 가하면 그것을 다시 읽어야 한다. 즉, 시스템 콜 수준에서는 하나의 스트림에 대해서 몇 번 이고 EOF가 발생할 수가 있는 것이다. 그러나 stdio는 read()가 한 번이라도 EOF를 반환하면 FILE에 EOF 플래그를 설정하기 때문에 이후 read()를 호출하지 않는다.

바로 이때 clearerr()을 사용한다. clearerr()는 EOF 플래그도 초기화하므로 stdio가 다시 read() 를 사용할 수 있게 된다.

6.10 stdio의 동작 확인하기

이 장의 서두에서 stdio가 버퍼링하고 있다고 설명했는데, 정말로 그런 것일지 의심이 든다면 strace 명령을 사용하여 그 동작을 확인할 수 있다. strace는 동작 중인 프로그램이 호출하는 시스템 콜을 출력해 주는 도구다.

시험 삼아 이 책에서 처음으로 만든 hello 프로그램을 strace로 조사해 보자. strace에 이어서 실행할 프로그램을 나열하면 된다.

```
$ strace ./hello >/dev/null
execve("./hello", ["./hello"], [/* 31 vars */]) = 0
brk(NULL)                               = 0x6aa000
access("/etc/ld.so.nohwcap", F_OK)      = -1 ENOENT (No such file or directory)
mmap(NULL, 8192, PROT_READ|PROT_WRITE, MAP_PRIVATE|MAP_ANONYMOUS, -1, 0) = 0x2ab4b4187000
access("/etc/ld.so.preload", R_OK)      = -1 ENOENT (No such file or directory)
open("/etc/ld.so.cache", O_RDONLY|O_CLOEXEC) = 3
fstat(3, {st_mode=S_IFREG|0644, st_size = 87529, ...}) = 0
mmap(NULL, 87529, PROT_READ, MAP_PRIVATE, 3, 0) = 0x2ab4b4189000
close(3)                                = 0
access("/etc/ld.so.nohwcap", F_OK)      = -1 ENOENT (No such file or directory)
open("/lib/x86_64-linux-gnu/libc.so.6", O_RDONLY|O_CLOEXEC) = 3  ←— libc.so의 로드
read(3, "\177ELF\2\1\1\3\0\0\0\0\0\0\0\0\3\0>\0\1\0\0\0P\t\2\0\0\0\0\0"..., 832) = 832
fstat(3, {st_mode=S_IFREG|0755, st_size=1868984, ... ) = 0}
mmap(NULL, 3971488, PROT_READ|PROT_EXEC, MAP_PRIVATE|MAP_DENYWRITE, 3, 0) = 0x2ab4b4389000
mprotect(0x2ab4b4549000, 2097152, PROT_NONE) = 0
mmap(0x2ab4b4749000, 24576, PROT_READ|PROT_WRITE, MAP_PRIVATE|MAP_FIXED|MAP_DENYWRITE, 3,
0x1c0000) = 0x2ab4b4749000
mmap(0x2ab4b474f000, 14752, PROT_READ|PROT_WRITE, MAP_PRIVATE|MAP_FIXED|MAP_ANONYMOUS, -1,
0) = 0x2ab4b474f000
close(3)                                = 0
mmap(NULL, 4096, PROT_READ|PROT_WRITE, MAP_PRIVATE|MAP_ANONYMOUS, -1, 0) = 0x2ab4b419f000
mmap(NULL, 4096, PROT_READ|PROT_WRITE, MAP_PRIVATE|MAP_ANONYMOUS, -1, 0) = 0x2ab4b41a0000
arch_prctl(ARCH_SET_FS, 0x2ab4b419fb40) = 0
mprotect(0x2ab4b4749000, 16384, PROT_READ) = 0
mprotect(0x600000, 4096, PROT_READ)     = 0
mprotect(0x2ab4b4386000, 4096, PROT_READ) = 0
munmap(0x2ab4b4189000, 87529)           = 0
fstat(1, {st_mode=S_IFCHR|0620, st_rdev=makedev(136, 17), ...}) = 0
brk(NULL)                               = 0x6aa000
brk(0x6cb000)                           = 0x6cb000
write(1, "Hello, World!\n", 14)         = 14
exit_group(0)                           = ?
+++ exited with 0 +++
```

무언가 잔뜩 표시되었다. 아주 간단한 프로그램이어도 실제로는 뒤쪽에서 여러 가지 작업이 이뤄진다는 것을 알 수 있다. 출력된 내용을 보면, 두 번째 close(3)까지 libc.so가 로드되고 있고, 그 후에는 libc가 여러 가지 처리를 실시하고 있다. 위 처리 내용을 전부 이해할 필요는 없으므로 본 적이 없는 시스템 호출은 일단 무시하기 바란다.

그러면 이번에는 stdio가 정말로 버퍼링을 하는지 확인해 보자. 이를 위해 5장과 6장에서 만든 cat 명령어를 strace로 확인해 볼 것이다. 시스템 콜 버전의 cat(75쪽)과 stdio 버전의 cat2(96쪽)가 있기 때문에 그 출력을 순차적으로 살펴보면 되겠다. 먼저 시스템 콜 버전 cat이다. 이번에는 strace 명령에 -e 옵션을 붙여 출력하는 시스템 콜을 open(), read(), write(), close()의 네 가지로 한정했다.

```
$ strace -e trace=open,read,write,close ./cat data >/dev/null
open("/etc/ld.so.cache", O_RDONLY|O_CLOEXEC) = 3
close(3)                                = 0
open("/lib/x86_64-linux-gnu/libc.so.6", O_RDONLY|O_CLOEXEC) = 3
read(3, "\177ELF\2\1\1\3\0\0\0\0\0\0\0\0\3\0>\0\1\0\0\0P\t\2\0\0\0\0\0"..., 832) = 832
close(3)                                = 0
open("data", O_RDONLY)                  = 3
read(3, "aaaaaaaaaaaaaaaaaaaaaaaaaaaaaaaa"..., 2048) = 2048
write(1, "aaaaaaaaaaaaaaaaaaaaaaaaaaaaaaaa"..., 2048) = 2048
read(3, "aaaaaaaaaaaaaaaaaaaaaaaaaaaaaaaa"..., 2048) = 2048
write(1, "aaaaaaaaaaaaaaaaaaaaaaaaaaaaaaaa"..., 2048) = 2048
read(3, "", 2048)                       = 0
close(3)                                = 0
+++ exited with 0 +++
```

open("data", O_RDONLY)의 다음 부분을 주목한다. data는 크기가 딱 4KB이기 때문에 2048 바이트(2KB) 단위의 read(), write()를 각각 정확히 두 번 호출하였다.

다음으로 stdio의 getc()와 putc()를 사용한 cat2 명령어를 strace한 결과를 살펴보자.

```
$ strace -e trace=open,read,write,close ./cat2 data >/dev/null
open("/etc/ld.so.cache", O_RDONLY|O_CLOEXEC) = 3
close(3)                                = 0
open("/lib/x86_64-linux-gnu/libc.so.6", O_RDONLY|O_CLOEXEC) = 3
read(3, "\177ELF\2\1\1\3\0\0\0\0\0\0\0\0\3\0>\0\1\0\0\0P\t\2\0\0\0\0\0"..., 832) = 832
close(3)                                = 0
open("data", O_RDONLY)                  = 3
read(3, "aaaaaaaaaaaaaaaaaaaaaaaaaaaaaaaa"..., 4096) = 4096
read(3, "", 4096)                       = 0
```

```
close(3)                                        = 0
write(1, "aaaaaaaaaaaaaaaaaaaaaaaaaaaaaaaaa"..., 4096) = 4096
+++ exited with 0 +++
```

이번에는 4096바이트(4KB) 단위의 read(), write()가 한 번씩 호출되었다. 만약 의심했던 것처럼 버퍼링을 하지 않았다면, read()와 write()가 4096번 호출되었을 것이다. 이것으로 stdio가 확실히 버퍼링하고 있다는 것을 알 수 있다.

6.11 연습문제

1. 탭 문자('\t')를 만나면 '\'와 't'라는 두 글자로 출력하고, '개행'이라는 글자를 만나면 '$'과 '개행'으로 출력하는 cat 명령어를 작성하라.

2. stdio API를 사용하여 파일이 몇 줄로 구성되었는지 출력하는 프로그램을 작성하라. 즉, 'wc -l'과 같은 기능이다. 파일 끝에 '\n'가 없는 경우에도 정상적인 결과가 나와야 한다.

3. fread()와 fwrite()를 사용하여 cat 명령어를 작성하라.

※ 해답은 이 책의 깃허브에서 확인 가능

제 **7** 장

head 명령어 만들기

지난 두 장에 걸쳐 스트림 API에 대해 알아봤다. 이번 장에서는 스트림 API에 익숙해지기 위해 head 명령어를 만들어 볼 것이다. 또한, 커맨드 라인 인자를 파싱하는 방법과 디버깅하는 방법에 대해서도 알아볼 것이다.

7.1 head 명령어 만들기

이번 장의 목표는 head 명령어를 만드는 것이다. head 명령어는 파일의 처음 몇 줄만을 출력해 주는 명령어다. 다음은 head 명령어를 실행하는 예다.

```
$ head -n 5 args.c
#include <stdio.h>
#include <stdlib.h>

int
main(int argc, char *argv[])
$ cat args.c | head -n 5
#include <stdio.h>
#include <stdlib.h>

int
main(int argc, char *argv[])
```

이처럼 파일의 이름을 실행 인자로 전달하면, 그 파일의 처음 몇 줄만을 출력한다. 또한 인자로 파일 이름을 지정하지 않은 경우에는 표준 입력에서 읽어서 출력하는데, 이와 같은 동작이 리눅스에서는 일반적이다.

또한 출력할 줄 수를 지정하기 위해 -n이라는 **커맨드 라인 옵션**(command line option)을 사용할 수 있다. 이에 대해서는 뒤에서 자세히 설명한다.

head.c

head 명령어는 비교적 간단한 프로그램이지만, 그렇다고 만만한 상대는 아니다. 그래서 처음에는 일부 기능만 포함된 버전을 만들고 조금씩 기능을 추가해나가는 것으로 하겠다.

참고로, 이렇게 단계적으로 기능을 추가해나가는 것이 일반적으로 프로그램을 만들 때 좋은 접근 방법이다. 특히, 초보자들은 처음부터 모든 기능을 다 구현하려다 보면 뒤죽박죽이 될 수 있다. 처음에는 아주 쉬운 기능을 확실히 돌아가게 만들고 나서, 조금씩 기능을 덧붙여 나가는 것이 안전하고 확실한 방법이다.

우리가 만들 첫 번째 버전은 다음과 같은 기능을 제공하는 것으로 하겠다.

- 처리 대상은 표준 입력만으로 한다. 즉, 실행 인자로 파일 이름을 받는 기능은 생략한다.
- 출력할 줄의 수는 첫 번째 실행 인자로 전달받는다.

즉, 다음과 같이 사용하는 프로그램을 만들 것이다.

```
$ cat args.c | ./head 5
#include <stdio.h>
#include <stdlib.h>

int
main(int argc, char *argv[])
```

다음이 위 기능에 해당하는 head 명령어의 소스 코드다(코드 7.1).

코드 7.1 head.c 버전 1

```
#include <stdio.h>
#include <stdlib.h>

static void do_head(FILE *f, long nlines);

int
main(int argc, char *argv[])
{
    if (argc != 2) {
        fprintf(stderr, "Usage: %s n\n", argv[0]);
        exit(1);
    }
    do_head(stdin, atol(argv[1]));
    exit(0);
}

static void
do_head(FILE *f, long nlines)
{
    int c;

    if (nlines <= 0) return;
    while ((c = getc(f)) != EOF) {
        if (putchar(c) < 0) exit(1);
        if (c == '\n') {
```

```
            nlines--;
            if (nlines == 0) return;
        }
    }
}
```

main()

먼저 main()부터 살펴보자.

```
int
main(int argc, char *argv[])
{
    if (argc != 2) {
        fprintf(stderr, "Usage: %s n\n", argv[0]);
        exit(1);
    }
    do_head(stdin, atol(argv[1]));
    exit(0);
}
```

처음에 나오는 if문은 전에 살펴봤던 코드에서의 역할과 동일하다. 실행 인자의 개수를 확인
하여 에러 메시지를 출력하고 종료하는 부분이다. 이와 같은 에러 처리는 핵심 기능은 아니므
로, 코드를 분석할 때는 가볍게 건너뛰어도 좋다.

이어서 처음 보는 함수가 한 가지 등장했는데 바로 atol() 함수다. atol()는 문자열을 long 타입
의 숫자로 변환하는 함수다. 비슷한 함수로 int 타입을 반환하는 atoi()가 있다.

atoi(3), atol(3)

```
#include <stdlib.h>

int atoi(const char *str);
long atol(const char *str);
```

위 두 함수는 정수가 문자열로 들어 있는 str에서 해당 정숫값을 반환한다. 만약 str에 정수가
포함되어 있지 않거나 에러가 발생한 경우에는 0을 반환한다.

이와 비슷한 API로 strtol(), strtoll(), strtod() 등이 있다. 자세한 내용은 각각의 man 페이지를 참고하기 바란다.

do_head()

다음으로 do_head() 함수를 살펴보자. do_head()의 첫 번째 인자는 읽어 들이는 대상 스트림이고, 두 번째 인자는 출력할 라인 수다.

```
static void
do_head(FILE *f, long nlines)
{
    int c;

    if (nlines <= 0) return;
    while ((c = getc(f)) != EOF) {
        if (putchar(c) < 0) exit(1);
        if (c == '\n') {
            nlines--;
            if (nlines == 0) return;
        }
    }
}
```

do_head()의 while 루프는 stdio로 만들었던 cat 명령어와 대체로 형태가 동일하다. 그러나 '\n'을 만나면 nlines 변수의 값을 하나 줄이고, nlines가 0이 되면 함수를 중단하는 로직이 담겨 있다. 앞서 설명했듯이 리눅스에서 '줄'은 '\n'으로 구분된다. 따라서 '\n'을 nlines번 만날 때까지 출력해 주면 되는 것이다.

참고로, 변수 이름 nlines는 number of lines의 줄임말이다. number of를 n으로 줄여 표현하는 것은 Eiffel이라는 프로그래밍 언어의 저자가 사용한 방식인데 일반적으로 많이 사용된다.

API의 선택

그런데 위에서 head를 구현하면서 fgets()를 사용하지 않았는데, 다음과 같은 세 가지 이유가 있다.

1. getc()는 버퍼를 만들어서 넘길 필요가 없기 때문에 사용하기 편리하다.

2. fgets()를 편하게 사용하려면 한 줄의 길이를 제한할 필요가 있다.

3. getc()로도 충분하다.

첫 번째 이유는 명확하다. fgets()는 버퍼를 만들어서 넘겨야 하지만, getc()는 그렇지 않아 사용하기 편리하다.

두 번째 이유도 첫 번째 이유에서 파생하는데, fgets()를 사용하면 한 줄의 길이를 제한하지 않는 한 코딩이 매우 복잡해진다. 반면에 getc()만을 사용하면 한 줄이 아무리 길어도 문제가 발생하지 않으며, 코드도 복잡해지지 않는다. 한편, 네트워크 프로그래밍에서는 한 줄의 길이를 제한하여 효율을 높이기도 한다. 이에 대해서는 16장에서 다룬다.

첫 번째와 두 번째 이유가 getc()를 사용한 직접적인 이유고, 세 번째는 부가적인 이유다. getc()를 사용해도 문제가 발생하지 않고, 불편하지 않기 때문에 사용한 것이다.

한편 getc()를 사용하는 것이 적합하지 않은 경우도 있는데, 그것은 다음 장에서 살펴볼 수 있다.

 파일 지정 기능을 추가

지금까지는 이전에 만든 cat 명령어와 기능적으로 큰 차이가 없다. 이제 여기에 추가 기능으로 파일의 경로를 실행 인자로 받아들이는 기능을 구현해 보자. 첫 번째 인자는 이전처럼 출력할 라인 수이고 두 번째 이후 인자를 파일 이름으로 간주한다. 이전처럼 파일을 지정하지 않은 경우에는 표준 입력에서 읽는다. 이것이 리눅스 명령어의 일반적인 동작 패턴이다.

이 기능은 main()만 수정하여 구현할 수 있다. 수정한 소스 코드는 다음과 같다(코드 7.2).

코드 7.2 head.c 버전 2, main()

```c
int
main(int argc, char *argv[])
{
    long nlines;

    if (argc < 2) {
        fprintf(stderr, "Usage: %s n [file file...]\n", argv[0]);
        exit(1);
    }
```

```
    }
    nlines = atol(argv[1]);
    if (argc == 2) {
        do_head(stdin, nlines);
    } else {        /* 이 부분이 추가되었다 */
        int i;

        for (i = 2; i < argc; i++) {
            FILE *f;

            f = fopen(argv[i], "r");
            if (!f) {
                perror(argv[i]);
                exit(1);
            }
            do_head(f, nlines);
            fclose(f);
        }
    }
    exit(0);
}
```

마지막 if문에 else절이 추가되었다. 파일을 fopen()으로 열고 fclose()로 닫는 코드가 보인다.

특별히 어려운 부분은 없는데, 실행 인자를 얻는 부분이 조금 헷갈릴 수도 있다. 그런 경우에는 데이터 구조를 메모장에 그려 보는 것도 좋다. 예를 들어 파일 이름을 두 개 지정한 경우에는 그림 7.1과 같이 된다. 이때 argc 값은 '최대 인덱스 + 1'이 된다.

인덱스

그림 7.1 argv의 구조

그리고 if (!f)는 if (f == NULL)과 같다. 많이 사용하는 표현이므로 잘 기억해 두기 바란다.

7.2 옵션 파싱

리눅스에 있는 대부분의 명령어는 -로 시작하는 실행 인자로 옵션을 지정할 수 있다. 예를 들면 ls 명령어에는 -a, -l, -s 등의 옵션이 있다.

옵션은 각 명령어를 만들 때 정의된 것으로 커널이나 운영체제가 그 형태를 강제하지 않는다. 옵션 대부분이 - 기호로 시작하는 것도 관습에 따른 것일 뿐이다. 그런데 tar나 dd 같이 관습을 따르지 않는 명령어도 있다. 이런 경우는 대부분 아주 오래된 명령어고, 그 외에는 대부분 관습을 지키고 있다. 그러므로 특별한 이유가 없는 한 우리도 이 관습을 지키는 것이 바람직하다.

옵션을 정의할 때의 관습

리눅스에서 옵션을 정의할 때의 관습을 알아보자.

우선, 옵션에는 파라미터를 가지지 않는 옵션(예: ls -a)과 파라미터를 가지는 옵션(예: head -n 5)이 있다. 파라미터를 가지지 않는 옵션은 'ls -als'처럼 하나로 통합할 수 있다. 그리고 파라미터를 가지는 옵션은 옵션과 파라미터를 붙여 쓸 수 있다. 예를 들어 'head -n 5'는 'head -n5'와 동일하다.

그런데 리눅스에는 - 기호를 두 개 붙인 '--version'이나 '--help'와 같은 옵션도 존재한다. 이것을 **긴 옵션**(long option)이라고 부른다. 반면 -a, -l, -s처럼 - 기호가 한 개인 옵션은 **짧은 옵션**(short option)이라고 부른다.

긴 옵션에도 역시 파라미터를 취하는 것이 있다. 예를 들어 리눅스의 head 명령어에는 -n과 같은 의미의 --lines이라는 롱 옵션이 있어, -n과 같이 파라미터를 가진다. 롱 옵션의 파라미터는 '--lines 5'처럼 쓰거나, '-- lines=5'처럼 '='를 사용할 수도 있다. 다음은 지금까지 설명한 규칙에 대한 예제다.

- ● ls -a -s -k와 같은 의미의 옵션

    ls -a -s -k

    ls -ask

    ls --all --size --kibibytes

- **head −n 5와 같은 의미의 옵션**

  head −n 5

  head −n5

  head −−line 5

  head −−line=5

또한 옵션 외에도 특별한 취급을 받는 인자가 존재한다. 바로 '−'와 '−−'다. '−'는 '표준 입력에서 읽으라'는 의미로 사용된다. 그리고 '−−'가 사용되면 이후의 인자는 옵션으로 해석되지 않는다. −로 시작하는 문자열을 인자로 전달하고 싶을 때 사용한다.

여기까지 살펴본 대로 옵션을 올바로 해석하는 일은 쉽지 않다. 하지만 다행히도 이를 위한 API가 존재한다. 이 절에서는 옵션 해석을 위한 API를 알아보도록 하자.

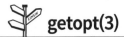 getopt(3)

```
#include <unistd.h>

int getopt(int argc, char * const argv[], const char *optdecl);

extern char *optarg;
extern int optind, opterr, optopt;
```

getopt()는 오래전부터 유닉스계 운영체제에 있었던 옵션 해석 API다. getopt()는 짧은 옵션만을 인식하는데, 사용 방법이 제법 복잡하다. 의사 코드를 기반으로 설명해나가도록 하겠다.

```
#include <unistd.h>

int
main(int argc, char *argv[])
{
    int opt;

    while ((opt = getopt(argc, argv, "af:tx")) != -1) {
        switch (opt) {
        case 'a':
            // 옵션 -a를 처리하는 코드
            break;
        case 'f':
```

```
            // 옵션 -f를 처리하는 코드
            break;
            ⋮
            ⋮  (필요한 만큼 기술한다)
            ⋮
        case '?':
            // 잘못된 옵션이 전달된 경우의 코드
            break;
        }
    }
    프로그램 본체
}
```

우선, getopt()는 항상 루프와 함께 사용한다. getopt()는 호출될 때마다 인자로 넘겨진 다음 옵션 문자를 반환한다. 또한, 잘못된 옵션이 발견된 경우는 '?'를 반환한다. 그리고 인자로 넘겨진 모든 옵션을 반환했으면 -1을 반환한다. 따라서 위와 같이 '!= -1'이라는 조건을 체크하면서 while 루프를 수행한다.

getopt()에는 어떤 인자를 넣으면 될까? 처음 두 인자인 argc와 argv는 main()의 인자를 그대로 전달하면 된다. 그리고 세 번째 인자에는 옵션에 해당하는 문자들을 하나의 문자열로 묶어서 지정한다. 예를 들어, 파라미터를 취하지 않는 옵션 -a, -t, -x를 정의하려면 "atx"를 지정한다. 이때, 문자를 나열하는 순서는 결과에 영향을 미치지 않으므로, "tax"나 "xta"가 되어도 괜찮다.

파라미터값을 받는 옵션의 경우에는 해당 옵션 문자 다음에 콜론(:)을 붙인다. 예를 들어, 앞의 세 가지 옵션에 더하여 파라미터값을 받는 옵션 -f가 있다면, "af:tx"라고 하면 된다. 예제로 제시한 예제 코드에서도 "af:tx"를 사용하고 있다. 이 경우에도 문자의 순서는 중요하지 않기 때문에 "atxf:"도 괜찮고 "f:atx"도 괜찮다.

파라미터를 받는 옵션의 경우(위 예에서 -f), 전역 변수 'char *optarg'을 통해 파라미터값을 얻을 수 있다. 이 외에도 몇 가지 전역 변수가 더 있는데 표 7.1과 그림 7.2에 정리해 놓았다.

표 7.1 getopt() 관련 전역 변수

형태	명칭	의미
char*	optarg	현재 처리 중인 옵션의 파라미터
int	optind	현재 처리 중인 옵션의 argv 인덱스
int	optopt	현재 처리 중인 옵션 문자
int	opterr	이 값이 '참'이면 getopt()가 에러 메시지를 표시

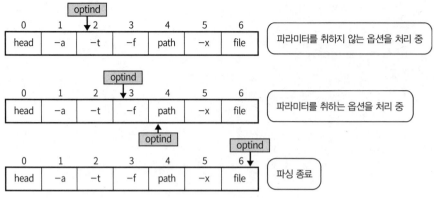

그림 7.2 getopt() 관련 전역 변수

마지막으로 파라미터로 '-'나 '--'를 넘겼을 때의 동작에 대해 알아보자. getopt()가 인자를 처리하는 중 '--'를 만나면 -1을 반환하여 while문을 벗어나게 된다. 따라서 '--'는 getopt()에 의한 옵션 처리를 중지하고 프로그램에서 별도로 처리할 인자를 넘기고 싶을 때 사용한다. 한편, -를 만나면 옵션으로 인식하지 않고 다음 옵션으로 넘어간다. 마치 주석처럼 무시된다.

getopt_long(3)

GNU libc에는 --로 시작하는 옵션을 해석하는 getopt_long()도 준비되어 있다.

```c
#define _GNU_SOURCE
#include <getopt.h>

int getopt_long(int argc, char * const argv[],
                const char *optdecl,
                const struct option *longoptdecl,
                int *longindex);

struct option {
    const char *name;
    int has_arg;
    int *flags;
    int val;
};

extern char *optarg;
extern int optind, opterr, optopt;
```

t_long()은 getopt()의 모든 기능을 포함하며 --로 시작하는 긴 옵션의 파싱도 가능하다. 기본적인 사용 방법과 반환값이 같고 세 번째 인자까지는 getopt()와 같다. 네 번째와 다섯 번째 인자가 getopt_long()의 독자적인 부분이다.

네 번째 인자가 롱 옵션의 정의다. struct option이라는 구조체의 배열을 사용해서 롱 옵션을 지정한다. 이 배열의 마지막에는 모든 멤버를 0으로 세팅한 struct option을 추가해 주어야 한다. struct option의 각 멤버의 의미는 표 7.2에 정리했다.

표 7.2 struct option 멤버의 의미

멤버 이름	형태	값과 의미
name	char*	롱 옵션의 이름. lines, help 등
has_arg	int	no_argument(또는 0): 파라미터를 취하지 않음 required_argument(또는 1): 반드시 파라미터를 취함 optional_argument(또는 2): 파라미터를 취할 수도 있음
flags	int*	NULL: getopt_long()은 val의 값을 반환 NULL이외: getopt_long()은 0을 반환하고 *flags에 val의 값을 대입
val	int	flag의 값에 따라 지정한 곳에 반환할 값

이중 flags 멤버와 val 멤버는 함께 사용해야 하는데, 이 둘을 사용하는 방법에는 크게 두 가지가 있다.

첫 번째는 flags에 NULL을 지정하고 val에 문자(char)를 지정하는 방법이다. 예를 들면 --help 옵션을 발견했을 때 getopt()가 'h'를 반환하게 하고 싶으면, flags를 NULL로 하고 val에 'h'를 대입한다. 그러면 결국 긴 옵션이 짧은 옵션에 대응되게 된다.

예를 들면 리눅스의 head 명령어에서는 -n과 --lines가 같은 의미를 가진다. 이런 경우에 flags를 NULL로 하고, val을 'n'으로 하면, -n일 때도 --lines일 때도 getopt_long()은 'n'을 반환한다. 그러면 이 두 개의 옵션 처리를 하나로 통합할 수 있게 된다.

두 번째 사용 방법은 boolean(1 또는 0)의 의미를 가지는 int 타입 변수의 포인터를 flags에 지정하여 해당 옵션이 나타나면 val에 있는 값을 해당 포인터 변수에 지정하도록 하는 방법이다. 예를 들면 다음과 같다. --all이라는 옵션이 나타나면, 변수 opt_all의 값이 1이 된다.

```
int opt_all = 0;

struct option[] = {
{"--all", no_argument, &opt_all, 1},
```

getopt_long()의 다섯 번째 인자가 NULL이 아닌 경우에는 발견한 롱 옵션의 인덱스를 적재한
다. 이 인덱스를 통해 현재 처리 중인 옵션에 해당하는 struct option을 얻는다.

optarg, optind, opterr, optopt의 의미는 getopt()와 같다.

지금까지 알아본 것처럼 getopt_long()는 사용법이 꽤 복잡하다. 설명을 여러 번 읽는 것보다
실제 사용 예제를 보면서 파악하는 것이 나을 것이다.

 ## 옵션을 처리하는 head 명령어

그러면 우리가 작성 중인 head 명령어에 getopt_long()을 사용해서 옵션을 처리하는 기능을 추
가하도록 하자. 우리의 프로그램에서 받아들일 옵션의 정의는 다음과 같다.

- 출력할 줄 수를 지정하는 -n
- 동일한 의미의 롱 옵션 --lines
- 간단한 헬프 메세지를 표시하는 --help

실행 옵션 처리 기능이 추가된 head의 소스 코드가 코드 7.3에 있다. 단, main() 이외의 함수
는 전(코드 7.1)과 같기 때문에 생략했다.

코드 7.3 head.c 버전 3, 실행 옵션 처리 기능 추가

```
#include <stdio.h>
#include <stdlib.h>
/* ① */
#define _GNU_SOURCE
#include <getopt.h>

static void do_head(FILE *f, long nlines);

#define DEFAULT_N_LINES 10

/* ② */
static struct option longopts[] = {
```

```
    {"lines", required_argument, NULL, 'n'},
    {"help",  no_argument,        NULL, 'h'},
    {0, 0, 0, 0}
};

int
main(int argc, char *argv[])
{
    int opt;
    long nlines = DEFAULT_N_LINES;

    /* ③ */
    while ((opt = getopt_long(argc, argv, "n:", longopts, NULL)) != -1) {
        switch (opt) {
        case 'n':        /* ④ */
            nlines = atol(optarg);
            break;
        case 'h':        /* ⑤ */
            fprintf(stdout, "Usage: %s [-n LINES] [FILE ...]\n", argv[0]);
            exit(0);
        case '?':        /* ⑥ */
            fprintf(stderr, "Usage: %s [-n LINES] [FILE ...]\n", argv[0]);
            exit(1);
        }
    }
    /* ⑦ */
    if (optind == argc) {
        do_head(stdin, nlines);
    } else {
        int i;

        /* ⑧ */
        for (i = optind; i < argc; i++) {
            FILE *f;

            f = fopen(argv[i], "r");
            if (!f) {
                perror(argv[i]);
                exit(1);
            }
            do_head(f, nlines);
            fclose(f);
        }
    }
    exit(0);
}
```

(이하 코드 7.1과 같음)

① 먼저 getopt_long()을 사용하기 위해 상수 _GNU_SOURCE를 정의하고 getopt.h을 include한다.

② 긴 옵션을 위해 struct option의 배열을 만들고 각 긴 옵션에 해당하는 요소를 정의하였다. 배열의 마지막에는 모든 멤버를 0으로 대입한 요소를 넣어야 한다.

③ 옵션을 파싱하는 루프다. 특히, 세 번째 인자가 "n:"이고 "hn:"이 아닌 점에 주의하기 바란다. --로 시작하는 롱 옵션은 longopts 구조체를 정의할 때 지정하고, 여기에는 오직 -로 시작하는 짧은 옵션만 지정하면 된다.

④ -n 옵션과 --lines 옵션을 처리한다. 옵션의 파라미터값은 optarg에 들어 있어 여기서 출력할 줄 수를 얻는다.

⑤ --help 옵션을 처리한다. --help 옵션을 통해 출력할 'Usage(명령어 사용법)'를 얼마나 자세하게 보여줄지는 개발자의 성향에 따라 다르다. 여기서 Usage는 조금 짧아 보일 수 있지만, 너무 많이 출력되는 것도 읽는 사람에게 부담이 될 수 있다. 또한, 도움말을 표준 출력에 출력한 것에도 주목하기 바란다. --help 옵션에 대한 사용법을 표준 출력으로 출력하면, less 명령어와 파이프를 사용하여 사용자가 더 편하게 읽을 수 있다.

⑥ 모르는 옵션을 전달받은 경우, 에러 메시지를 출력한다. 그러나 사실 getopt_long()에서도 에러 메시지를 출력하기 때문에 우리가 따로 에러 메시지를 출력할 필요는 없다. 다만, 더 알아보기 쉽게 출력 코드를 넣었다. 또한, 에러 메시지는 표준 에러 출력에 쓰는 것이 바람직하다. 에러 메시지를 표준 출력에 쓰는 것은 특별한 그런 요구 사항이 있지 않은 이상 지양하도록 한다.

⑦, ⑧ getopt_long()에 의한 파싱이 끝난 시점에서 optind가 argc와 같다는 것은 옵션 이외에 추가적인 인자를 지정하지 않았음을 의미한다. optind는 getopt()나 getopt_long()이 마지막으로 처리한 인자의 인덱스를 가리키고 있기 때문이다. 옵션 이외에 대상 파일을 지정하지 않은 경우에는 표준 입력에서 읽도록 하였다.

🌱 GNU libc의 getopt()

초기의 getopt()는 옵션에 해당하는 인자가 비옵션에 해당하는 인자보다 먼저 나와야 한다는 규칙이 있었다. 예를 들어 다음과 같이 옵션을 먼저 쓰면 '-n20'이 옵션으로 정상 인식된다.

```
$ head -n20 file.c
```

그러나 다음과 같이 옵션이 뒤에 기술되면 옵션으로 인식이 안 되고 일반 인자로 인식되는 것이다.

```
$ head file.c -n20
```

그러나 GNU libc의 getopt()는 후자의 '-n20'도 옵션으로 처리한다.

그러나 getopt_long()은 현시점에서 리눅스가 아닌 운영체제에서는 사용할 수 없다고 보면 된다. 리눅스용 프로그램을 작성한다면 사용해도 괜찮지만, 다른 운영체제에서도 사용되는 프로그램을 만드는 경우라면 자체 개발하거나 외부 라이브러리를 사용해야 한다.

7.3 gdb를 사용한 디버깅

지금까지는 간단한 프로그램을 만들어 왔는데, 이제 슬슬 본격적으로 디버깅이 필요한 수준에 근접하게 되었다. 이번 절에서는 디버깅하는 방법을 알아보도록 하자. 디버깅 도구로는 gdb를 사용한다. 설치가 안 되어 있다면 먼저 설치를 진행하고 이어서 실습을 진행하기 바란다.

버그를 심어놓기

디버깅하는 과정을 설명하기 위해 코드 7.3(130쪽)의 head 명령어에 일부러 버그를 심도록 하자. 보통 디버깅이라고 하면 문제가 되는 부분을 찾는 것이 목적이지만, 이번에는 문제를 아는 상태에서 디버깅하는 법을 설명하고자 한다.

먼저 증상을 살펴보자면 버그를 심은 head 명령어를 실행할 때 -n 옵션을 붙이면 다음과 같이 세그멘테이션 폴트로 비정상 종료한다.

```
$ ./head -n 5
Segmentation fault (core dumped)
```

원인은 getopt_long()의 인자 지정이 잘못되었기 때문이다. 다음 코드를 살펴보자.

```
while ((opt = getopt_long(argc, argv, "n", longopts, NULL)) != -1) {
```

어디가 잘못되었을까? 코드 7.3과 비교해 보면 알 수 있지만, 본래 "n:"이어야 하는 세 번째 인자가 "n"으로 되어 있다. 그러면 getopt_long()은 -n 옵션이 파라미터가 없다고 판단하여 -n 옵션을 처리할 때 optarg는 NULL이 된다.

```
        case 'n':
            nlines = atoi(optarg);
            break;
```

그러면, -n 옵션을 처리하는 위 코드에서 atoi(NULL)이 수행되어 세그멘테이션 폴트가 발생하게 된다.

 ## 디버깅을 하기 위한 사전 준비

gdb를 사용하려면 사전에 gcc에 -g 옵션을 붙여서 프로그램을 컴파일해야 한다.

```
$ gcc -Wall -g -o head head.c
```

이때 최적화 옵션은 사용하지 않도록 한다. 프로그램을 최적화하면 디버거가 잘 작동하지 않을 수 있다. gdb를 시작하는 방법은 다음과 같다.

```
$ gdb ./head
GNU gdb (Ubuntu 7.11.1-0ubuntu1~16.5) 7.11.1
Copyright (C) 2016 Free Software Foundation, Inc.
License GPLv3+: GNU GPL version 3 or later <http://gnu.org/licenses/gpl.html>
This is free software: you are free to change and redistribute it.
There is NO WARRANTY, to the extent permitted by law. Type "show copying"
and "show warranty" for details.
This GDB was configured as "x86_64-linux-gnu".
Type "show configuration" for configuration details.
        ⋮
For help, type "help".
Type "apropos word" to search for commands related to "word"...
Reading symbols from ./head...done.
(gdb)
```

위와 비슷하게 출력되었으면 gdb로 디버깅할 준비가 완료되었다는 뜻이다. 마지막의 '(gdb)'는 gdb 명령어의 프롬프트다. 디버깅을 위한 각종 gdb의 명령어들을 수행할 수 있다.[4]

 ## run 명령어

우선 run 명령어를 사용하여 디버깅 대상 프로그램을 돌릴 수 있다. run 명령어에 옵션을 붙이면 그 프로그램의 실행 인자가 된다.

---

4 (옮긴이) 만약 도커(Docker)를 사용하고 있다면 run할 때, —security-opt seccomp=unconfined라는 옵션을 지정해야 디버깅이 가능하다.

```
(gdb) run -n 5
Starting program: /home/aamine/c/stdlinux/src/gdb/head -n 5

Program received signal SIGSEGV, Segmentation fault.
__GI_____strtol_l_internal (nptr=0x0, endptr=endptr@entry=0x0, base=base@entry=10,
group=group@entry=0, loc=0x2aaaab098420 <_nl_global_locale>) at ../stdlib/strtol_l.c:293
293 ../stdlib/strtol_l.c: No such file or directory.
```

프로그램 실행 중에 세그멘테이션 폴트가 발생하면, 그 자리에서 정지해서 문제가 발생한 장소를 표시해 준다. 위 예에서는 libc의 __GI_____strtol_l_internal()라는 함수에서 문제가 발생하였다.

libc의 함수에서 문제가 발생하였으니, libc에 버그가 있는 것일까? 당연히 그렇지 않다. 이런 경우에는 대부분 libc를 사용하는 측이 잘못된 값을 인자로 넘겨서 문제가 된다.

backtrace 명령어

그러면 틀린 값을 전달한 곳은 어디일까? 우리는 __GI_____strtol_l_internal()과 같은 이름의 함수를 호출한 적이 없다. 이때 사용하는 것이 gdb의 backtrace 명령어다.

```
(gdb) backtrace
#0  _GI_____strtol_l_internal (nptr=0x0, endptr=endptr@entry=0x0, base=base@entry=10,
group=group@entry=0, loc=0x2aaaab098420 <_nl_global_locale>) at ../stdlib/strtol_l.c:293
#1  0x00002aaaaad0e3d2 in _ _strtol (nptr=<optimized out>, endptr=endptr@entry=0x0, base
=base@entry=10) at ../stdlib/strtol.c:106
#2  0x00002aaaaad09e90 in atoi (nptr=<optimized out>) at atoi.c:27
#3  0x0000000000400925 in main (argc=3, argv=0x7fffffffe458) at head.c:27
```

그러면 현재 실행 중인 함수가 호출된 역순으로 함수들이 열거된다. 즉, 위 예에서는 main(), atoi(), __strtol_internal(), __GI_____strtol_l_internal()이 차례대로 호출되다가 세그멘테이션 폴트가 발생한 것이다.

이 정보로부터 판단했을 때, atoi()의 인자에 문제가 있었던 것이라고 볼 수 있다. 그리고 atoi()의 다음 줄을 보면 'at head.c:27'이라고 되어 있어 문제는 head.c의 27번째 줄에서 시작되었다는 것을 알 수 있다.

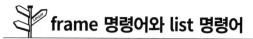

frame 명령어와 list 명령어

그렇다면 head.c의 27번째 줄의 코드의 내용이 보고 싶을 것이다. 이럴 때는 먼저 frame 명령어를 사용하여 main()으로 이동한다. backtrace의 출력 중 main()이 찍힌 행을 보기 바란다.

```
#3 0x0000000000400925 in main (argc=3, argv=0x7fffffffe458) at head.c:27
```

첫 부분에 '#3'이라고 쓰여 있다. 이에 따라 'frame 3'을 입력하면 해당 코드로 이동한다.

```
(gdb) frame 3
#3 0x0000000000400925 in main (argc=3, argv=0x7fffffffe458) at head.c:27
27              nlines = atoi(optarg);
```

그러면 '현재 함수'가 main()이 되어 실행 중인 코드가 표시된다. 한 줄 이상의 좀 더 넓은 범위를 보고 싶다면 list 명령어를 사용하자.

```
(gdb) list
22      long nlines = DEFAULT_N_LINES;
23
24      while ((opt = getopt_long(argc, argv, "n", longopts, NULL)) != -1) {
25          switch (opt) {
26          case 'n':
27              nlines = atoi(optarg);
28              break;
29          case 'h':
30              fprintf(stdout, "Usage: %s [-n LINES] [FILE ...]\n", argv[0]);
31              exit(0);
```

print 명령어

버그가 발생한 원인을 더 파고 들어가 보자. 알고 싶은 것은 atoi()의 인자인 optarg의 값이다. 이 변수에는 어떤 값이 들어 있을까? 변수의 값을 표시하려면 print 명령어를 사용한다.

```
(gdb) print optarg
$1 = 0x0
```

optarg의 값이 0, 즉 NULL 포인터라는 것을 알 수 있다. 이것이 세그멘테이션 폴트의 직접적인 원인이 된 것이다. 이어서 왜 optarg이 NULL인지를 추적하다 보면 최종적으로 getopt_long()의 인자가 잘못되어 있다는 것을 발견하게 되는 순서로 디버깅이 진행된다.

버그의 원인을 찾았으면 코드를 수정해서 버그를 제거하면 된다. 이 단계부터는 더는 디버거를 사용하지 않는다. 이처럼 디버거는 버그의 원인을 추적하는 데 도움이 되는 도구다.

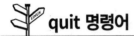 quit 명령어

gdb를 종료하려면 quit 명령어를 사용한다.

```
(gdb) quit
A debugging session is active.

    Inferior 1 [process 353] will be killed.

Quit anyway? (y or n)
```

이번처럼 디버깅 대상의 프로세스가 아직 실행 중이라면, 정말로 gdb를 종료할지 여부를 묻는다. gdb를 종료하면 디버깅 중인 프로세스도 함께 종료되니 크게 문제가 될 부분은 없다. 'y'를 입력하고 종료하도록 한다.

gdb 명령어 정리

gdb의 명령어를 표 7.3에 정리하였다. 각 명령어에는 생략형도 준비되어 있어 빠르고 편리하게 사용할 수 있다.

표 7.3 gdb 주요 명령어

명령어	단축키	기능
backtrace	bt	백트레이스를 표시
frame N	f	프레임 N으로 이동
list	l	현재 함수의 소스 코드를 표시
print EXPR	p	식 EXPR의 값을 표시
quit	q	gdb를 종료

gdb에는 이 외에도 많이 기능이 존재한다. 특히 프로그램의 임의의 지점에서 동작을 중지하고 변수의 값들을 조사할 수 있는 **브레이크 포인트**(break point) 기능은 매우 유용하다. gdb의 매뉴얼을 참고하여 시도해 보기 바란다.

7.4 연습문제

1. 6장의 연습문제에서 만든 '\t'나 '\n'을 출력해 주는 기능을 cat 명령어의 옵션으로 켜고 끌 수 있게 작성하라.

2. 파일의 마지막 몇 줄을 출력하는 tail 명령어를 구현하라. 출력하는 줄의 수는 고정값으로 한다. (난이도가 있음)

※ 해답은 이 책의 깃허브에서 확인 가능

grep 명령어 만들기

계속해서 이 장에서도 스트림 API의 실습을 진행한다. 이 장의 과제는 grep 명령어를 만드는 것이다. 후반부에서는 리눅스의 한글 처리에 관해서 설명한다.

8.1 grep 명령어 만들기

이번 장에서는 grep 명령어를 작성한다. 유닉스의 grep 명령어는 파일 내용을 검색해서 지정한 문자열의 패턴에 맞는 줄만을 출력한다.

단순한 사용 예로는 고정 문자열, 예를 들면 'opt'를 찾는 경우다. 시험 삼아 head.c(리스트 7.3, 130쪽)에서 'opt'를 찾아보자.

```
$ grep opt head.c
#include <getopt.h>
static struct option longopts[] = {
    int opt;
    while ((opt = getopt_long(argc, argv, "n:", longopts, NULL)) != -1) {
        switch (opt) {
            nlines = atol(optarg);
    if (optind == argc) {
        for (i = optind; i < argc; i++) {
```

이와 같이 'opt'를 포함한 라인이 모두 표시되었다.

grep이 더 강력한 건, '0으로 시작하고 t로 끝나는 문자열'과 같이 패턴으로도 검색할 수 있다는 점이다. 이때, 패턴 지정 시 사용하는 표기법을 **정규 표현식**(regular expression)이라고 한다.

리눅스를 사용하면 정규 표현식을 사용할 기회가 많다. 예를 들어 vi나 emacs와 같은 편집기에서도 정규 표현식을 사용하여 텍스트를 검색할 수 있으며, less 등의 뷰어에서도 마찬가지다. awk와 sed, 펄(perl), 루비(ruby) 등의 도구에서도 정규 표현식이 중요한 역할을 한다.

기본적인 정규 표현식

정규 표현식은 간단한 예를 바탕으로 조금씩 익숙해지는 것이 좋다. 먼저, '0으로 시작하고 t로 끝나는 문자열'은 다음과 같이 쓴다.

```
o.*t
```

마침표(.)는 어떤 문자든 상관없이 한 문자를 의미하며, 별표(*)는 앞서 기재한 패턴이 0번 이상 나타나는 패턴을 의미한다. 따라서 둘을 합친 '.*'는 임의의 문자가 0회 이상 나타나는 패턴을 의미한다. 그래서 정규 표현식 'o.*t'는 'oXt', 'oXXt', 'oXXXXXt', 'oabct', 'ot' 등이 해당한다. 특히 'ot'도 포함된다는 점에 주의하자. '*'는 0회 나타나는 경우도 포함한다.

물론 '.'와 '*'를 따로따로 사용할 수도 있다. 'o.t'의 경우 'o'로 시작하고 중간에 임의의 한 자가 나타난 후 't'로 끝나는 패턴을 의미한다. 예를 들어 'opt', 'out', 'o@t', 'o t' 등이 해당한다. 여기서 'o t'는 공백이 하나의 문자로 인식되었다.

또한 'go*gle'이라면 'g'로 시작하고 'o'가 0회 이상 나타나고 'gle'로 끝나는 패턴을 의미한다. 이러한 패턴에는 'ggle', 'gogle', 'goooooooooogle' 등이 있다.

?를 사용하면 앞서 지정한 패턴이 있어도 좋고 없어도 좋다는 것을 의미한다.

```
Books?
```

위 예에서 ? 앞에 있는 패턴은 's'다. 따라서 'Books?'는 'Book' 또는 'Books'를 나타낸다.

한편, '.'나 '*'처럼 특별한 의미를 담은 메타 문자를 일반 문자로서 패턴에 사용하고 싶을 때는 \를 앞에 붙여서 \.과 *처럼 쓴다. 예를 들어, C 언어에서 주석을 시작하는 기호인 /*를 grep으로 검색하고 싶은 경우에는 다음과 같이 한다.

```
$ grep '/\*' head.c
```

'\'는 셸의 입장에서도 특별한 의미를 가진 문자이기 때문에 전체 패턴을 '로 묶었다. 지금까지 소개한 정규 표현식 표기법을 표 8.1에 정리하였다.

표 8.1 정규 표현식 표기법

표기법	의미
.	임의의 한 문자
*	선행 패턴을 0회 이상 반복
?	선행 패턴을 생략 가능
\	정규 표현식의 메타 문자를 일반 문자로 사용하기 위해 앞에 붙임

위 내용은 대부분의 리눅스 명령어에서 사용할 수 있는 기본적인 표기법이다. 명령어에 따라 더 풍부한 메타 문자를 사용할 수 있다.

 ## grep 명령어 만들기 개요

그러면 실습에 들어가도록 하자. 이전 장까지는 소스 코드를 먼저 보여 주고 나서 설명을 진행했지만, 이번에는 먼저 코드의 구조를 생각해 보자. grep 명령어의 핵심 구조를 의사 코드로 기술하면 다음과 같다.

```
while ( 버퍼에 한 줄을 읽어 들인다 ) {
    if ( 읽어 들인 내용이 정규 표현식에 적합한지 확인 ) {
        버퍼의 내용을 출력
    }
}
```

head 명령어는 getc()로 1바이트씩 읽었지만, 정규 표현식에 해당하는지 여부를 확인하기 위해서는 한 줄씩 읽어 들이는 fgets()를 사용하는 것이 좋다. 그리고 읽어 들인 버퍼의 문자열이 정규 표현식에 맞는지 여부를 확인하기 위해 libc에서 제공하는 API를 사용할 것이다.

 ## libc의 정규 표현식 API

libc에서 제공하는 정규 표현식 API는 다음과 같다.

```
#include <sys/types.h>
#include <regex.h>

int regcomp(regex_t *reg, const char *pattern, int flags);
void regfree(regex_t *reg);
int regexec(const regex_t *reg, const char *string,
            size_t nmatch, regmatch_t pmatch[], int flags);
size_t regerror(int errcode, const regex_t *reg,
                char *msgbuf, size_t msgbuf_size);
```

regcomp()는 두 번째 인자로 넘어온 정규 표현식 문자열을 전용 데이터 형식 regex_t로 변환한다. 변환 결과는 첫 번째 인자 reg에 기록된다.

첫 번째 인자 reg의 메모리 영역은 호출하기 전에 할당하여 그 포인터를 전달해야 하는데, 그 외에도 regcomp()가 독자적으로 메모리를 확보하게 된다. 그것을 해제하는 API가 regfree()다. regcomp()와 regfree()는 open()과 close()처럼 늘 쌍으로 사용되는 함수다.

그리고 변환된 regex_t를 사용하여 실제로 문자열과 패턴을 조합하는 API가 바로 regexec()다. 인자로 넘긴 문자열 string이 패턴 reg에 적합할 경우 0을 반환한다. 그렇지 않은 경우에는 상수 REG_NOMATCH를 반환한다.

regcomp()는 성공하면 0을 반환하고 실패하면 에러 코드를 반환하는데, 이 에러 코드를 에러 메시지로 변환하는 함수가 regerror()다.

이 정도만 알아도 grep 명령어를 작성할 수 있다. 더 구체적인 내용이 필요한 경우에는 'man regex'를 참조하도록 한다.

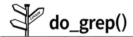 **do_grep()**

그러면 이제 실제 코드를 살펴보도록 하자. 먼저 중심이 되는 함수 do_grep()으로부터 시작하자.

코드 8.1 do_grep()

```
static void
do_grep(regex_t *pat, FILE *src)
{
    char buf[4096];

    while (fgets(buf, sizeof buf, src)) {
        if (regexec(pat, buf, 0, NULL, 0) == 0) {
            fputs(buf, stdout);
        }
    }
}
```

이 함수가 호출되는 시점에서 이미 정규 표현 패턴 문자열이 regex_t로 변환되어 있다. 이후는 스트림 src로부터 한 줄씩 읽으면서 패턴에 적합한 경우에만 출력해 주면 된다. 앞서 나온 'grep 명령어의 개요'에서 제시한 의사 코드에 해당하는 부분이다.

 **main()**

마지막으로 main()을 보도록 한다.

코드 8.2 main()

```c
int
main(int argc, char *argv[])
{
    regex_t pat;
    int err;
    int i;

    if (argc < 2) {
        fputs("no pattern\n", stderr);
        exit(1);
    }
    err = regcomp(&pat, argv[1], REG_EXTENDED | REG_NOSUB | REG_NEWLINE);
    if (err != 0) {
        char buf[1024];

        regerror(err, &pat, buf, sizeof buf);
        puts(buf);
        exit(1);
    }
    if (argc == 2) {
        do_grep(&pat, stdin);
    }
    else {
        for (i = 2; i < argc; i++) {
            FILE *f;

            f = fopen(argv[i], "r");
            if (!f) {
                perror(argv[i]);
                exit(1);
            }
            do_grep(&pat, f);
            fclose(f);
        }
    }
    regfree(&pat);
    exit(0);
}
```

main()에서는 두 가지 처리를 수행한다.

1. 정규 표현식의 패턴 문자열을 regex_t로 변환한다.
2. 읽기 위한 스트림을 준비한다.

먼저 **1**을 위해 regcomp()와 regfree()를 사용한다. 첫 번째 실행 인자를 정규 표현식으로 간주하고 regex_t로 변환한다. 에러가 발생하면 regcomp()의 반환값이 0이 아닌 경우에는 regerror()로 메시지를 출력한다. 그리고 마지막 부분에서 regfree()로 리소스를 해제하고 종료한다. regex_t를 사용하는 코드가 regcomp()와 regfree() 사이에 들어가야 하는 것에 주의하도록 한다.

2의 경우, head 명령어에서와 마찬가지로 인자의 수에 따라 stdin에서 읽을지, 아니면 인자로 지정한 파일에서 읽을 것인지 분기한다.

grep.c의 정리

grep.c의 전체 소스 코드는 코드 8.3과 같다. 이전보다 길고, 정규 표현식과 같은 새로운 개념도 등장했다. 실제로 컴퓨터에서 돌려 보며 천천히 코드를 살피는 게 도움이 될 것이다. 그리고 되도록 비슷한 예제를 많이 보면서 흐름을 파악하는 것이 중요하다.

코드 8.3 grep.c

```
#include <stdio.h>
#include <stdlib.h>
#include <string.h>
#include <sys/types.h>
#include <regex.h>

static void do_grep(regex_t *pat, FILE *f);

int
main(int argc, char *argv[])
{
    regex_t pat;
    int err;
    int i;

    if (argc < 2) {
        fputs("no pattern\n", stderr);
        exit(1);
    }
    err = regcomp(&pat, argv[1], REG_EXTENDED | REG_NOSUB | REG_NEWLINE);
    if (err != 0) {
```

```
        char buf[1024];

        regerror(err, &pat, buf, sizeof buf);
        puts(buf);
        exit(1);
    }
    if (argc == 2) {
        do_grep(&pat, stdin);
    }
    else {
        for (i = 2; i < argc; i++) {
            FILE *f;

            f = fopen(argv[i], "r");
            if (!f) {
                perror(argv[i]);
                exit(1);
            }
            do_grep(&pat, f);
            fclose(f);
        }
    }
    regfree(&pat);
    exit(0);
}

static void
do_grep(regex_t *pat, FILE *src)
{

    char buf[4096];

    while (fgets(buf, sizeof buf, src)) {
        if (regexec(pat, buf, 0, NULL, 0) == 0) {
            fputs(buf, stdout);
        }
    }
}
```

8.2 한글 문자열 처리와 국제화

그런데 우리가 작성한 grep 명령어를 한글로 된 텍스트 파일에 사용할 수 있을까? 결론부터 말하면, 한글 문자열을 고려하지 않았기 때문에 대상이 되는 파일에 따라 잘 작동하지 않을 수도 있다. 그 이유를 알려면 리눅스에서 한글을 표현하는 메커니즘에 대해 이해할 필요가 있다.

C 언어 문자열

지금까지는 무심코 C 언어의 '문자'를 다뤄 왔다면 이제 좀 더 정확하게 내부 구조를 이해할 필요가 있다. C 언어에서 문자는 사실 숫자이며, 문자열(char*형)은 숫자의 배열이다. 즉, 다음 str1과 str2는 동일한 데이터다.

```
char *str1 = "Hello, World!\n";
char str2[15] = { 72, 101, 108, 108, 111, 44, 32, 87,
                  111, 114, 108, 100, 33, 10, 0 };
```

실제로 코드를 작성해서 str1과 str2를 출력하여 확인해 보기 바란다.

문자 코드

위 예에서 문자 'H'는 숫자 '72'에 대응된다. 이러한 대응은 4장에서 공부한 ASCII 코드에 정의되어 있다. ASCII 코드표는 'man ascii'로도 볼 수 있어 프로그래밍 중에 쉽게 참조할 수 있다.

ASCII처럼 문자와 숫자의 대응을 **문자 코드**(character code)라고 한다. 문자 코드라고 하면 다소 모호한 표현이긴 한데, 일단 대략적인 개념을 설명하는 데 사용하기로 한다.

ASCII 코드는 char형을 기반으로 한 문자와 숫자의 대응표다. char형은 1바이트, 즉 8비트이기 때문에 표현할 수 있는 문자의 개수는 2의 8승, 즉 256개다. 영어를 제외한 웬만한 언어의 문자를 표현하기에는 턱없이 부족한 숫자다. 이를 해결하기 위해서는 2바이트 이상의 코드표가 필요하다. 그래서 ASCII 이외에 다른 문자 코드가 발전했다. 다음은 한글을 취급할 수 있는 문자 코드들이다.

- EUC-KR
- CP949
- UTF-8(유니코드)
- UTF-16(이것도 유니코드)

EUC-KR은 AT&T에서 아시아계 문자를 표현하기 위해 만든 확장 유닉스 코드(Extended UNIX Code, EUC)다. 2,350개의 제한된 문자만을 사용하기 때문에 일부 문자의 표현이 불가능하다. 그래서 마이크로소프트가 새로이 만든 것이 CP949다. 유니코드에 대해서는 절을 구분하여 자세히 설명하도록 하겠다.

유니코드

플랫폼에 따라 문자 코드가 다르다는 것은 누구에게나 괴로운 상황이다. 특히 인터넷 시대에 서로 다른 문자 코드가 공존한다는 것은 무척 힘든 일이다. 더욱이 예전에는 각 나라의 언어 별로 서로 다른 문자 코드를 사용했기 때문에 각각 별도로 대응해 주어야 했다. 이를테면 '영어용(ASCII)', '일본어용(Shift JIS)', '독일어용'처럼 프로그램을 나눠서 작성했다.

이런 이유로 등장한 것이 바로 **유니코드**(Unicode)다. 유니코드는 기존의 수많은 언어의 문자 코드를 대부분 포함해 문자 코드가 난립하는 상황을 해결하기 위해 고안되었다. 그러나 현실은 녹록지 않다. 유니코드에 포함되지 않은 문자도 존재하며, 특히 한자와 관련된 골치 아픈 문제들이 남아 있다. 더욱이 기존 문자열을 유니코드로 변환할 때 변환표가 운영체제나 프로그램별로 달라서 문제가 된다. 고로 유니코드를 사용한다고 해서 문자 코드에 대한 걱정이 사라지는 것은 아니다.

그래도 기존 문자 코드를 여러 개 사용하는 것보다는 훨씬 낫고, 달리 대체할 것이 없기 때문에 현재는 유니코드가 사실상 표준이 되었다. 윈도우와 맥 OS는 내부 코드를 유니코드로 통일했다. 자바(Java)와 닷넷(.NET)도 내부 코드는 UTF-16이고, 펄(Perl)이나 파이썬(Python), 고(Go), 스위프트(Swift) 등의 언어도 UTF-8을 사용한다. 또한 XML이나 YAML 같은 파일 포맷도 UTF-8이 장려되거나 UTF-8만 지원하는 방향으로 나아가고 있다.

비교적 오래전에 유니코드를 채용한 시스템은 UTF-16을 채용하고 있는 경우가 많으며, 최근에는 UTF-8이 압도적인 선호도를 자랑하고 있다. 리눅스에서도 지금은 UTF-8을 기본 문자코드로 하는 경우가 대부분이다.

문자 코드의 구체적인 의미

'문자 코드'라는 모호한 개념은 구체적으로 다음과 같이 두 가지 요소로 분해할 수 있다.

1. 부호화 문자 집합
2. 인코딩

차례대로 알아보도록 하자.

부호화 문자 집합

문자 집합(character set, charset) 또는 문자셋은 글자들의 집합이고 이 집합 안의 문자들에 음수가 아닌 정수들을 배정한 것을 **부호화된 문자 집합**(coded character set, CCS)이라 한다. 한글에서 사용되는 부호화된 문자 집합은 대략 두 가지로 나뉜다.

1. KS X 1001, 1002, 1003
2. UCS(ISO-10646)

KS X 1001의 경우 한국 산업 규격의 한국어 문자 집합으로 정식 명칭은 정보 교환용 부호계(한글 및 한자)다. 표현 영역은 0x2121~0x7E7E으로 총 8,836문자를 표현할 수 있다. 그리고 후자의 UCS는 유니코드 문자 집합이다. 한글을 포함한 각국의 문자가 포함되어 있다.

인코딩

부호화 문자 집합에 속하는 각 문자는 하나의 숫자와 대응된다. 그 번호를 실제 바이트 열로 적용할 때의 계산식이 **인코딩**(Character Encoding Scheme, CES)이다. 'EUC-KR'이나 'UTF-8'은 정확히 말하자면 바로 이 인코딩을 가리키는 것이다.

인코딩은 크게 두 가지 종류가 있다.

1. 모든 문자에 대해서 같은 바이트 수를 사용하는 인코딩
2. 문자의 종류에 따라 사용하는 바이트 수를 바꾸는 인코딩

전자를 **와이드 문자**(wide character), 후자를 **멀티 바이트 문자**(multibyte character)라고 한다. 둘 다 실제로 사용되고 있는데, 문자열의 저장 및 전송은 멀티 바이트 문자를 사용하는 것이 일반적이다. 한편, 프로세스 내에서 데이터를 처리할 때는 와이드 문자도 자주 사용된다. 와이드 문자가 처리가 수월하기 때문이다.

다시 한번 문자 코드에 대해서

여기서 내용을 정리하자면 다음과 같다. 첫째, 문자와 숫자를 대응시킨 부호화 문자 집합이 있다. 이것을 각각의 인코딩 규칙에 따라 글자에 적용하면 바이트 열이 만들어진다(그림 8.1). 이렇게 만들어진 바이트가 진정한 의미에서의 '문자 코드'다.

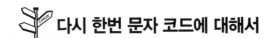

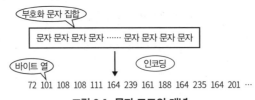

그림 8.1 문자 코드의 개념

예를 들어, EUC-KR의 문자열 표현을 살펴보자. 'Hello월드'라는 문자열을 EUC-KR로 바이트 열로 표현하면 그림 8.2와 같이 된다.

H	e	l	l	o	월				드		
72	101	108	108	111	164	239	161	188	164	235	164	201

그림 8.2 EUC-KR의 문자열 표현

ASCII 범위의 알파벳은 1바이트로, 한글 문자는 2바이트로 표시되어 있다. 문자 'H'에 숫자 72가 대응하고 있으므로 'H'의 문자 코드는 72다. 문자 '월'에는 '191 249'가 대응하고 있으므로 '월'의 문자 코드는 '191249'다.

또한, 문자에 따라 바이트 수가 다른 것에서 알 수 있듯이, EUC-KR은 멀티 바이트 인코딩이다. 반면 UTF-16은 2바이트 와이드 문자를 채용하고 있다.

현실적인 대응 방법

앞으로도 유니코드가 우세할 것은 틀림없다. 특히, 데이터 저장 및 전송에 사용되는 인코딩은 UTF-8로 결정되었다. UTF-8의 입출력만을 지원하는 프로그램도 늘어날 것이다.

문제는 지금까지 작성된 유니코드 이외의 데이터를 어떻게 처리할 것인가 하는 점이다. 인터넷을 통해 언제 어떤 인코딩의 텍스트가 들어올지 예상하기 힘들다. 따라서 문자열 처리 시스템은 항상 여러 문자 코드를 취급할 수밖에 없다고 생각하는 편이 좋을 것이다.

그러나 C 언어의 문자열에 인코딩에 대한 정보는 담겨 있지 않다. 따라서 우리는 다음 방법 중하나를 선택해야 한다.

1. 프로그램에서 사용할 문자 코드를 미리 정한다(혹은 사용자가 지정하도록 만든다).
2. 문자 코드를 추측한다.
3. 문자열을 주고받을 때 문자 코드의 이름도 넘기도록 한다.

첫 번째 방법은 미리 정해진 문자 코드만을 사용하기로 사용자와 합의하는 것이기 때문에 특별히 언급할 이야기는 없다. 이어서 두 번째인 문자 코드를 추측하는 방법은 유니코드가 등장하기 이전에는 꽤 효과적인 방법이었지만, 유니코드가 포함되면서 실패할 가능성이 커졌다. 그리고 마지막은 문자 코드의 이름을 명시적으로 전달하는 것도 좋은 방법이지만, 이름을 잘못전달하거나 모르는 경우가 있다.

결론적으로 완벽한 대처는 존재하기 힘들다. 가장 합리적인 방법은 사용할 문자 코드를 미리정하고, 그 외의 문자 코드는 이름을 넘겨줘서 처리할 수 있도록 대응하는 방법일 것이다.

국제화와 다중언어화

지금까지 설명한 것은 하나의 프로그램에서 여러 언어를 처리할 수 있도록 하기 위한 개념들이었고, 이를 **다중언어화**(multilingualization)라고 한다.

이와 비슷한 개념으로 프로그램의 여러 요소를 지역의 관습에 맞추는 작업도 있다. 이것을 **지역화**(localization)라고 한다. 예를 들어, 메시지를 사용자가 원하는 언어로 표시하거나 날짜와 시간을 지역의 관습에 맞춰 표시하는 경우다. 또한 실행 시에 해당 지역을 전환할 수 있게 하는 것을 **국제화**(internationalization)라고 한다.

참고로 국제화를 I18N이라고 부르기도 한다. 'internationalization'라는 단어의 첫 번째 I와 마지막 N 사이에 알파벳 18자가 있어 그렇게 부른다. 마찬가지로, 다중언어화를 **M17N**, 지역화를 **L10N**이라 부르기도 한다.

C 언어에서 국제화의 기본 구조는 **로케일**(locale)이다. 국가, 언어, 문자의 조합이 로케일이며, 예를 들면 한글 UTF-8의 경우 'ko_KR.UTF-8' 로케일을 사용한다. ko가 한글, KR이 한국이라는 지역, UTF-8이 유니코드(UTF-8 인코딩)를 의미한다.

로케일은 사용자 입장에서는 환경 변수 LANG 및 LC_ALL, LC_TIME 등으로 지정되어 있으며, 프로세스가 setlocale(3)를 호출하면 라이브러리 함수의 동작이 로케일에 따라 변화한다. 동작이 변하는 함수의 예로는 printf(3), scanf(3), strtol(3), strftime(3) 등이 있다.

로케일의 구조는 일반적으로 바람직한 기능이지만, 전체 프로세스에 영향을 주기 때문에 프로그램을 작성하기 어려울 수 있다. 16장에서 그 예를 만나볼 수 있다.

 ## 다중언어 처리와 국제화를 위한 라이브러리

국제화와 다중 언어 문자열 처리에 사용할 수 있는 라이브러리를 몇 가지 소개한다.

● libc 로케일 메커니즘

setlocale()이 로케일의 기본 API다. 이어서 설명할 wchar 라이브러리를 사용할 때도 필요하다.

● libc 와이드 문자 관련 루틴(wchar)

libc에는 ANSI C로 규정되어 있는 와이드 문자용 문자열 API가 있다. strlen()이나 strcpy()와 같은 기본 API의 와이드 문자 버전이 있다. wchar API에 대해서는 GNU libc 도큐먼트에 비교적 자세히 나와 있다. 또한, 이 책의 깃허브에서 wchar 버전의 grep(wgrep.c)을 업로드했으니 참고하기 바란다.

● iconv

iconv는 문자 코드 간 상호 변환을 위해 사용하는 라이브러리다. 예를 들면 EUC-KR과 UTF-8

등의 변환을 수행할 수 있다. 리눅스에서는 GNU libc에 iconv가 포함되어 있기 때문에 도큐먼트도 libc의 info에 들어 있다.

● gettext

gettext는 프로그램의 메시지를 국제화하기 위한 라이브러리다. 미리 번역한 메시지를 준비해두면 소스 코드에 직접 써있는 문자열을 대체하여 해당 언어에 맞게 메시지를 출력할 수 있다.

● PCRE

PCRE(Perl Compatible Regular Expresssions)는 UTF-8에 대응하는 정규 표현 라이브러리다. 이장에서 소개한 libc 정규 표현에 더하여 Perl5 확장 정규 표현에도 대응하고 있다.

gcc와 한글

최근 gcc의 국제화가 진행되어서 문자열 리터럴이나 코멘트 내부에는 한글을 사용할 수 있게되었다. 그러나 그 외에서는 사용할 수 없다. 예를 들어 코드에 UTF-8로 한글을 입력하면 C언어 문법 위반이 되어 컴파일 에러가 발생한다.

8.3 연습문제

1. grep 명령어에 있는 -I 옵션과 -v 옵션을 이 장에서 작성한 grep 명령어에 추가한다.

2. 정규 표현식에 해당하는 줄 전체를 출력하는 것이 아니라, 해당하는 문자열만을 출력하는 명령어 slice를 작성하라. 이를 위해서는 regexec()의 세 번째 인자와 네 번째 인자를 사용해야 한다. 문서를 찾아보면서 진행하자.

※ 해답은 이 책의 깃허브에서 확인 가능

제 9 장

리눅스의 디렉터리 구조

앞선 네 장에 걸쳐서 리눅스의 스트림에 대해 알아봤다. 이번 장부터는 파일 시스템에 대해 알아볼 것이다. 그 전에 먼저 리눅스의 디렉터리 구조에 대해 살펴보자.

9.1 기본적인 구조

리눅스 파일 시스템은 루트 디렉터리를 시작으로 계층 구조로 구성된다. 전형적인 트리 자료 구조를 따르는데, 쉽게 말해 윈도우즈 탐색기에서 왼쪽에 표시되는 모양을 떠올리면 된다. 이를 **디렉터리 트리**(directory tree)라고도 한다. 이번 장에서는 리눅스의 주요 디렉터리의 용도에 대해 알아볼 것이다.

디렉터리 표준 규격

유닉스의 긴 역사 동안 파생된 운영체제별로 디렉터리 트리 구조에 차이가 있다. 또한 리눅스 배포판 사이에도 상당한 차이가 있는데, 이러한 차이점이 일으키는 불편함으로 인해 디렉터리 구성을 통일하자는 움직임이 나왔다. 그래서 나온 것이 디렉터리 트리의 표준 규격인 **FHS**(File system Hierarchy Standard)다. 이 장에서는 이 FHS 버전 3.0을 기반으로 주요 디렉터리와 그 쓰임을 설명하도록 하겠다.

루트 디렉터리

디렉터리 트리의 뿌리이면서 가장 위에 있는 디렉터리가 '/'(루트 디렉터리)다. 루트 디렉터리가 없으면 리눅스는 부팅조차 할 수 없다.

루트 디렉터리에는 /bin, /sbin, /lib (/lib64), /etc, /dev, /proc와 같은 중요 디렉터리가 있으며, 최근의 리눅스에는 /sys가 있다. 이들 디렉터리가 갖추어지지 않은 경우, 시스템은 제대로 동작하지 않는다.

bin 디렉터리

일반적으로 '.../bin'이라는 이름의 디렉터리에는 실행 파일(명령어)이 보관된다. 그래서 /bin에는 부팅할 때 필요한 시스템의 기본 명령어가 있고, /usr/bin에는 그 외의 일반 사용자를 위한 명령어가 있다. 그러나 최근에는 /bin이 /usr/bin에 심볼릭 링크되어 있어 구별하지 않는 경우도 있다.

/bin과 /usr/bin은 배포판이 관리하는 디렉터리이므로 패키지 시스템을 사용하지 않으며, 직접 설치하는 명령어는 /usr/local/bin 등에 보관하는 것이 바람직하다.

sbin 디렉터리

일반적으로 '.../sbin'이라는 이름의 디렉터리에는 관리자용 명령어들이 위치한다. /sbin에는 부팅할 때 필요한 관리자용 명령어들이 있다. /usr/sbin에는 평상시 사용하는 시스템 관리 명령어나 서버 프로그램이 배치된다.

lib 디렉터리

일반적으로 '.../lib' 및 '.../lib64'와 같은 이름의 디렉터리에는 라이브러리(libxxx.so, libxxx.a)가 있다. C 언어 라이브러리 외에도 펄이나 루비, 파이썬 등의 라이브러리를 보관하기도 한다.

lib와 lib64 디렉터리의 사용 방법은 배포판에 따라 아주 다르다. 예를 들어 우분투에서는 lib64 디렉터리를 거의 사용하지 않고, /lib/x86_64-linux-gnu처럼 lib 디렉터리 밑에 한 단계 디렉터리를 만들어 각종 라이브러리를 배치하고 있다. 한편, CentOS에서는 64비트 라이브러리를 lib64 디렉터리 밑에 두고, 32비트 라이브러리나 아키텍처 독립적인 파일을 lib 디렉터리에 둔다. 이쪽이 상용 유닉스나 리눅스의 전통적인 디렉터리 구조에 가깝다.

/lib와 /usr/lib를 구분하는 규칙은 bin과 동일하며, 부팅 시에 필요한지 여부에 따라 갈리게 된다.

/lib와 /usr/lib도 배포판이 관리하는 디렉터리이므로 패키지 시스템을 사용하지 않으며, 직접 설치하는 라이브러리는 /usr/local/lib 등에 두는 것이 바람직하다.

9.2 /usr 디렉터리

/usr 디렉터리 밑에는 기본적으로 여러 컴퓨터에서 공유할 수 있는 파일을 보관한다. /usr/bin, /usr/lib, /usr/sbin 등 평소 리눅스를 사용할 때 빠뜨릴 수 없는 디렉터리가 다수 존재한다.

'여러 시스템에서 공유할 수 있다'는 말은 다음과 같은 의미를 가진다. 대학과 기업 등에서는 구성원들이 사용하는 복수의 머신이 **네트워크 파일 시스템**(network file system)을 통해 특정 컴퓨터의 파일 시스템을 네트워크를 통해 마운트하여 사용하는 경우가 있다. 대표적인 네트워크 파일 시스템으로는 **NFS**나 **SAMBA**가 있다.

한 대의 강력한 시스템을 준비해서 /usr에 필요한 소프트웨어나 파일을 놓고, 복수의 시스템이 원격 /usr을 마운트해서 사용하게 한다. 그러면 복수의 컴퓨터에서 동일한 프로그램이나 라이브러리를 사용할 수 있게 되는 것이다.

이것이 가능하도록 /usr에 넣는 데이터는 공유할 수 있는 것만으로 해둘 필요가 있다. 반대로 공유할 수 없는 파일은 뒤에서 설명할 /var에 보관된다.

참고로 usr의 어원은 user가 아니고 'User Services and Routines'다. 그러나 대부분의 사람들이 usr을 '유저'라고 읽는다.

 /usr/src 디렉터리

/usr/src에는 시스템에서 사용되는 명령어의 소스 코드나 리눅스 커널의 소스 코드가 보관되어 있다. 직접 작성한 프로그램의 소스 코드는 여기에 보관하지 않도록 한다.

/usr/include 디렉터리

/usr/include에는 시스템의 헤더 파일들이 있다. 특히, 커널의 헤더 파일이 /usr/include/linux에 보관된다. 전통적인 유닉스 계열의 운영체제에서는 /usr/include/sys 밑에 커널의 헤더 파일이 보관되지만, 리눅스는 커널과 libc의 관리자가 다르기 때문에 약간 다른 구조를 띤다.

/usr/share 디렉터리

/usr/share에는 아키텍처(CPU 종류)에 의존하지 않아서 서로 다른 아키텍처에서도 공유할 수 있는 파일들이 있다. 전형적인 예가 바로 도큐먼트다. man이나 info의 데이터가 /usr/share 밑에 있다.

 /usr/share/man 디렉터리

/usr/share/man에는 man 페이지의 데이터가 있다. 배포판에 따라 /usr/man에 보관하기도 하지만, FHS에는 /usr/share/man에 보관하는 것으로 되어 있다.

/usr/share/man 밑에는 man1, man2, man3…이 있으며, 뒤에 붙어 있는 번호가 섹션 번호다. 예를 들어, 섹션 1의 man 페이지는 /usr/share/man/man1에 있다.

각 섹션의 디렉터리 안에는 실제 man 페이지가 파일로 나열되어 있다. 파일 이름은 '도큐먼트 이름.섹션' 형식이다. 예를 들어 cp 명령어의 man 페이지는 /usr/share/man/man1/cp.1이다. printf 함수의 man 페이지는 /usr/share/man/man3/printf.3이다. 배포판에 따라서는 gzip으로 압축되어 /usr/share/man/man1/cp.1.gz나 /usr/share/man/man3/printf.3.gz로 되어 있을 수도 있다. man 페이지는 roff라는 텍스트 형식으로 작성되어 있다.

/usr/local 디렉터리

/usr/local 밑에는 /usr을 거울로 비춘 것처럼 bin, sbin, lib, share 등의 디렉터리가 줄지어 있다. /usr 디렉터리와 다른 점은 파일의 관리 주체다. /usr은 배포판이 관리하고, /usr/local은 각 시스템의 관리자(혼자 사용하는 시스템이라면 여러분 본인)에게 관리 책임이 있다. 즉, 각 시스템 관리자는 /usr 바로 밑에 있는 파일을 배치하거나 삭제하지 말아야 하며, 배포판은 /usr/local 밑에 파일을 배치해서는 안 된다.

또한, 리눅스에서는 일반적으로 /usr/local 밑에 bin이나 lib 디렉터리가 하나 있어 모든 패키지가 그곳에 배치되는데, 운영체제에 따라서는 '/usr/local/패키지명' 밑에 패키지별로 bin이나 lib 디렉터리를 배치하는 경우도 있다. 또한, 최근에는 /opt를 같은 목적으로 사용하는 경우도 종종 있다.

어느 한 가지 스타일로 통일되지 않은 이유는 각각의 장단점이 있기 때문이다. 전체 패키지를 하나의 폴더에 배치하면 PATH 설정이 편리해지는 반면, 다른 패키지의 파일을 실수로 지워버릴 가능성이 있어 삭제가 번거로워진다. 한편 '/usr/local/패키지명'이나 '/opt/패키지명'으로 설치하면 패키지 관리는 편해지지만, 개별 디렉터리에 PATH를 걸지 않으면 안 된다.

9.3 /var 디렉터리

/var은 자주 바뀌는 파일을 저장하기 위해 사용한다. 그래서 여러 컴퓨터에서 공유하는 파일을 저장하기에는 적합하지 않다.

리눅스 데스크톱을 사용할 때는 /var을 신경 쓸 일이 별로 없을 것이다. 그러나 서버 입장에서는 로그나 메일 박스가 위치하기 때문에 매우 중요하다.

/var/log 디렉터리

/var/log에는 주로 서버의 프로세스가 쓰는 로그 파일이 저장된다. 로그 파일이란, 프로그램에서 발생하는 이벤트가 기록되는 파일을 말한다. 예를 들어, 메일 서버의 경우 메일을 수신하거나 송신할 때 로그를 남긴다. 로그에 대해서는 17장에서 다시 알아볼 것이다.

/var/spool 디렉터리

/var/spool에는 사용자 메일(/var/spool/mail)이나 프린트 입력(/var/spool/cups)이 일시적으로 저장된다.

/var/run 디렉터리

/var/run에는 실행 중인 서버 프로세스의 프로세스 ID가 저장된다. 이러한 파일을 **PID 파일**(PID file)이라고 한다. 서버를 만들 때는 기동 시에 이 디렉터리에다 프로세스 ID를 기록하고, 종료할 때는 제거해 주는 것이 일종의 매너다.

예를 들어 inetd라는 서버의 경우, 기동 시에 /var/run/inetd.pid에 자신의 프로세스 ID를 기록한다. 내용은 프로세스 ID가 텍스트로 적혀 있을 뿐이어서 셸에서도 쉽게 활용할 수 있다.

```
# cat /var/run/inetd.pid
76
```

이를 응용해서 다음과 같이 inetd에 HUP 시그널을 보내, 설정 파일을 다시 읽도록 할 수 있다.

```
# kill -HUP `cat /var/run/inetd.pid`
```

여기서 작은따옴표(')가 아니라 역따옴표(`)를 사용했음에 주목한다. 역따옴표를 사용하면 해당 부분을 먼저 실행한 출력값이 그 자리에 들어가게 된다. 즉, 이 경우는 'kill-HUP 76'을 실행하게 되는 것이다.

최근에는 /var/run이 /run으로 이동하고, /var/run은 단지 /run에 대한 심볼릭 링크가 되었다. /run이 새롭게 추가된 이유는, 운영체제를 재부팅할 때 사라져도 좋은 디렉터리를 /var에서부터 분리하기 위해서다.

9.4 루트 밑의 주요 디렉터리

/etc 디렉터리

/etc에는 각 시스템의 설정 파일이 보관된다. 예를 들어 /etc/fstab 및 /etc/hosts 등이다. 옛날에는 /etc가 이름 그대로 etc(기타 등등)의 의미로 사용되어, cron이나 init 등이 보관되었다. 지금도 일부 유닉스는 /etc/cron이라는 심볼릭 링크가 존재한다.

/dev 디렉터리

/dev에는 디바이스 파일이 있다. 세상에 존재하는 모든 종류의 디바이스 파일을 여기에 두는 것이 유닉스의 전통적인 방식이지만, 리눅스 2.4 이후부터는 시스템에 존재하는 디바이스 파일만을 그때마다 작성하는 **devfs**(Device File System)가 도입되었다. 하지만, devfs는 USB와 같은 동적 디바이스 대응이 잘 이루어지지 않는 문제가 있어 리눅스 2.6부터는 **udev**라는 구조가 도입되었다.

devfs나 udev가 등장한 이유는 예전에 비해 커널이 지원하는 하드웨어가 너무 많아졌기 때문이다. 사전에 모든 하드웨어에 대응하는 디바이스 파일을 만드는 것이 부담스러워진 것이다. 한편, devfs는 커널의 일부로 구현되어 있지만, udev는 커널 밖에 구현되어 있다.

/proc 디렉터리

/proc에는 일반적으로 프로세스 파일 시스템(Process File System, procfs)이 탑재된다. 프로세스 파일 시스템은 말 그대로 프로세스를 파일 시스템에 표현한 것이다. 예를 들어, process id가 1인 프로세스의 정보를 얻고 싶다면 디렉터리 /proc/1을 보면 된다.

```
$ ls -F /proc/1
attr/            cpuset      limits       net/          projid_map  stat
autogroup        cwd@        loginuid     ns/           root@       statm
auxv             environ     map_files/   numa_maps     sched       status
cgroup           exe@        maps         oom_adj       schedstat   syscall
clear_refs       fd/         mem          oom_score     sessionid   task/
cmdline          fdinfo/     mountinfo    oom_score_adj setgroups   timers
comm             gid_map     mounts       pagemap       smaps       uid_map
coredump_filter  io          mountstats   personality   stack       wchan
$ cat /proc/1/statm
46339 1110 709 348 0 37310 0
```

이처럼 cat 명령어 등을 사용하여 출력해 보면 프로세스들의 다양한 정보를 실시간으로 얻을 수 있다.

프로세스 파일 시스템은 원래 디버깅을 위해 만들어졌는데, 현재는 ps와 같은 프로세스 관련 명령어들이 활용하고 있다. 또한, 언제부턴가 프로세스 정보 이외에도 커널의 정보를 실시간으로 출력하는 용도로도 사용할 수 있게 되었다.

한번 /proc에서 ls 명령어를 실행해 보기 바란다. 이름이 숫자만으로 된 디렉터리 외에도 다른 파일이 있을 것이다. 이름이 숫자인 디렉터리는 프로세스에 대응되지만, 그 외의 파일들은 프로세스와 관계없는 정보다. 예를 들어 /proc/scsi에는 시스템에 연결된 SCSI 디바이스의 정보가 있으며, /proc/partitions에는 다음과 같이 시스템에 존재하는 파티션의 목록이 있다.

```
$ cat /proc/partitions
major minor  #blocks  name

   8      0  67108864 sda
   8      1  66059264 sda1
   8      2         1 sda2
   8      5   1046528 sda5
  11      0   1048575 sr0
  11      1   1048575 sr1
```

프로세스 파일 시스템을 통해 프로세스의 정보를 얻을 수 있지만, 반대로 커널에 뭔가를 지정하는 데 사용할 수도 있다. 예를 들어 /proc/sys/kernel/hostname 파일을 읽으면 현재의 호스트 이름을 얻을 수 있는데, 반대로 호스트 이름을 여기에 쓰면 그대로 반영된다.

프로세스 파일 시스템의 각 파일의 역할과 형식은 'man 5 proc'에서 확인할 수 있다.

/sys 디렉터리

procfs에 프로세스와 관계없는 정보들이 탑재되기 시작하면서 시스템 관련 정보를 별도로 제공하기 위해 리눅스 2.6부터 sysfs라는 새로운 파일 시스템이 추가되었다. 이 sysfs를 탑재하는 디렉터리가 /sys다. 시스템에 존재하는 디바이스나 디바이스 드라이버의 정보를 얻을 수 있다.

/boot 디렉터리

리눅스 커널은 'vmlinuz'라는 파일에 담겨 있다. 원래 유닉스에서는 unix라는 이름이었는데, BSD에서 가상 메모리 메커니즘을 포함할 때 vmunix로 바꾸었다. 리눅스에서는 vmlinux로 바뀌었고, 이를 압축하게 되면서 끝이 z가 되어 vmlinuz가 되었다.

유닉스의 전통상 원래 커널 프로그램은 루트 디렉터리에 직접 보관했는데, 최근에는 /boot에 보관하게 되었다.

/root 디렉터리

슈퍼 사용자의 홈 디렉터리가 /root다. 이것도 예전의 유닉스에는 존재하지 않았고, 루트 디렉터리가 슈퍼 사용자의 홈 디렉터리였다.

/tmp, /var/tmp 디렉터리

때로는 임시로 어딘가에 파일을 만들고 싶은 경우가 있다. 예를 들어, 두 명령어의 출력을 diff로 비교하고 싶다고 생각해 보자. 그러려면 적어도 하나는 파일에 저장해 놔야 diff를 실행할 수 있다. 바로 이런 경우에 /tmp를 사용한다. 두 명령어의 출력을 일단 /tmp 밑에 저장하고, 그것을 diff 명령어로 비교하면 되는 것이다.

일시적으로 파일을 만들기 위한 디렉터리로는 /tmp 이외에 /var/tmp도 있다. 둘의 목적은 같으나 저장 기간이 다르다. /tmp는 리부팅하면 삭제될 수 있으나, /var/tmp는 리부팅해도 삭제되지 않는다. 구체적인 예로 vi의 복구 파일이 /var/tmp에 저장된다.

홈 디렉터리

일반 사용자의 홈 디렉터리는 셸에서 환경변수 $HOME으로 접근이 가능하다. 그 위치는 보통 '/home/사용자명'이지만, 꼭 그런 것만은 아니다. 큰 조직에서는 /home1, /home2처럼 뒤에 숫자를 붙이는 경우도 있다.

따라서 프로그램에서 홈 디렉터리를 액세스할 경우에는 /home이라고 가정하여 하드코딩하지 말고 전용 API를 사용해야 한다. 자세한 내용은 14장에서 설명한다.

9.5 디렉터리를 구분하는 기준

디렉터리 트리에 대해 간략하게 소개하면서 중간마다 디렉터리가 구분되는 기준에 대해서도 언급하였다. 디렉터리를 구분하는 기준을 정리해 보면 다음과 같다(표 9.1).

표 9.1 디렉터리 구분 기준

관점	○	X
복수의 호스트에서 공유하는지 여부	/usr	/var
읽기 전용으로 운영되는지 여부	/usr	/var
아키텍처에 의존적인지 여부	/usr/lib	/usr/share
배포자가 관리하는지 여부	/usr	/usr/local
리부팅해도 남아 있는지 여부	/var/tmp	/tmp

이외에 중요한 관점으로서는 다음과 같은 것들이 있다.

- 백업이 필요한지 여부(변하는지, 복구가 필요한지 여부)
- 사용자별로 필요한지, 시스템당 하나만 있으면 되는지 여부(예 설정 파일)
- 권한을 나눠야 하는지 여부
- 셸에서 glob 패턴으로 지정할 수 있으면 편리한지 여부

파일과 디렉터리 정리에 집착하지 않도록

가끔 파일과 디렉터리 관리에 많은 시간과 정성을 들이는 사람들이 있다. 파일의 종류나 생성 시간별로 디렉터리를 몇 단계로 구성하여 깨끗하게 정리 정돈하는 것이다. 그러나 깊이가 깊고 세부적인 디렉터리를 구성하기 위해서는 시간을 불필요하게 할애하는 것은 바람직하지 않다. 필요한 파일을 빠르게 찾기 위해서라면 리눅스의 find나 grep 명령어를 잘 활용하면 파일을 쉽게 찾을 수 있다.

제 10 장

파일 시스템 관련 API

이번 장에서는 파일 시스템을 조작하는 API를 소개한다. API를 사용하여 디렉터리, 파일명(경로), 메타 정보를 다루는 방법을 알아보자.

10.1 디렉터리 내용 읽어 들이기

먼저 디렉터리 엔트리(Directory Entry)를 리스트(list)하는 API를 소개하도록 하겠다. 디렉터리도 기본적으로 일반적인 파일과 비슷하다. 즉, open()하고 read()한 후 close()하면 된다.

디렉터리를 읽으면 디렉터리에 담긴 파일들의 정보를 얻을 수 있다. 파일 한 개당 하나의 구조체에 대응되어, 디렉터리를 읽으면 구조체의 배열을 얻을 수 있다(그림 10.1).

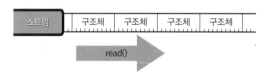

그림 10.1 디렉터리에 연결된 스트림

즉, 디렉터리는 바이트 배열임과 동시에 구조체의 배열인 것이다. 이 구조체를 **디렉터리 엔트리** (Directory Entry)라고 한다.

리눅스의 디렉터리 API는 디렉터리 엔트리 배열 단위로 조작하는 API를 제공하여 개발자가 편리하게 사용할 수 있다. 이 API는 일반적인 파일을 취급하는 API와 비슷하게 open, read 그리고 close의 조작이 있다. 각각 opendir(), readdir(), closedir()이다. 차례대로 살펴보도록 하자.

opendir(3)

```
#include <sys/types.h>
#include <dirent.h>

DIR *opendir(const char *path);
```

opendir()은 path로 지정한 디렉터리를 읽기 위해 open하고 DIR 타입에 대한 포인터를 반환한다. DIR 타입은 디렉터리를 읽어 들이기 위한 스트림을 관리하는 구조체로, 파일을 읽을 때 사용한 FILE 타입에 대응하는 개념이라 생각하면 된다.

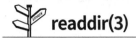

readdir(3)

```
#include <sys/types.h>
#include <dirent.h>

struct dirent *readdir(DIR *d);
```

readdir()은 디렉터리 스트림 d로부터 엔트리를 하나씩 읽어 들여 struct dirent(DIRectory ENTry) 타입으로 반환한다. 더 읽을 엔트리가 없거나 읽어 들이는 데 실패하면 NULL을 반환한다.

struct dirent의 내용은 운영체제에 따라 다른데, 리눅스에는 적어도 엔트리의 이름에 해당하는 'char *d_name'이 있다. d_name은 '\0'을 마지막에 담고 있는 문자열이라 printf()나 fputs()에서 그대로 사용할 수 있다. readdir()가 반환한 포인터는 다시 호출했을 때 덮어 쓰이므로 주의해야 한다.

closedir(3)

```
#include <sys/types.h>
#include <dirent.h>

Int closedir(DIR *d);
```

closedir()은 디렉터리 스트림 d를 닫는 함수다. 성공하면 0을, 실패하면 -1을 반환한다.

이 외에도 파일을 다룰 때 사용한 fseek()와 ftell()에 대응하는 seekdir()와 telldir()도 있으나, 사용 빈도가 낮아 설명을 생략한다. 필요한 경우 man 페이지를 참고하기 바란다.

ls 명령어 만들기

앞서 배운 API를 활용하여 엔트리의 이름(즉, 파일명)을 표시하는 간단한 ls 커맨드를 만들어 보자(코드 10.1).

코드 10.1 ls.c

```c
#include <stdio.h>
#include <stdlib.h>
#include <sys/types.h>
#include <dirent.h>

static void do_ls(char *path);

int
main(int argc, char *argv[])
{
    int i;

    if (argc < 2) {
        fprintf(stderr, "%s: no arguments\n", argv[0]);
        exit(1);
    }
    for (i = 1; i < argc; i++) {
        do_ls(argv[i]);
    }
    exit(0);
}

static void
do_ls(char *path)
{
    DIR *d;
    struct dirent *ent;

    d = opendir(path);           /* ① */
    if (!d) {
        perror(path);
        exit(1);
    }
    while (ent = readdir(d)) {    /* ② */
        printf("%s\n", ent->d_name);
    }
    closedir(d);                 /* ①' */
}
```

main()의 내용은 이미 잘 알고 있으리라 생각되므로 곧바로 do_ls() 설명으로 넘어가겠다.

① 먼저 경로(path)에 있는 디렉터리를 opendir()로 연다. 여기서 path가 존재하지 않거나 디렉터리가 아니어서 NULL이 반환된 경우 exit()한다. 이번에 perror()가 필요한 곳은 한 곳뿐이라서 따로 die() 함수를 정의하지 않았다.

①' opendir()을 호출했으면 반드시 closedir()을 호출해 줘야 한다.

② 더 읽어 들일 엔트리가 없을 때까지(즉, NULL이 반환될 때까지) readdir()을 반복해서 사용하여 이름을 출력한다.

작성한 ls 커맨드 실행 예

방금 만든 ls 명령어를 사용해 보자. 시스템의 ls 커맨드와는 달리 인자가 필요하므로 주의하자.

```
$ ./ls .
..
ls.c
.
ls
```

'.'와 '..'의 의미는 알고 있을 것이다. '.'은 현재 위치의 디렉터리를 의미하며, '..'은 한 단계 위의 디렉터리를 의미한다. 시스템의 ls 커맨드는 -a 옵션을 사용하지 않는 한 '.'으로 시작하는 엔트리를 표시하지 않으므로, 일반적으로는 '.'와 '..'은 표시되지 않는다. 그러나 이것은 어디까지나 ls 커맨드가 그렇게 구현한 것이고, readdir()의 결과에는 포함되어 있다.

그리고 readdir()의 결과는 이름순으로 정렬되어 있지 않다. 시스템의 ls 커맨드의 경우 자체적으로 이름순 정렬하여 출력하고 있는데, -U 옵션을 추가하면 정렬하지 않고 출력한다. 직접 확인해 보기 바란다.

디렉터리 트리의 순회

지금까지는 디렉터리 밑에 있는 파일에 접근하는 방법을 설명했다. 그러나 디렉터리 안에는 또 다른 디렉터리가 있을 수 있는데, 그 안까지 접근하고 싶은 경우, 즉 재귀적으로 접근하고 싶은 경우도 있을 것이다. 이러한 조작을 '디렉터리 트리 **순회**(traverse)'라고 한다.

기본적으로는 순회할 때도 opendir(), readdir(), closedir()의 세 가지를 사용해서 꾸준히 디렉터리를 타고 들어가면 된다. 단, 이때 주의해야 할 점이 몇 가지 있다.

우선, 조금 전에 살펴본 '.'와 '..'의 존재다. 이것을 잊고서 다음과 같이 프로그램을 작성해 버리는 경우가 있다.

```
void
traverse(path)
{
    DIR *d = opendir(path);
    struct dirent *ent;

    while (ent = readdir(d)) {
        if /* ent가 디렉터리이면 */ {
            traverse(path/ent);
        }
        /* 처리 */
    }
}
```

어디가 잘못되어 있을까? 먼저 이 함수는 '.'를 배제하지 않으므로 'dir', 'dir/.', 'dir/./.', 'dir/././.', 'dir/./././.'… 순서로 추적하게 되어 무한 재귀에 빠진다. 또한, '..'을 배제하지 않았으므로 결국 루트 디렉터리까지 거슬러 올라가게 되어 파일 시스템 전체를 순회하게 된다. 이 문제를 회피하려면 명시적으로 '.'와 '..'를 제외해야 한다.

두 번째로는 심볼릭 링크(symbolic link)를 고려하지 않았다. 예를 들면 처리 중인 디렉터리 안에 루트 디렉터리를 가리키는 심볼릭 링크가 있다면 어떻게 될까? 위와 같이 작성한 코드에서는 루트 디렉터리로 처리가 이동하고, 그 안에서 또 루트 디렉터리를 가리키는 심볼릭 링크가 있으면 무한 루프에 들어가게 된다. 이 문제를 피하기 위해서는 뒤에 서술하는 lstate()를 사용해 심볼릭 링크를 명시적으로 제외할 필요가 있다.

이렇듯 디렉터리 트리 순회 코드는 꽤 주의해서 작성해야 한다. GNU libc에는 디렉터리 트리를 순회하는 fts(3)라는 API가 있으나, 이것은 이식성이 낮기 때문에 되도록 사용하지 않는 것이 좋다. 착실하게 디렉터리 트리를 순회하는 샘플 코드를 이 책의 깃허브 리포지토리에 공개하였으니 참고하기 바란다.

10.2 디렉터리 만들기

이번에는 디렉터리를 만드는 방법에 대해 알아보도록 하자.

mkdir(2)

```
#include <sys/stat.h>
#include <sys/types.h>

int mkdir(const char *path, mode_t mode);
```

mkdir()은 path로 지정한 디렉터리를 만든다. 성공하면 0을 반환하고, 실패하면 -1을 반환하고 errno를 설정한다.

두 번째 인자인 mode에는 권한을 지정한다. 단, 여기서 지정된 값이 그대로 권한이 되는 것은 아니고, 먼저 umask라는 값과 비트 연산이 이루어진다. 이 점에 대해서는 잠시 후에 설명하겠다.

mkdir()은 다른 시스템 콜에 비해 꽤 빈번하게 실패하는데, 많이 발생하는 실패 원인은 다음과 같다.

- **ENOENT**
  상위 디렉터리가 없다(예 mkdir("/usr/src/hello", 0)에서 /usr/src가 없는 경우).
- **ENOTDIR**
  path로 지정한 상위 디렉터리가 디렉터리가 아니다(예 mkdir("/usr/src/hello", 0)에서 /usr/src가 파일인 경우).
- **EEXIST**
  path로 지정한 경로에 이미 파일이나 디렉터리가 존재한다(예 mkdir("/usr/src/hello", 0)에서 /usr/src/hello가 이미 존재한다).
- **EPERM**
  상위 디렉터리에 대한 변경 권한이 없다(예 mkdir("/usr/src/hello", 0)에서 /usr/src에 쓰기 권한이 없다).

umask

mkdir()이나 open()을 사용할 때 만들어질 파일의 권한을 지정할 수 있지만, 두 경우 모두 지정한 값이 그대로 사용되는 것은 아니다. umask를 사용해서 변경된 값이 사용된다.

umask는 프로세스의 속성 중 하나로, 가장 일반적인 값은 8진수 022다.

open()이나 mkdir()에서 실제로 사용되는 권한은 C 언어로 표현하면 'mode & ~umask'로 계산된다. 즉, 인자로 지정한 mode로부터 umask에 포함되는 비트를 빼는 것이다. 예를 들어 인자로 지정한 mode가 0777이고 mask가 022라면, 실제 권한은 0755가 된다(그림 10.2).

```
                    r w x   r w x   r w x
mode  = 777 : 1 1 1   1 1 1   1 1 1
umask = 022 : 0 0 0   0 1 0   0 1 0
------------------------------------------
결  과 = 755 : 1 1 1   1 0 1   1 0 1
```

그림 10.2 umask 계산

umask(2)

umask 값은 시스템 콜 umask()로 변경할 수 있다.

```
#include <sys/types.h>
#include <sys/stat.h>

mode_t umask(mode_t mask);
```

umask()는 프로세스의 umask 값을 mask로 변경하고, 직전까지의 umask 값을 반환한다. umask()는 절대로 실패하지 않는다.

mkdir 명령어 작성하기

시스템 콜 mkdir()을 사용해서 mkdir 명령어를 만들어 보자. 이번에는 아주 간단하다(코드 10.2).

코드 10.2 mkdir

```c
#include <stdio.h>
#include <stdlib.h>
#include <sys/stat.h>
#include <sys/types.h>

int
main(int argc, char *argv[])
{
    int i;

    if (argc < 2) {
        fprintf(stderr, "%s: no arguments\n", argv[0]);
        exit(1);
    }
    for (i = 1; i < argc; i++) {
        if (mkdir(argv[i], 0777) < 0) {
            perror(argv[i]);
            exit(1);
        }
    }
    exit(0);
}
```

특별히 설명이 필요한 점은 없을 것이다. 사용 예는 다음과 같다.

```
$ ./mkdir dir
$ ls
dir  mkdir  mkdir.c
$ ./mkdir dir  ◀── 동일한 이름의 디렉터리를 만들어 본다
dir: File exists
$ ./mkdir  ◀── 실행 인자를 주지 않고 실행해 본다
./mkdir: no arguments
```

디렉터리 트리 만들기

예를 들어 /usr/local/bin에 프로그램을 설치하고 싶다고 하자. 일반적으로 리눅스에는 /usr/local/bin이 존재하기 때문에 /usr/local/bin/xxx를 open()해도 문제가 되지 않는다. 그러나 /usr/local/bin이 없는 시스템에서는 에러가 발생한다. 따라서 그런 시스템을 고려하여 순차적으로 /usr, /usr/local과 /usr/local/bin을 확인해 가면서 없을 경우에는 만들어 줄 필요가 있다.

만약 시스템에 있는 mkdir 명령어를 쓴다면 'mkdir -p /usr/local/bin'만으로 끝낼 수 있지만, 시스템 콜 수준에서는 이 작업을 한 번에 끝낼 수 있는 API가 없다. 번거롭지만 위에 설명한 것처럼 순차적으로 디렉터리를 만들어 갈 수밖에 없다. 이번 장의 연습문제로 기재해 두었으니 구현해 보기 바란다.

 **10.3** 디렉터리 삭제하기

이번에는 디렉터리를 삭제하는 시스템 콜인 rmdir()에 대해 알아보자.

 rmdir(2)

```
#include <unistd.h>

int rmdir(const char *path);
```

rmdir()은 path로 지정한 디렉터리를 삭제한다. 디렉터리는 반드시 비어 있어야 한다. 성공하면 0을 반환하고 실패하면 -1을 반환하고 errno를 설정한다.

rmdir 명령어 만들기

시스템 콜 rmdir()을 사용하여 디렉터리를 삭제하는 코드는 다음과 같다(코드 10.3).

코드 10.3 rmdir.c

```
#include <stdio.h>
#include <stdlib.h>
#include <unistd.h>

int
main(int argc, char *argv[])
{
    int i;
    if (argc < 2) {
        fprintf(stderr, "%s: no arguments\n", argv[0]);
        exit(1);
    }
    for (i = 1; i < argc; i++) {
        if (rmdir(argv[i]) < 0) {
            perror(argv[i]);
            exit(1);
        }
    }
    exit(0);
}
```

시스템 콜을 호출하는 것 이외에 특별한 내용은 없다.

 디렉터리 내용을 함께 삭제

rmdir()는 빈 디렉터리만 삭제할 수 있다. 그럼 디렉터리를 내용물과 함께 재귀적으로 지우고 싶은 경우에는 어떻게 하면 좋을까? 이는 'rm -r'에 해당하는 기능이다.

유감스럽게도 디렉터리 트리를 만들 때와 같이 디렉터리의 내용을 모두 지우는 시스템 콜도 존재하지 않는다. 디렉터리를 내용과 함께 삭제하기 위해서는 착실하게 디렉터리 트리를 순회하며 내용을 하나씩 지우는 수밖에 없다. 'rm -r'도 실제로 그런 식으로 작동한다. strace 명령어로 확인해 보기 바란다.

10.4 하드 링크

리눅스에서는 하나의 파일에 두 개 이상의 이름을 지정할 수 있다. 이를 위해 **링크**(link)라는 개념이 존재하는데, 이를 **하드 링크**(hard link)라고 부르기도 한다.

링크란, 파일에 새로운 이름을 붙이는 것이다. 예를 들면, 다음과 같이 a라는 파일을 만들었다고 하자.

```
$ echo 'This is file.' > a
```

이때 파일의 이름과 파일의 실체(내용)의 관계는 그림 10.3과 같다.

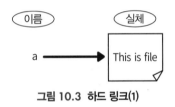

그림 10.3 하드 링크(1)

여기서 파일 a의 실체에 새로운 이름 'b'를 붙여 보자. 이때 사용하는 명령어가 ln 명령어다.

```
$ ln a b
```

그러면 파일의 이름과 실체의 관계는 그림 10.4와 같이 된다.

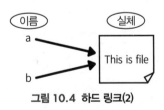

그림 10.4 하드 링크(2)

이 작업을 '파일 a를 가리키는 하드 링크 b를 만든다'고 말한다. 이후, a의 내용을 변경하면 b의 내용도 동일하게 변경된다. 왜냐하면 a와 b는 같은 것을 가리키고 있기 때문이다.

파일에 부여된 이름의 개수는 'ls −l'를 사용하여 확인할 수 있다. 이름이 하나만 있는 파일을 ls 명령어로 표시하면 다음과 같이 출력된다.

```
$ rm -f a b  ◄── 일단 a와 b를 삭제한다
$ echo 'This is file.' > a
$ ls -l
total 4
-rw-r--r--    1 aamine   users        13 Nov 14 00:15 a
```

왼쪽에서 두 번째 란이 이름의 개수를 의미한다. 이것을 **링크 카운터**(link count)라고 한다. 여기서는 링크 카운터가 1로 표시되어 a라는 이름밖에 없다는 것을 알 수 있다. 이제 이 파일에 하드 링크 b를 만들어 보자.

```
$ ln a b
$ ls -l
total 8
-rw-r--r--    2 aamine   users        13 Nov 14 00:15 a
-rw-r--r--    2 aamine   users        13 Nov 14 00:15 b
```

이제 링크 카운터가 2로 되어 있다. 더욱이 a와 b 양쪽이 모두 2로 되어 있다. 링크 카운터는 실체에 기록되기 때문이다(그림 10.5).

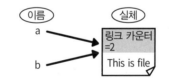

그림 10.5 링크 카운터는 실체에 기록된다

한편, 이름을 삭제하려면 rm 명령어를 사용한다. rm이 파일을 제거하는 명령어라고 인식하기 쉽지만, 사실은 rm이 삭제하는 것은 파일이 아닌 파일의 이름이다. 실체를 가리키는 이름이 모두 없어진 시점에서, 즉 링크 카운트가 0이 되었을 때 비로소 실체가 삭제된다.

```
$ rm a
$ ls -l
total 4
-rw-r--r--    1 aamine   users        13 Nov 14 00:15 b
```

rm에 의해 링크 카운터가 다시 1로 되돌아간 것을 확인할 수 있다.

 ## link(2)

하드 링크를 작성하는 시스템 콜이 link(2)다.

```
#include <unistd.h>

int link(const char *src, const char *dest);
```

link()는 src로 지정한 파일에 새로운 이름 dest를 추가한다. 두 번째 인자가 새로 만들 이름이 라는 점에 유의하기 바란다. 성공하면 0을 반환하고 실패하면 -1을 반환하면서 errno를 설정한다.

한편, link()에는 다음과 같은 중요한 제약이 있다.

- **src와 dest는 동일한 파일 시스템에 있어야 한다**
  양쪽 모두가 하나의 파일 시스템에 존재해야 한다.
- **src와 dest에 디렉터리는 사용할 수 없다**
  즉, 디렉터리에 하드 링크를 붙일 수 없다. 이 제한은 나중에 언급할 심볼릭 링크 를 사용하여 해결할 수 있다.

ln 명령어 작성하기

link(2)를 사용하여 ln 명령어를 만들어 보자. 실행 인자 두 개를 받아서 link(2)에 넘겨주면 된다.

코드 10.4 ln.c

```
#include <stdio.h>
#include <stdlib.h>
#include <unistd.h>

int
main(int argc, char *argv[])
{
    if (argc != 3) {
        fprintf(stderr, "%s: wrong arguments/n", argv[0]);
```

```
        exit(1);
    }
    if (link(argv[1], argv[2]) < 0) {
        perror(argv[1]);
        exit(1);
    }
    exit(0);
}
```

실행 예는 다음과 같다.

```
$ ls -l
total 28
-rwxr-xr-x    1 aamine    users        22702 Sep 18 02:25 ln
-rw-r--r--    1 aamine    users          358 Sep 18 02:25 ln.c
$ ./ln ln.c anothername
$ ls -l
total 32
-rw-r--r--    2 aamine    users          358 Sep 18 02:25 anothername
-rwxr-xr-x    1 aamine    users        22702 Sep 18 02:25 ln
-rw-r--r--    2 aamine    users          358 Sep 18 02:25 ln.c
```

'ls –l'가 출력하는 항목 중 왼쪽에서 두 번째 열에 주목하기 바란다. ln.c의 링크 카운트가 2로
증가한 것을 알 수 있다.

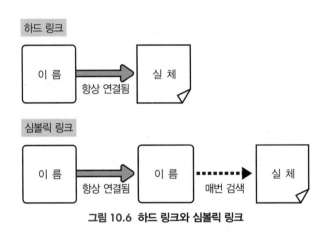

10.5 심볼릭 링크

심볼릭 링크는 3장에서 간단하게 다뤘었다. 지금은 하드 링크에 대한 설명이 끝났기 때문에 더 자세히 설명하고자 한다. 심볼릭 링크는 하드 링크처럼 파일의 실체에 새로운 이름을 붙이는 메커니즘이다. 그러나 그 구조는 하드 링크와 상당히 다르다. 그림 10.6에 하드 링크와 심볼릭 링크의 구조를 그림으로 표현했다. 하드 링크는 이름과 실체를 연결하는 구조이지만, 심볼릭 링크는 이름에 이름을 연결하는 구조다. 그리고 실제로 심볼릭 링크에 엑세스(예: open(2)나 link(2))가 있을 때 비로소 이름의 실체를 찾는다.

그림 10.6 하드 링크와 심볼릭 링크

그래서 심볼릭 링크에는 다음과 같은 특징이 있다.

- **심볼릭 링크에는 대응하는 실체가 존재하지 않아도 된다**
  심볼릭 링크는 실제로 액세스할 때가 아니면 이름과 실체의 매핑을 하지 않기 때문에 실체가 없어도 만들 수 있다.
- **파일 시스템의 경계를 뛰어넘어 별명을 붙일 수 있다**
  하드 링크는 하나의 파일 시스템 내에서만 만들 수 있다는 제약이 있었다. 그러나 심볼릭 링크는 파일 시스템의 경계와 관계없이 만들 수 있다.
- **디렉터리에도 별명을 붙일 수 있다**
  디렉터리에 대해서는 하드 링크는 만들 수 없지만 심볼릭 링크는 만들 수 있다.

현재는 하드 링크를 거의 사용하지 않는다. 파일에 별명을 붙이고 싶은 경우 심볼릭 링크를 사용하기 바란다.

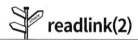

symlink(2)

심볼릭 링크를 만드는 시스템 콜은 symlink(2)다.

```
#include <unistd.h>

int symlink(const char *src, const char *dest);
```

symlink()는 지정한 경로 src에 대한 새로운 심볼릭 링크 dest를 만든다. 성공하면 0을 반환하고, 실패하면 -1을 반환하면서 errno를 설정한다.

readlink(2)

심볼릭 링크가 가리키는 이름을 얻기 위해 readlink(2)를 사용한다.

```
#include <unistd.h>

int readlink(const char *path, char *buf, size_t bufsize);
```

readlink()는 심볼릭 링크 path가 가리키는 이름을 buf에 담아 준다. 이때 최대 bufsize 바이트를 담아 주며, bufsize는 보통 buf의 크기로 지정한다. 또한, readlink()는 문자열의 마지막에 '\0'을 기록하지 않기 때문에 주의해야 한다.

호출에 성공하면 buf에 포함된 바이트 수를 반환한다. 실패하면 -1을 반환하면서 errno를 설정한다.

그렇다면, readlink()를 위한 버퍼는 얼마나 준비하면 좋을까? 이것은 의외로 어려운 문제다. 14장에서 getcwd()에 대해 이야기할 때 비슷한 문제를 다루니 그쪽을 참고하기 바란다.

symlink 명령어 만들기

보통 리눅스에서 심볼릭 링크를 만들 때 'ln -s'를 사용하는데, 여기서는 전용 명령어처럼 만들어 보기로 하겠다. 이름은 symlink다(코드 10.5).

코드 10.5 symlink.c

```c
#include <stdio.h>
#include <stdlib.h>
#include <unistd.h>

int
main(int argc, char *argv[])
{
    if (argc != 3) {
        fprintf(stderr, "%s: wrong number of arguments\n", argv[0]);
        exit(1);
    }
    if (symlink(argv[1], argv[2]) < 0) {
        perror(argv[1]);
        exit(1);
    }
    exit(0);
}
```

Link()가 symlink()로 바뀐 것뿐이라 이 코드에 대한 별도의 설명은 필요하지 않을 것이다.

10.6 파일 삭제

하드 링크 부분에서 이미 설명했지만, 리눅스에서 '파일을 삭제한다'는 것은 '실체에 붙인 이름의 개수를 줄인다'는 뜻이다. 이를 위해 사용하는 시스템 콜이 unlink()다. 이것은 link()와 반대되는 작업을 수행한다.

unlink(2)

```
#include <unistd.h>

int unlink(const char *path);
```

unlink()는 path로 지정한 이름을 삭제한다. 성공하면 0을 반환하고 실패하면 -1을 반환하면서 errno를 설정한다. unlink()로 디렉터리를 삭제할 수는 없다. 또한, 심볼릭 링크를 unlink()하면 심볼릭 링크만 삭제되고 심볼릭 링크가 가리키는 실체 파일은 삭제되지 않는다.

rm 명령어 작성하기

unlink()를 사용하여 rm 명령어를 만들어 보자(코드 10.6).

코드 10.6 rm.c

```
#include <stdio.h>
#include <stdlib.h>
#include <unistd.h>

int
main(int argc, char *argv[])
{
    int i;

    if (argc < 2) {
        fprintf(stderr, "%s: no arguments\n", argv[0]);
        exit(1);
    }
    for (i = 1; i < argc; i++) {
        if (unlink(argv[i]) < 0) {
```

```
        perror(argv[i]);
        exit(1);
    }
}
exit(0);
}
```

이번에도 시스템 콜 unlink()를 호출하는 것 이외에 특별한 내용은 없다.

🌱 실행 예

작성한 rm 명령어를 실행한 예는 다음과 같다.

```
$ touch JUNK
$ ls
JUNK rm rm.c
$ ./rm JUNK
$ ls ← JUNK가 없어진 것을 확인
rm rm.c
$ ./rm JUNK ◀── 다시 한번 삭제해 본다
JUNK: No such file or directory
$ ./rm / ◀── 디렉터리를 삭제해 본다
/: Is a directory
```

10.7 파일 이동

리눅스에서 '파일을 이동한다'는 것은 '하나의 실체에 대한 이름을 변경한다'는 것과 대체로 동일하다. 지금까지 배운 내용을 바탕으로 설명하자면, 별도의 하드 링크를 만들고 나서 원래 이름을 지운다. 그래서 다음의 두 가지가 같은 작업을 수행하는 셈이 된다.

```
$ mv a b
```

```
$ ln a b
$ rm a
```

단, 최종적인 결과는 같지만 작업 과정에는 중대한 차이가 있다. ln과 rm을 사용하는 경우에는 작업 도중에 이름 a와 b가 모두 존재하는 순간이 존재하지만, mv는 그렇지 않다. 하나의 명령어로 이름이 변경되기 때문이다.

참고로 디렉터리에 대해서는 link(2)를 사용할 수 없기 때문에 mv만 이용할 수 있다.

rename(2)

파일을 이동하는 API로 rename()이 있다.

```
#include <stdio.h>

int rename(const char *src, const char *dest);
```

rename()은 파일명 src를 파일명 dest로 변경한다. 성공하면 0을 반환하고, 실패하면 –1을 반환하면서 errno를 설정한다.

rename()은 어떠한 종류의 파일이라도 이동할 수 있지만, 파일 시스템을 넘어서 이동할 수는 없다. src와 dest가 존재하는 파일 시스템이 서로 다른 경우 rename은 실패하고, errno에 상수 EXDEV가 설정된다.

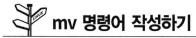 **mv 명령어 작성하기**

이번에는 mv 명령어를 만들어 보자.

코드 10.7 mv.c

```c
#include <stdio.h>
#include <stdlib.h>
#include <unistd.h>

int
main(int argc, char *argv[])
{
    if (argc != 3) {
        fprintf(stderr, "%s: wrong arguments\n", argv[0]);
        exit(1);
    }
    if (rename(argv[1], argv[2]) < 0) {
        perror(argv[1]);
        exit(1);
    }
    exit(0);
}
```

rename()이라는 시스템 콜을 사용할 뿐 이전과 동일한 구조다.

10.8 메타 정보 획득하기

3장에서 파일 시스템에는 데이터 본체 이외에 다음과 같은 정보도 저장되어 있다고 설명했다.

- 파일의 종류
- 크기
- 권한
- 소유자
- 그룹
- 작성 시각
- 변경 시각
- 액세스 시각

이것을 획득하는 시스템 콜이 stat()과 lstat()다.

stat(2)

```
#include <sys/types.h>
#include <sys/stat.h>
#include <unistd.h>

int stat(const char *path, struct stat *buf);
int lstat(const char *path, struct stat *buf);
```

stat()은 path로 지정한 엔트리 정보를 취득해서, buf에 써넣는다. 성공하면 0을 반환하고, 실패하면 -1을 반환하면서 errno를 설정한다.

lstat()은 stat()과 거의 같지만, path가 심볼릭 링크일 경우 해당 링크를 따라가지 않고 심볼릭 링크 자신의 정보를 반환한다는 점이 다르다.

또한, 파일 디스크립터에서 동일한 정보를 얻을 수 있는 fstat()도 있다. fstat()에 관해서는 man 페이지를 참고하기 바란다.

리눅스의 struct stat 타입의 멤버들과 그 의미를 표 10.1에 정리했다.

표 10.1 struct stat 멤버

타입	멤버 이름	설명
dev_t	st_dev	디바이스 번호
ino_t	st_ino	i 노드 번호
mode_t	st_mode	파일 타입과 권한을 포함한 플래그
nlink_t	st_nlink	링크 카운터
uid_t	st_uid	소유 사용자 ID
gid_t	st_gid	소유 그룹 ID
dev_t	st_rdev	디바이스 파일의 종류를 나타내는 번호
off_t	st_size	파일 크기(바이트 단위)
blksize_t	st_blksize	파일의 블록 크기
blkcnt_t	st_blocks	블록 수
time_t	st_atim.tv_sec	최종 액세스 시각의 초 단위(예전에는 st_atime)
long	st_atim.tv_nsec	최종 액세스 시각의 나노 초 단위
time_t	st_mtim.tv_sec	최종 변경 시각의 초 단위(예전에는 st_mtime)
long	st_mtim.tv_nsec	최종 변경 시각의 나노 초 단위
time_t	st_ctim.tv_sec	메타 정보의 최종 변경 시각의 초 단위(옛날에는 st_ctime)
long	st_ctim.tv_nsec	메타 정보의 최종 변경 시각의 나노 초 단위

위 멤버 중 의미를 알지 못하는 멤버들도 있을 텐데, 리눅스를 더욱 깊이 공부하면 알게 될 내용도 있으니 지금 단계에서는 넘어가겠다. 멤버들의 타입이 대부분 typedef로 정의되어 있는데, ssize_t처럼 내부적으로는 정수 타입이다.

큰 파일에 대한 대응과 long long 타입

struct stat에는 왜 이렇게 typedef이 많이 쓰이는 걸까? 5장에서 ssize_t를 설명할 때는 운영체제나 머신 간의 차이를 메꾸기 위해 typedef를 사용한다고 설명했는데, struct stat의 경우에는 그 이상의 의미가 있다.

예전에는 충분하다고 생각했던 값 범위가 최근에는 충분하지 않게 된 경우가 있다. 특히, 파일 크기와 관련된 타입이 그렇다. 6장에서도 언급했지만 st_size 타입의 off_t 타입은 예전에는 long 타입이었다. 그런데 32비트 리눅스 시스템에서 long 타입은 32비트이므로, 2의 31승 = 2GB 이상을 표현하지 못한다. 이 문제를 해결하기 위한 지원을 **라지 파일 서포트**(Large File Support, LFS)라고 한다.

라지 파일 서포트를 활성화하기 위해서는 '#define _FILE_OFFSET_BITS 64'를 선언하고 프로그램을 빌드해야 한다. 그러면 32비트 시스템에서도 off_t 타입이 long long 타입으로 정의되어 64비트의 파일 크기를 취급할 수 있게 된다.

보통 C 언어 책에서는 정수 타입에 대해 char, short, int 또는 long까지만 다루는데, C99부터는 이에 더해 long long이라고 하는 타입이 존재한다. long long 타입은 최소 64비트가 보장되는 정수 타입이다. 물론, unsigned long long 타입도 있다. printf()에서 signed long long 타입의 값을 표시할 때는 %lld를 사용하고, unsigned long long 타입의 경우에는 %llu을 사용한다.

 ## stat 명령어 만들기

시스템 콜 stat()을 사용하여 stat 명령어를 만들어 보자. 여기서는 기본 stat 명령어보다 좀 더 보기 좋게 출력하도록 바꿔 볼 것이다. 우리가 만들 stat 명령어는 다음과 같이 파일의 메타 정보를 출력한다.

```
$ ./stat memo.txt
type    100000 (file)
mode    644
dev 39
ino 1236092
rdev    0
nlink   1
uid 1001
gid 1001
size    1597
blksize 4096
blocks  0
atime   Fri Aug 25 00:01:00 2017
mtime   Thu Aug 24 23:48:09 2017
ctime   Thu Aug 24 23:48:09 2017
```

위 프로그램에 해당하는 소스 코드가 코드 10.8에 기술되어 있다.

코드 10.8 stat.c

```c
#include <stdio.h>
#include <stdlib.h>
#include <sys/types.h>
#include <sys/stat.h>
#include <time.h>

static char *filetype(mode_t mode);

int
main(int argc, char *argv[])
{
    struct stat st;

    if (argc != 2) {
        fprintf(stderr, "wrong argument\n");
        exit(1);
    }
    if (lstat(argv[1], &st) < 0) {
        perror(argv[1]);
        exit(1);
    }
    printf("type\t%o (%s)\n", (st.st_mode & S_IFMT), filetype(st.st_mode));
    printf("mode\t%o\n", st.st_mode & ~S_IFMT);
    printf("dev\t%llu\n", (unsigned long long)st.st_dev);
    printf("ino\t%lu\n", (unsigned long)st.st_ino);
    printf("rdev\t%llu\n", (unsigned long long)st.st_rdev);
    printf("nlink\t%lu\n", (unsigned long)st.st_nlink);
    printf("uid\t%d\n", st.st_uid);
    printf("gid\t%d\n", st.st_gid);
    printf("size\t%ld\n", st.st_size);
    printf("blksize\t%lu\n", (unsigned long)st.st_blksize);
    printf("blocks\t%lu\n", (unsigned long)st.st_blocks);
    printf("atime\t%s", ctime(&st.st_atime));
    printf("mtime\t%s", ctime(&st.st_mtime));
    printf("ctime\t%s", ctime(&st.st_ctime));
    exit(0);
}

static char*
filetype(mode_t mode)
{
    if (S_ISREG(mode)) return "file";
    if (S_ISDIR(mode)) return "directory";
    if (S_ISCHR(mode)) return "chardev";
    if (S_ISBLK(mode)) return "blockdev";
    if (S_ISFIFO(mode)) return "fifo";
    if (S_ISLNK(mode)) return "symlink";
    if (S_ISSOCK(mode)) return "socket";
    return "unknown";
}
```

보는 바와 같이 struct stat에 필요한 정보가 다 있다. 여기서 두 가지 주의점이 있다.

먼저 심볼릭 링크의 경우에는 심볼릭 링크 자신의 정보를 취하는 것이 적절하므로 stat() 대신에 lstat()을 사용했다.

또한 st_mode 멤버에서 파일 유형을 꺼내기 위해 S_IFMT와 비트 마스크를 했고, 파일의 종류를 판정하기 위해 S_ISREG() 등의 매크로를 사용했다. 파일의 종류를 판정하는 매크로 목록은 표 10.2와 같다.

표 10.2 파일 종류를 판정하는 매크로

매크로 이름	효과
S_ISREG	보통 파일이라면 0이 아닌 값
S_ISDIR	디렉터리라면 0이 아닌 값
S_ISLNK	심볼릭 링크라면 0이 아닌 값
S_ISCHR	캐릭터 디바이스라면 0이 아닌 값
S_ISBLK	블록 디바이스라면 0이 아닌 값
S_ISFIFO	named pipe(FIFO)라면 0이 아닌 값
S_ISSOCK	유닉스 소켓이라면 0이 아닌 값

10.9 메타 정보 변경하기

메타 정보를 획득하는 시스템 콜은 stat(2) 한 개지만, 변경하는 시스템 콜은 표 10.3처럼 세 개가 있다.

표 10.3 메타 정보를 변경하는 시스템 콜

변경 대상	사용하는 시스템 콜
권한	chmod(2)
오너와 그룹	chown(2)
최종 액세스 시각과 최종 갱신 시각	utime(2)

차례대로 알아보도록 하자.

chmod(2)

```
#include <sys/stat.h>

int chmod(const char *path, mode_t mode);
```

chmod()는 path로 지정한 파일의 모드를 mode로 변경한다. 성공하면 0을 반환하고 실패하면 -1을 반환하면서 errno에 에러 번호를 설정한다.

mode는 표 10.4에 있는 상수를 OR로 묶어서 지정하거나 0755 같은 숫자를 사용한다. C 언어에서 숫자에 0을 앞에 두면 8진수가 된다. 예를 들어, 권한 644의 경우, '0644' 또는 'S_IRUSR | S_IWUSR | S_IRGRP | S_IROTH'로 지정한다.

표 10.4 권한을 나타내는 상수

상수	값	의미
S_IRUSR, S_IREAD	00400	소유한 사용자가 읽기 가능
S_IWUSR, S_IWRITE	00200	소유한 사용자가 쓰기 가능
S_IXUSR, S_IEXEC	00100	소유한 사용자가 실행 가능

표 10.4 권한을 나타내는 상수 (계속)

상수	값	의미
S_IRGRP	00040	소유한 사용자가 속한 그룹이 읽기 가능
S_IWGRP	00020	소유한 사용자가 속한 그룹이 쓰기 가능
S_IXGRP	00010	소유한 사용자가 속한 그룹이 실행 가능
S_IROTH	00004	그 외의 사용자가 읽기 가능
S_IWOTH	00002	그 외의 사용자가 쓰기 가능
S_IXOTH	00001	그 외 사용자가 실행 가능

chown(2)

```
#include <unistd.h>

int chown(const char *path, uid_t owner, gid_t group);
int lchown(const char *path, uid_t owner, gid_t group);
```

chown()은 파일 path의 소유 사용자를 owner로, 소유 그룹을 group으로 변경한다. owner는 사용자 ID, group은 그룹 ID다. 그중 하나만을 변경하려는 경우에는 변경하지 않는 쪽에 -1을 지정한다.

lchown()의 동작은 chown()과 거의 같지만, path가 심볼릭 링크인 경우에는 그 심볼릭 링크 자체의 정보를 변경하는 점이 다르다. 그리고 chown()은 심볼릭 링크가 가리키는 파일의 정보를 변경한다.

둘 다 성공하면 0을 반환하며, 실패하면 -1을 반환하고 errno를 설정한다.

어느 시스템 콜이든지 소유 사용자를 변경하려면 슈퍼 사용자 권한이 필요하다. 그리고 소유 그룹을 변경하는 경우에는 해당 파일의 소유 사용자여야 하며, 그리고 자신이 포함된 그룹으로만 변경할 수 있다. 물론, 슈퍼 사용자라면 임의의 그룹으로 변경할 수 있다.

lchown()이 있다면 lchmod()도 있을 것 같지만, 리눅스에서는 심볼릭 링크 자체에 권한이 없어 lchmod()란 존재하지 않는다. 그러나 BSD 계열의 유닉스에는 존재한다.

utime(2)

```
#include <sys/types.h>
#include <utime.h>

int utime(const char *path, struct utimbuf *buf);

struct utimbuf {
    time_t actime;  /* 최종 액세스 시각 */
    time_t modtime; /* 최종 갱신 시각 */
};
```

utime()은 path로 지정한 파일의 최종 액세스 시각(st_atime)과 최종 갱신 시각(st_mtime)을 변경한다. buf가 NULL이 아니면 buf의 내용에 따라 actime과 modtime이 설정된다. buf가 NULL이라면 양쪽 모두 현재 시각으로 변경된다. time_t 타입에 대해서는 14장에서 자세히 설명하므로 그쪽을 참조하기 바란다. 이 함수도 성공하면 0을 반환하고, 실패하면 -1을 반환하면서 errno에 에러값을 설정한다.

chmod 명령어 작성하기

이번 절에서 세 가지 API(chmod() chown(), utime())를 소개했는데, 명령어를 만드는 것은 chmod()에 대해서만 만들어 볼 것이다. chown()을 제대로 사용하려면 14장에서 설명할 getpwnam() 등의 API를 함께 사용해야 하기 때문이다. chown()과 utime()을 사용한 샘플 코드는 이 책의 깃허브에 올려져 있으므로 14장을 읽은 후에 참고하기 바란다.

chmod()를 사용하여 chmod 명령어를 구현한 코드가 코드 10.9에 기술되어 있다.

코드 10.9 chmod.c

```
#include <stdio.h>
#include <stdlib.h>
#include <sys/stat.h>

int
main(int argc, char *argv[])
{
    int mode;
    int i;
```

```
    if (argc < 2) {
        fprintf(stderr, "no mode given\n");
        exit(1);
    }
    mode = strtol(argv[1], NULL, 8);
    for (i = 2; i < argc; i++) {
        if (chmod(argv[i], mode) < 0) {
            perror(argv[i]);
        }
    }
    exit(0);
}
```

대략적인 구조는 지금까지와 거의 같다.

strtol()은 atoi()와 같이 정수가 표현된 문자열을 정수 타입의 값으로 변환하는 함수다. 그러나 atoi()와 달리 세 번째 인자로 진수를 지정할 수 있다. 여기서는 8을 지정하여 8진수가 표시된 문자열을 정숫값으로 변환하고 있다. 파일의 권한을 8진수 표기로 지정할 수 있도록 하기 위한 것이다.

strtol()의 두 번째 인자는 에러 처리를 위해 사용한다. 여기서는 NULL을 입력하여 구체적인 에러 처리를 생략하였다.

10.10 파일 시스템과 스트림

스트림을 열 때 우리는 open()이라는 시스템 콜을 사용했었다. 이때 O_CREAT 플래그를 사용하여 새로운 파일(파일 이름과 실체 모두)을 만들 수 있었다. 따라서 open()은 파일 시스템의 API라고도 말할 수 있다.

그리고 5장에서 open()에 대해서 다룰 때 설명했듯이 open()도 umask의 제한을 받는다(umask는 mkdir절(176쪽)을 참고하자).

10.11 연습문제

1. 인자로 전달받은 디렉터리를 재귀적으로 순회하면서 발견된 모든 파일의 경로를 표시하는 프로그램을 작성하라. 심볼릭 링크를 따라가지 않도록 주의한다.

2. 파일을 open()하고, close()하기 전에 그 파일을 rename()하면 어떤 일이 일어나는가? 또한 unlink()를 하면 어떻게 되는지, 다른 파일을 rename()하면 어떻게 되는지 직접 실험해 보자.

3. 인자로 지정한 경로의 디렉터리를 만들되, 상위 디렉터리가 없으면 차례대로 만드는 명령어를 작성하라(mkdir -p에 해당).

※ 해답은 이 책의 깃허브에서 확인 가능

제 **11** 장

프로세스와 하드웨어

이번 장에서는 리눅스의 3대 개념 중 마지막 하나인 프로세스에 대해 알아본다.
그런데 프로세스에 대해 이야기하기에 앞서 먼저 하드웨어에 대해 이야기할
것이다. 얼핏 관계가 없어 보이지만, 프로세스와 하드웨어가 밀접한 관계를
맺는다는 것을 곧 깨닫게 될 것이다.

11.1 프로세스란 무엇인가?

프로세스가 무엇인지 알기 위해서는 먼저 컴퓨터의 물리적인 구조를 알아볼 필요가 있다.

컴퓨터의 구조

컴퓨터의 물리적 구조를 아주 간단하게 그려보면 그림 11.1과 같다.

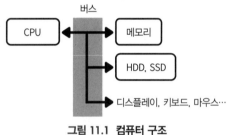

그림 11.1 컴퓨터 구조

물리적으로 본 컴퓨터의 중심에는 버스(bus)가 있다. 이 '버스'는 도로를 달리고 있는 '버스'와 유사하다. 컴퓨터 내부에서 각종 데이터가 각 장치 사이를 버스를 타고 이동하기 때문에 그렇게 이름이 붙여졌다. 인간의 몸에 비유하면 버스는 척추와 중추 신경에 해당한다.

메모리(memory)는 0 또는 1(비트)의 열을 저장할 수 있는 장치다. 보통 8비트를 1바이트로 통합하므로 바이트 열을 저장한다고 할 수도 있다. 바이트를 담을 수 있는 상자마다 번호가 매겨져 있어 그 번호를 통해 그 내용물을 볼 수 있게 되어 있다. 이 번호를 메모리의 **주소**(address)라고 한다.

CPU(Central Processing Unit)는 메모리상에 있는 프로그램의 명령에 따라 메모리에 저장된 바이트 열을 바꿀 수 있는 장치다. CPU의 내부에는 **레지스터**(register)라는 작은 저장 장치가 있다. CPU는 메모리부터 레지스터에 데이터를 복사하여 연산을 수행한 후, 다시 메모리에 되돌려서 메모리의 값을 바꾼다. 또한, CPU는 버스를 통해 다양한 장치와 통신한다. CPU와 메모리를 합치면 인간의 두뇌에 해당한다고 할 수 있다.

컴퓨터를 논리적으로 볼 때 그 중심에 있는 것이 CPU와 메모리다. 작은 컴퓨터에서 슈퍼컴퓨터까지 모든 컴퓨터는 CPU와 메모리를 가지고 있다.

다른 장치들도 모두 버스에 연결되어 있다. 예를 들어 **하드 디스크 드라이브**(hard disk drive, HDD)와 **솔리드 스테이트 드라이브**(solid state drive, SSD), 키보드, 마우스, 디스플레이 등이 버스에 연결되어 있다.

HDD나 SSD는 메모리처럼 바이트 열을 저장하는 장치지만, 메모리와 비교하여 다음과 같은 차이점이 있다.

- 일정한 바이트 단위로만 데이터를 주고받을 수 있다.
- 컴퓨터 전원이 꺼져도 데이터는 보관된다.
- 일반적으로 용량이 훨씬 크다.
- 속도가 메모리보다 느리다.

키보드나 마우스에는 바이트 열을 기억하는 기능이 없다. 대신 CPU와 바이트 열을 주고받을 수 있다. 키보드는 이를 이용해서 사용자가 누른 키에 맞는 바이트 열을 CPU에 보낸다. 그러면 CPU는 키보드의 키가 눌러졌음을 인지하고 디스플레이에 바이트 열을 보내어 화면에 표시한다.

🌱 기계어

CPU는 메모리에 있는 프로그램의 명령에 따라 동작한다. 메모리에 있다는 것은 그것이 바이트 열임을 의미한다. 이 바이트 열은 프로그래머에 의해 작성한 코드가 최종적으로 변환된 형태에 해당한다. 이렇게 CPU가 읽어 들이는 바이트 열의 규칙 체계를 **기계어**(machine language)라고 한다. 비트의 나열도 '언어'가 될 수 있다는 것이 흥미롭다. 컴퓨터의 세계에서는 당연한 일이다. 8장에서 설명한 정규 표현식도 일종의 언어라고 볼 수 있다.

CPU가 직접 읽고 실행할 수 있는 언어는 기계어뿐이다. C 언어로 작성된 코드도 일단 기계어로 변환된 후에야 컴퓨터에서 돌아갈 수가 있다. 사실 이것이 컴파일과 빌드가 기계어로 변환되는 작업에 해당한다. 빌드에 대해서는 다음 절에서 다시 자세히 설명하겠다.

기계어는 CPU 유형별로 다르다. 그러나 어떤 기계어든지 대체로 다음과 같은 명령어를 가지고 있다.

- 메모리로부터 바이트 읽기
- 메모리에 바이트 쓰기

- 사칙 연산(덧셈, 뺄셈, 곱셈, 나눗셈)
- 비트 전환
- 원시적인 조건 분기(C 언어의 if문과 goto문을 합친 것 같은 기능)

하드웨어에 대한 자세한 내용은 이 책의 대상이 아니므로 지나치게 자세한 내용까지 설명하지는 않는다. 그러나 여기서는 다음 사항을 이해하고 넘어가기 바란다.

- 모든 컴퓨터에 CPU와 메모리가 있다.
- 메모리에는 비트열이 저장된다.
- CPU는 메모리의 내용을 가공한다.
- 버스를 통해 디바이스와 비트열을 송수신한다.

 ## 다양한 컴퓨터 아키텍처

이 세상에는 다양한 기계어가 존재한다. CPU를 개발하고 있는 업체별로 컴퓨터 설계 방식, 즉 **컴퓨터 아키텍처**(computer architecture)가 달라 서로 다른 기계어 체계를 갖추고 있다.

현재 개인용 컴퓨터에서 패권을 쥐고 있는 컴퓨터 아키텍처는 **x86**이다. x86은 인텔(Intel)사가 개발한 아키텍처로 16비트에서 시작하여 64비트까지 성장한 역사가 긴 아키텍처다. 맥 OS X이 x86로 변경된 시점에서 전 세계의 개인용 컴퓨터는 대부분 x86이 되었다.

x86 이외에 스마트폰의 양대 산맥인 안드로이드 및 iOS에 채용된 **ARM 아키텍처**(ARM architecture)가 있다. ARM은 소비 전력이 적다는 특징을 가지고 있으며, 스마트폰과 같은 임베디드 시스템에서 자주 사용되고 있다.

컴퓨터 아키텍처라고 하면 '32비트 아키텍처'나 '64비트 아키텍처' 같은 이야기가 자주 나온다. 이에 대한 설명은 필요한 배경 지식을 살펴본 후에 이어서 하도록 하겠다.

 ## 멀티태스크

이제 프로세스에 대한 이야기로 들어가 보겠다.

프로세스는 실행 중인 프로그램으로, 리눅스와 같은 운영체제에서는 여러 프로세스가 동시에 돌아가는 것이 가능하다. 이를 **멀티태스크**(multi-task)라고 한다.

지금은 대부분의 범용 운영체제가 기본으로 멀티태스크를 지원한다. 그러나 기본적으로 하나의 CPU와 메모리가 있을 때 어떤 한순간에 돌아갈 수 있는 프로세스는 오직 한 개뿐이다. 그러나 만약 CPU와 메모리의 조합을 늘린다면, 여러 개의 프로세스를 동시에 돌릴 수 있을 것이다.

그러나 'ps –ef'를 실행해 보면 알겠지만, 일반적으로 수십, 수백 개의 프로세스가 동시에 돌아가고 있다. 아무리 멀티코어 CPU의 시대여도 이만큼 물리적인 CPU와 메모리를 가지고 있기는 힘들다.

이를 해결하기 위해 CPU와 메모리가 하나씩밖에 없어도 개별 프로세스 입장에서는 전용 CPU와 메모리가 있는 것처럼 하기 위한 기술들이 연구되었다. 현대 컴퓨터에서는 하드웨어와 커널이 협력하여 그러한 환상을 만들어내고 있다. 여기서 '가상 CPU'와 '가상 메모리'라는 개념이 등장한다.

🌱 가상 CPU와 가상 메모리

가상 CPU와 가상 메모리를 만들어내는 원리는 다음과 같다.

CPU의 경우에는 매우 짧은 시간 단위, 예를 들면 0.001초 주기로 실행하는 프로세스를 전환한다. 그러면 프로세스는 자기만을 위한 CPU가 있는 것처럼 사용할 수 있게 된다.

한편, 메모리는 어떻게 하면 좋을까? 단순히 전체 메모리를 프로세스별로 나누는 것만으로는 해결되지 않는다. 대신에 커널은 각 프로세스에 0번지부터 시작하는 가상의 메모리 **주소 공간**(address space)을 제공해 준다. 그러면 각 프로세스가 사용하는 가상의 주소는 실제 접근이 일어날 때 커널에 의해 실제 메모리 주소로 변환된다. 이때 프로세스가 사용하는 주소를 **논리 주소**(logical address), 실제 주소를 **물리 주소**(physical address)라고 한다.

이렇게 각 프로세스마다 별도의 논리적인 주소 공간을 사용하면 전체 시스템의 안전성도 향상된다. 왜냐하면 근본적으로 다른 프로세스의 메모리에 접근할 수 없기 때문이다. 가령 프로세스가 비정상적으로 동작해도 다른 프로세스의 메모리 내용을 손상할 수 없다. 문제가 되는 프로세스를 죽이면 된다.

이상의 구조를 정리한 것이 그림 11.2다.

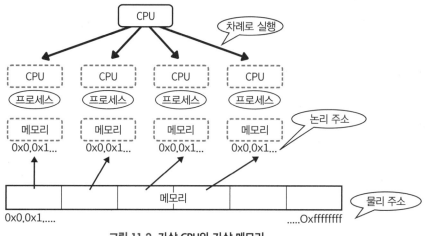

그림 11.2 가상 CPU와 가상 메모리

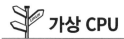 **가상 CPU**

여러 개의 프로세스가 동시에 돌아가는 구조를 더 상세하게 알아보자. 우선 CPU부터 생각해 보겠다.

CPU에서 실행되는 프로그램은 빠르게 교체되는데, 이때 각 프로세스에 할당되는 시간을 **타임 슬라이스**(time slice)라고 한다. 치즈 슬라이스를 연상해 보면 타임 슬라이스는 '시간을 잘게 자른 토막'이라고 생각할 수 있다.

프로세스별로 우선순위가 달라 타임 슬라이스를 동일하게 부여받지는 않는다. 예를 들어 nice 명령어로 우선순위를 낮게 주고 기동한 프로세스는 CPU가 바쁠 때는 타임 슬라이스를 부여받지 못한다. 또한, read()와 같은 API를 사용하여 디스크로부터 데이터를 읽어 들이는 프로세스도 타임 슬라이스를 받지 않는다. 이렇게 커널에서 프로세스에 타임 슬라이스를 배분하는 주체를 **스케줄러**(scheduler) 혹은 **디스패처**(dispatcher)라고 한다.

가상 메모리

다음으로 메모리에 대해 알아보자.

프로세스의 주소 공간은 4KB 또는 8KB 크기의 페이지(page) 단위로 관리된다. 물리 주소와 논리 주소의 매핑도 페이지 단위로 관리된다. 프로세스별 주소 공간이 물리 메모리에서 연속적이지는 않다. 실제로는 페이지별로 위치가 다 다르다(그림 11.3).

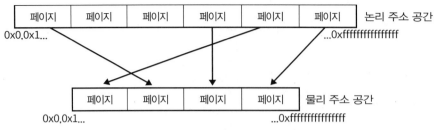

| 페이지 | 페이지 | 페이지 | 페이지 | 페이지 | 페이지 | 논리 주소 공간 |

0x0.0x1... ...0xffffffffffffffff

| 페이지 | 페이지 | 페이지 | 페이지 | 물리 주소 공간 |

0x0.0x1... ...0xffffffffffffffff

그림 11.3 논리 주소와 물리 주소의 대응

그림 11.3에서 물리적 주소로 매핑되지 않은 페이지도 있는 것에 주목하기 바란다. 물리적 주소와 매핑되지 않은 논리적 주소의 경우, 필요할 순간에 물리적 주소를 할당받거나 의도적으로 접근 금지 페이지로 남겨 둔 경우도 있다.

리눅스에서 접근이 금지된 페이지에 프로세스가 접근하면, 커널은 프로세스에 시그널 SIG SEGV를 보낸다. 이것이 1장에서 소개한 세그멘테이션 폴트(segmentation fault)다. 신호 SIGSEGV에 대해서는 13장에서 다시 다룰 것이다.

참고로, 리눅스에서 NULL 포인터를 참조하면 반드시 세그멘테이션 폴트가 발생한다. 이때 NULL 포인터에 대한 접근을 확실하게 검출하기 위해서 리눅스 커널이 의도적으로 논리 주소의 처음 몇 페이지에 물리적 주소를 할당하지 않은 채로 접근을 금지하고 있다.

논리 주소가 반드시 물리적 주소를 할당할 필요는 없기 때문에, 주소 공간은 실제로 컴퓨터가 장착하고 있는 물리 메모리보다 큰 크기를 가질 수 있다. 예를 들어 일반적인 PC에 탑재되는 물리 메모리의 크기가 2GB에서 64GB 정도임에 반해 프로세스의 주소 공간의 크기는 약 172억GB(16 엑사바이트)에 해당한다.

64비트 아키텍처

주소 공간의 크기인 '약 172억GB'는 어떻게 계산된 것일까? 이 값은 부호가 없는 64비트 정수로 표현할 수 있는 최대 크기에 해당한다. 즉, 64비트 포인터로 표현할 수 있는 주소 공간인 것이다. 일반적으로 이러한 64비트 주소 공간과 64비트 레지스터를 가진 컴퓨터 아키텍처를 64비트 아키텍처라고 한다.

대표적으로 **AMD64** 및 **x86-64** 또는 **x64**가 있는데 기술적으로 거의 동일하다. AMD64 아키텍처의 CPU는 64비트 레지스터 16개를 가지고 있으며, x86 아키텍처의 약점을 어느 정도 보완 하였다. 또한, x86의 32비트 아키텍처인 IA-32와 호환성이 있어 기존 프로그램을 그대로 실행할 수 있다.

AMD64용 리눅스에서는 포인터와 long은 64비트고 int가 32비트인 **LP64 모델**(LP64 model)이 채택되었다. 이에 반해 **IA-32**용 리눅스에서는 int, long, 포인터가 전부 32비트였다.

 ## 가상 메모리 메커니즘의 응용

가상 메모리를 응용한 메커니즘으로는 다음과 같은 것들이 있다.

- 페이징(paging)
- 메모리 맵 파일(memory mapped file)
- 공유 메모리(shared memory)

순서대로 알아보겠다.

● 페이징

페이징(paging)은 디스크(HDD나 SSD 등)를 물리 메모리 대신에 사용하는 메커니즘이다. 동작 원리는 다음과 같다.

물리 메모리가 부족하게 되면, 커널은 별로 사용하지 않는 페이지를 선정하여 스토리지에 기록하고, 논리 주소와의 매핑을 해제해 버린다. 그러다가 프로세스가 그 페이지가 필요하면 그 순간에 커널이 프로세스를 중지하고 스토리지에서 페이지를 읽어 들이고, 논리 주소와 매핑한 후 프로세스를 재개한다. 따라서 프로세스는 메모리의 내용이 스토리지에 보관되었다는 사실을 전혀 모른 채 수행하게 된다.

참고로, 위와 같은 작업을 페이지 단위로 수행하는 것이 페이징이고, 프로세스 단위로 하는 경우를 **스와핑**(swapping)이라고 한다. 그러나 페이징과 스와핑을 구분 없이 사용하는 경우도 있다.

● 메모리 맵 파일

메모리 맵 파일(memory mapped file)은 파일을 메모리에 매핑하여 메모리를 읽으면 파일을 읽은 것이 되고, 메모리에 쓰면 파일에 쓰는 것이 되게 하는 메커니즘이다. 메모리 맵 파일을 사용하면 파일에 랜덤 액세스하는 코드를 단순화할 수 있다.

메모리 맵 파일의 경우는 페이징과 반대로 처음에는 논리 주소와 물리 주소 사이에 아무런 매핑도 가지지 않는다. 그러다 액세스가 있는 시점에서 커널이 파일을 메모리에 읽어 들이고 그 메모리를 논리 주소에 매핑한다. 그리고 프로세스가 사용 완료를 통지하면 논리 주소와 물리 주소의 매핑을 해제하고 메모리의 내용을 파일에 쓴다.

파일을 메모리에 매핑할 때 사용되는 시스템 콜이 mmap()이다. 사실 mmap()은 가상 메모리 메커니즘 자체에 대한 인터페이스로, 이를 메모리 맵 파일에 응용하고 있다고 보는 것이 정확하다. mmap()의 사용법은 'man mmap'에서 확인할 수 있다.

- **공유 메모리**

  공유 메모리(shared memory)는 이름 그대로 특정 범위의 물리 메모리를 여러 프로세스에서 공유하는 메커니즘이다.

  논리 주소에 관해 설명할 때 프로세스별로 메모리 공간이 원천적으로 분리되어 있어 안전하다고 했지만, 메모리를 공유하는 게 더 편리한 경우도 있다. 예를 들어 거대한 이미지 데이터를 여러 프로세스에서 편집하고 싶은 경우가 그렇다. 실제로 이미지 편집 프로그램인 GIMP나 X 윈도우 시스템 서버는 공유 메모리를 사용하여 처리를 고속화하고 있다.

  공유 메모리의 구조는 매우 간단한데, 하나의 물리 메모리 페이지를 두 프로세스의 논리 주소에 매핑하는 것뿐이다. 구체적인 API로는 mmap(), POSIX 공유 메모리, System V 공유 메모리가 있다.

  앞서 언급한 바와 같이 mmap()은 가상 메모리 메커니즘에 대한 인터페이스이므로, 공유 메모리를 만드는 데도 사용할 수 있다. System V 공유 메모리는 예전부터 있던 API로, POSIX 공유 메모리는 그것을 개선한 API다. 따라서 공유 메모리를 사용해야 할 때는 POSIX 공유 메모리를 먼저 검토하는 것이 좋다.

주소 공간의 구조

프로세스의 주소 공간은 용도에 따라 구분되어 있다. 리눅스에서는 다음과 같다.

- **텍스트 영역**

  텍스트(text) 영역이란 기계어 코드, 즉 프로그램 코드가 배치되는 공간을 의미한다.

- **데이터 영역**

  데이터(data) 영역에는 전역 변수나 함수 내 정적 변수 중에서 초깃값이 있는 것,

그리고 문자열 리터럴 등이 보관된다.

- **BSS 영역**

  BSS 영역에는 전역 변수나 함수 내 정적 변수 중에서 초깃값이 없는 것이 보관된다. 실행 파일에는 실세 데이터 대신에 크기만 기록된다.

- **힙 영역**

  힙(heap) 영역은 나중에 얘기할 malloc()이 관리하는 영역이다. 이 영역은 실행 시에 확대 또는 축소된다.

- **스택 영역**

  스택(stack) 영역은 함수 호출에 따라 데이터가 쌓이는 곳이다. 예를 들어 함수의 인자나 지역 변수 등이 보관된다. 스택은 호출 순서에 따라 데이터가 차곡차곡 쌓이는 자료 구조를 따른다.

 주소 공간 들여다보기

'프로세스 파일 시스템'을 사용하면 특정 프로세스의 주소 공간이 어떻게 구성되어 있는지 살펴볼 수 있다. 예를 들어 프로세스 ID가 n인 프로세스의 메모리 사용 구조를 보고 싶을 때는 cat /proc/n/maps를 실행하면 된다. 임의의 프로그램에 대해 출력해 본 결과는 다음과 같다.

```
$ cat /proc/24856/maps
00400000-00401000 r-xp 00000000 00:27  1645710             /usr/local/bin/testprog
00600000-00601000 r--p 00000000 00:27  1645710              /usr/local/bin/testprog
00601000-00602000 rw-p 00001000 00:27  1645710             /usr/local/bin/testprog
008a9000-008ca000 rw-p 00000000 00:00  0                   [heap]
2b380d283000-2b380d2a9000 r-xp 00000000 08:01 3937220      /lib/x86_64-linux-gnu/ld2.23.so
2b380d2a9000-2b380d2ab000 rw-p 00000000 00:00 0
2b380d2c1000-2b380d2c3000 rw-p 00000000 00:00 0
2b380d4a8000-2b380d4a9000 r--p 00025000 08:01 3937220      /lib/x86_64-linux-gnu/ld2.23.so
2b380d4a9000-2b380d4aa000 rw-p 00026000 08:01 3937220      /lib/x86_64-linux-gnu/ld2.23.so
2b380d4aa000-2b380d4ab000 rw-p 00000000 00:00 0
2b380d4ab000-2b380d66b000 r-xp 00000000 08:01 3939892      /lib/x86_64-linux-gnu/libc2.23.so
2b380d66b000-2b380d86b000 ---p 001c0000 08:01 3939892      /lib/x86_64-linux-gnu/libc2.23.so
2b380d86b000-2b380d86f000 r--p 001c0000 08:01 3939892      /lib/x86_64-linux-gnu/libc2.23.so
2b380d86f000-2b380d871000 rw-p 001c4000 08:01 3939892      /lib/x86_64-linux-gnu/libc2.23.so
2b380d871000-2b380d875000 rw-p 00000000 00:00 0
7ffd17f1a000-7ffd17f3b000 rw-p 00000000 00:00 0            [stack]
7ffd17fca000-7ffd17fcc000 r--p 00000000 00:00 0            [vvar]
7ffd17fcc000-7ffd17fce000 r-xp 00000000 00:00 0            [vdso]
ffffffffff600000-ffffffffff601000 r-xp 00000000 00:00 0    [vsyscall]
```

맨 왼쪽 열에는 논리 주소의 범위가 16진수로 표시되어 있다. 그리고 맨 오른쪽 열에는 mmap()으로 메모리에 매핑된 파일의 이름이 기재되어 있다. 이 중 testprog가 프로그램의 이름이고 libc-2.23.so는 프로그램이 사용하는 라이브러리의 이름이다. testprog는 뒤에서 살펴볼 동적 링크를 사용하여 빌드되었기 때문에 실행 시에 라이브러리가 필요하다.

그리고 왼쪽에서 두 번째 열에는 파일의 권한과 비슷한 형식으로 메모리 영역의 속성이 표시되어 있다. rwx는 파일과 마찬가지로 '읽기·쓰기·실행' 권한이다. rwx에 이어 나타나는 문자 'p'는 private한 영역, 즉 그 프로세스만 액세스할 수 있음을 의미한다. 위 예에서는 모두 'p'지만, 's'인 경우도 있다. s는 shared를 의미하여 공유 메모리 메커니즘에 의해 다른 프로세스와 공유되는 경우를 의미한다.

지금까지 설명한 내용을 바탕으로 메모리 사용 구조를 그려볼 수 있다. 먼저 속성이 r-xp고 mmap으로 매핑된 파일이 있는 영역은 '텍스트 영역'이다. 텍스트 영역은 한번 메모리에 올라온 후 내용이 바뀔 필요가 없어 w가 없고, 대신 실행 가능해야 하므로 x가 있다.

다음으로 속성이 rw-p고 mmap으로 매핑된 파일이 있는 영역은 BSS다. 텍스트 영역에 인접해 있고, 전역 변수를 위해 쓰기 권한을 가졌다.

그리고 속성이 rw-p이고 [stack]이라고 표시되는 영역은 스택이다. x86 아키텍처의 리눅스에서 스택은 논리 주소의 큰 번지수에 위치한다. 참고로 예전에는 스택 영역이 실행 가능한 공간이었지만, 버퍼 오버플로에 의한 보안 문제로 인해 현재는 실행 불가능하게 되었다.

그리고 [heap]이라고 표시된 영역이 힙이다.

한편 [vdso]나 [vsyscall]로 표시되는 영역은 리눅스 커널이 자동으로 매핑하는 영역으로, 시스템 콜을 위한 보조 데이터를 위해 사용된다.

11.2 메모리 관리 관련 API

지금까지 설명한 내용을 바탕으로 C 언어의 메모리 관리 API에 대해 알아보도록 하자. C 언어에서 메모리를 확보하는 방법은 언제 어느 영역에 할당하는지에 따라 다음과 같이 분류할 수 있다.

1. 빌드 시에 알고 있는 크기를 BSS 영역에서 취함
2. 빌드 시에 알고 있는 크기를 실행 시에 스택 영역에서 취함
3. 실행 시에 결정되는 크기를 힙 영역에서 취함
4. 실행 시에 결정되는 크기를 스택 영역에서 취함

1번은 전역 변수나 함수에 선언된 정적 변수를 할당하는 방법에 해당한다. 2번은 로컬 변수에 관한 내용이다. 1번과 2번은 메모리를 확보하는 장소는 다르지만, 소스 코드를 작성할 때 크기가 정해진다는 점에서는 동일하다. 프로그램이 실행 중인 상황에서 크기를 동적으로 결정하고 싶을 때는 3번, 즉 malloc()을 사용한다.

malloc()은 먼저 커널에서 어느 정도의 메모리를 받아오고, 그것을 적절한 크기로 쪼개어 전달한다. 이 malloc()이 사용하는 영역이 힙(heap)이다.

malloc() 등을 사용하여 실행 시에 메모리를 할당하는 것을 동적 할당(dynamic allocation)이라고 한다. 참고로 반대는 **정적**(static)이다. '정적'이라고 하면, 프로그램을 빌드할 때 결정되는 것을 말한다. 전역 변수나 정적 변수는 정적 메모리 할당에 해당한다.

마지막으로 4번과 같이 힙 영역이 아닌 스택 영역에 동적으로 할당하는 방법도 있다. 대표적인 함수로 alloca()가 있다. 하지만 malloc()보다 사용 빈도가 낮아 이 책에서 다루지 않는다.

 **malloc(3)**

```
#include <stdlib.h>

void *malloc(size_t size);
```

malloc()은 size만큼의 바이트를 힙 영역에 할당하고, 그 첫 번째 주소에 대한 포인터를 반환한다. 반환값의 타입은 void*이기 때문에 적절한 타입으로 캐스트하여 사용해야 한다. 메모리 할당에 실패하면 NULL을 반환한다.

할당될 메모리에 초깃값을 지정하고 싶으면 이어서 설명할 calloc()을 사용하거나, memset()을 함께 사용한다. malloc()으로 확보한 메모리는 뒤에 설명할 free()로 반드시 해제해야 한다.

 **calloc(3)**

```
#include <stdlib.h>

void *calloc(size_t nmemb, size_t size);
```

calloc()은 nmemb × size 바이트의 메모리를 힙 영역에 할당하고, 그 첫 주소에 대한 포인터를 반환한다. malloc()과 달리 할당된 메모리는 초깃값으로 0이 설정된다. 메모리 할당에 실패하면 NULL을 반환한다. calloc()으로 확보한 메모리도 free()로 해제해야 한다. 참고로, calloc()의 첫 문자 C는 Clear의 C다.

realloc(3)

```
#include <stdlib.h>

void *realloc(void *ptr, size_t size);
```

realloc()은 malloc()이나 calloc()으로 할당한 메모리 영역의 크기를 인자로 지정한 size 바이트로 확장 또는 축소한다. 경우에 따라 ptr이 가리키는 주소가 이동할 수도 있는데, 그 경우에는 ptr의 내용이 복사된다. 메모리 할당에 실패하면 NULL을 반환한다.

realloc()을 사용한 경우에도 역시 free()로 해제해야 한다. 또한, 메모리 할당에 실패할 수도 있으므로 다음과 같이 realloc()의 반환값을 원래의 포인터에 그대로 대입해서는 안 된다.

```
ptr = realloc(ptr, ...);
```

그러면 realloc()가 NULL을 반환했을 때 원래의 ptr에 액세스할 수 없게 되어 결과적으로 ptr을 사용할 수도, free()도 할 수 없게 된다. 그러므로 귀찮아도 다음과 같이 반환값을 일단 다른 변수에 대입하여 확인하고 사용하는 것이 좋다.

```
void *tmp = realloc(ptr, ...);
if (!tmp) {
    /* 에러 처리 */
}
ptr = tmp;
```

free(3)

```
#include <stdlib.h>

void free(void *ptr);
```

malloc(), calloc(), realloc()으로 힙 영역에 할당한 메모리 ptr을 해제한다. 일단 free()로 해제하면 그 메모리에 접근해서는 안 된다.

malloc(), calloc(), realloc()으로 할당한 메모리는 free()로 해제해야 하지만, 이것도 close()처럼 free()하지 않아도 문제가 되지 않는 경우가 있다. 예를 들면 프로그램이 바로 exit()하는 경우다. exit()하면 그 프로세스의 메모리 공간은 모두 소멸해 버리기 때문에 free()하지 않아도 문제가 되지 않는다. 그러나 프로그램이 리소스를 획득하고 사용이 끝났으면 반드시 닫아주는 것이 좋다. 특히, 메모리는 매우 귀중한 자원이므로 malloc()으로 얻은 메모리는 항상 free()로 해제해야 함을 명심하자.

brk(2)

malloc()은 내부적으로 brk() 또는 sbrk()라는 시스템 콜을 사용한다. GNU libc의 malloc()은 할당하는 크기가 큰 경우 mmap()을 사용하여 메모리를 얻는다. malloc()을 호출하는 프로그램을 strace 명령어로 추적하면 해당 사항을 확인할 수 있다.

11.3 프로그램이 완성될 때까지

C 언어 작성한 프로그램은 기계어로 변환되어야 실행할 수 있으며, 그 작업을 '빌드'라고 한다. 이번에는 빌드 과정에서 일어나는 일을 상세히 알아보도록 하자.

C 언어로 작성한 프로그램을 '빌드'할 때는 다음과 같은 작업이 수행된다.

- 전처리(preprocess)
- 컴파일(compile)
- 어셈블(assemble)
- 링크(link)

순서대로 살펴보도록 하자.

 전처리

전처리(preprocess) 단계에서는 #include나 #ifdef, #define을 처리해서 순수한 C 코드로 변환한다. gcc를 –E 옵션을 붙여 실행하면 전처리만 수행한 결과를 표준 출력으로 출력해 준다.

 컴파일

컴파일(compile) 단계에서는 C 언어 소스 코드(*.c)를 **어셈블리어**(assembly language) 코드로 변환한다. 어셈블리어는 기계어와 일대일 대응되는 언어로, 사람이 읽을 수 있도록 고안되었다. 기계어 레벨로 코드를 작성하거나 보고 싶을 때 사용한다.

gcc의 경우 /usr/lib/gcc 또는 /usr/libexec/gcc 밑에 있는 cc1이라는 프로그램이 컴파일을 담당한다. gcc를 –S 옵션을 붙여 실행하면 FILENAME.c를 컴파일까지 수행한 결과를 FILENAME.s라는 파일에 출력한다.

🌱 어셈블

어셈블(assemble) 단계에서는 어셈블리어로 된 코드(*.s)를 기계어를 포함한 오브젝트 파일(*.o)로 변환한다. 오브젝트 파일에는 몇 가지 종류가 있다. 대표적인 형식은 다음 세 가지다.

- ELF(Executable and Linking Format)
- COFF(Common Object File Format)
- a.out(assembler output)

리눅스는 현재 전면적으로 ELF를 사용하고 있다. 예전에는 a.out이 사용되었기 때문에 커널을 빌드하다 보면 설정 항목 중에 일부 흔적이 남아 있다.

어셈블 작업은 gcc가 아닌 binutils라는 패키지에 포함된 as라는 명령어가 담당한다. gcc를 -c 옵션을 붙여 실행하면 FILENAME.c를 어셈블까지 수행한 결과를 FILENAME.o라는 파일에 출력한다.

🌱 링크

빌드의 마지막 작업이 링크(link)다. 이 단계는 지면을 좀 더 할애하여 자세히 설명하도록 하겠다.

링크 단계에서는 오브젝트 파일(*.o)로부터 실행 파일 또는 라이브러리(*.a, *.so)를 만든다. 실행 파일은 그 자체가 하나의 오브젝트 파일로, 리눅스라면 역시 ELF 포맷이 사용된다.

라이브러리에 대해서는 2장에서 간략하게 설명했다. 라이브러리는 링크되는 방식에 따라 두 종류로 나뉜다. 바로 **정적 라이브러리**(static library)와 **공유 라이브러리**(shared library)다.

🌱 정적 링크

정적 라이브러리는 정적 링크(static link)에 사용되는 라이브러리이며, 파일 이름은 보통 '*.a'다. 이것은 ar이라는 프로그램으로 만든 아카이브 파일로, 안에는 많은 오브젝트 파일이 포함되어 있다.

정적 링크에서는 정적 라이브러리에 있는 필요한 함수가 생성하는 프로그램(오브젝트 파일)에 직접 삽입된다. 따라서 정적 라이브러리는 빌드할 때만 있으면 된다.

동적 링크

한편, 공유 라이브러리는 동적 링크(dynamic link)에 사용되는 라이브러리이며, 파일 이름은 보통 '*.so'다. 또한 'libc.so.6'와 같이 버전 번호가 붙는 경우도 있다. 공유 라이브러리는 정적 라이브러리와 달리 전체가 하나의 오브젝트 파일로 구성된다.

동적 링크를 할 때는 빌드 시에 최종 코드 결합까지는 수행하지 않는다. 그저 필요한 함수가 있는지를 체크할 뿐이다. 프로그램이 시작될 때 **링크 로더**(link loader)가 먼저 실행 파일과 공유 라이브러리를 메모리상에서 결합한다. 따라서 공유 라이브러리는 빌드 타임과 런타임에 모두 필요하다.

참고로, 현재 사용되고 있는 링크 로더는 /lib64/ld-linux-x86-64.so.2다. 앞서 살펴본 /proc/n/maps(213쪽)에서는 /lib/x86_64-linux-gnu/libc-2.23.so라는 경로로 표시되었다. 실행 파일에 대한 링크 로더의 이름은 실행 파일에 기술되어 있어 커널이 프로그램을 시작할 때 참조하여 처리한다.

정적 링크와 동적 링크, 어느 쪽을 사용해야 좋은가

지금까지 두 가지 링크를 설명했는데, 어느 쪽을 사용하면 좋을까? 결론부터 말하자면 항상 동적 링크를 사용해야 한다. 사실 정적 링크는 거의 사용되지 않는다. gcc도 기본적으로 동적 링크를 수행한다. 실은 지금까지 작성해 온 모든 프로그램도 암묵적으로 libc.so.6와 동적 링크되어 있는데, 다음과 같이 file 명령어와 ldd 명령어를 사용하면 확인할 수 있다.

```
$ gcc hello.c -o hello
$ file hello
hello: ELF 64-bit LSB executable, x86-64, version 1 (SYSV), dynamically linked,
interpreter/lib64/ld-linux-x86-64.so.2, for GNU/Linux 2.6.32, BuildID
[sha1]=fd766a49ffbe56d8369eeb6ab6c4e36da3fa2cdb, not stripped
$ ldd hello
    linux-vdso.so.1 => (0x00007ffd653c1000)
    libc.so.6 => /lib/x86_64-linux-gnu/libc.so.6 (0x00002b1dfe002000)
    /lib64/ld-linux-x86-64.so.2 (0x000055c92e47a000)
```

file 명령어를 통해 hello 프로그램이 'dynamically linked'되었음을 확인할 수 있다. 그리고 ldd 명령어는 동적 링크된 공유 라이브러리를 표시해 주고 있는데, 마지막의 '/lib64/ld-linux-x86-64.so.2'가 실행 시에 사용되는 링크 로더를 의미한다.

 ## gcc에 의한 동적 링크

이제 실제 동적 링크를 사용하는 방법에 관해 알아보자.

라이브러리를 링크하고 싶을 때는 gcc의 -l 옵션을 사용한다. 예를 들어, 수학 함수인 sin()을 사용하고자 한다면, 공유 라이브러리 libm.so를 사용하기 위해 다음과 같이 빌드한다.

```
$ gcc calc.c -lm -o calc
```

-l 옵션을 사용할 때는 라이브러리 이름 앞부분의 'lib'를 떼어내고 사용한다. 그래서 libm을 링크하고 싶다면 '-lm'로 지정한다.

이때 'l'과 'm' 사이에 공백을 두어서는 안 된다. 리눅스 명령어 중에는 옵션과 파라미터 사이에 공백이 허용되는 경우도 있지만, gcc는 그렇지 않다.

그리고 -lm을 calc.c보다 앞에 써서는 안 된다. gcc는 인자를 나열하는 순서에도 제약이 많은 편이다. 함수를 사용하는 소스 코드를 먼저 쓰고, 이어서 함수를 제공하는 라이브러리를 써야 한다. 그래서 일반적으로 main()이 있는 파일을 맨 앞에 쓰고, 라이브러리를 뒤에 열거한다.

제대로 libm과 연결되었는지 여부는 ldd 명령어로 확인할 수 있다.

```
$ ldd calc
        linux-vdso.so.1 => (0x00007ffc4f693000)
        libc.so.6 => /lib/x86_64-linux-gnu/libc.so.6 (0x00002b2ac18b4000)
        /lib64/ld-linux-x86-64.so.2 (0x000055ef835c0000)
```

방금 전의 hello 출력과 비교해 보기 바란다. libm이 한 줄 추가되어 있음을 알 수 있다.

🌱 동적 로드

마지막으로 동적 로드(dynamic load)에 대해 알아보도록 하자. 동적 로드는 모든 링크 작업을 실행할 때 수행하는 방법이다. 예를 들어 루비나 파이썬 등에서 사용되는 **확장 라이브러리**(extension library)도 동적 로드를 사용하여 구현되어 있다. 또한, 14장에서 설명하는 PAM에서도 동적 로드가 효과적으로 사용된다.

동적 링크와 동적 로드의 차이는 무엇일까? 동적 링크는 빌드할 때 함수 이름 확인을 위해 라이브러리가 필요했다. 그러나 동적 로드에서는 이름 확인도 하지 않는다. 그뿐만 아니라 소스 코드에 함수 이름이 쓰여 있을 필요도 없고, 방금 같이 gcc에 -l 옵션으로 라이브러리 이름을 전달할 필요도 없다. 프로그램 실행 중에 '이 라이브러리에 있는 이런 이름의 함수를 사용하고 싶다'고 부탁만 하면 된다. 즉, 보통 컴파일러가 하는 일을 실행 시에 수행하는 방법이라고 볼 수 있다.

동적 로드 방식은 의외로 간단하다. 이미 말한 대로 동적 링크는 ld-linux-x86-64.so.2에 의하여 실행 시에 수행된다. 이 ld-linux-x86-64.so.2는 실행 중에는 프로세스의 메모리 공간에 있으므로 이것을 실행 중에 동작시키면 된다. 이때 사용하는 API가 dlopen()이다. 자세한 내용은 'man dlopen'을 보기 바란다. 알기 쉬운 예제가 실려 있다.

1. 표준 입력의 마지막 몇 줄만을 출력하는 tail 명령어를 작성하라. 출력할 라인 수는 실행 인자로 받아 옵션 처리하도록 한다.

※ 해답은 이 책의 깃허브에서 확인 가능

제 **12** 장

프로세스 관련 API

이번 장에서는 프로세스와 관련된 API를 소개한다.

12.1 기본적인 프로세스 API

우리가 셸에서 프로그램을 기동시키면 그것이 프로세스가 된다. 이 장에서는 먼저 셸이 프로그램을 실행할 때 사용하는 기본 API를 소개하고자 한다. 그런데, 유닉스에서는 얼핏 멀리 돌아가는 것처럼 몇 개의 시스템 호출을 결합하여 프로그램을 시작한다. 이때 사용되는 시스템 콜은 다음의 세 가지다.

- fork(2)
- exec(2)
- wait(2)

순서대로 살펴보도록 하자.

fork(2)

fork()는 프로세스 자신을 복제해서 새로운 프로세스를 만드는 시스템 콜이다.

```
#include <unistd.h>

pid_t fork(void);
```

fork()를 호출하면 커널은 그 프로세스를 복제해서 두 개의 프로세스로 분리한다(그림 12.1). 이 시점에서 '복제 이전 프로세스'와 '복제 후 프로세스' 모두 fork()를 호출이 끝난 상태로, 둘 다 fork() 이후의 코드가 실행된다. 이때 원래부터 존재하는 프로세스 쪽을 **부모 프로세스**(parent process), 복제해서 만들어진 프로세스 쪽을 **자식 프로세스**(child process)라고 한다.

자식 프로세스에서 fork()의 반환값은 0이다. 그리고 부모 프로세스에서 fork()의 반환값은 자식 프로세스의 프로세스 ID 값(양수)이다. fork()가 실패할 경우에는 자식 프로세스가 생성되지 않고 부모 프로세스에 –1이 반환된다.

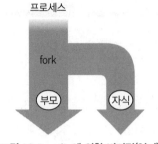

프로세스

fork

부모   자식

그림 12.1 stdio에 의한 버퍼링(읽기)

 exec

exec는 프로세스 자기 자신을 새로운 프로그램으로 덮어 쓰는 시스템 호출이다. exec를 실행하면 그 시점에서 현재 실행 중인 프로그램이 소멸하고, 새로운 프로그램을 로드하여 실행한다(그림 12.2).

프로세스

exec("/bin/cat", ...)

./myprog

/bin/cat

그림 12.2 exec 이미지

exec의 전형적인 사용 예는 fork()하고 즉시 exec하는 것이다. 이것으로 새 프로그램을 실행하게 된다.

```c
#include <unistd.h>

int execl(const char *path, const char *arg, ... /* NULL */);
int execlp(const char *program, const char *arg, ... /* NULL */);
int execle(const char *path, const char *arg, ..., /* NULL, */ char * const envp[]);
int execv(const char *path, char * const argv[]);
int execvp(const char *program, char * const argv[]);
int execve(const char *path, char * const argv[], char * const envp[]);
```

인자와 환경 변수의 전달 방법에 따라 이름이 조금씩 다른 execXX가 여러 개 있는데, 보통 이러한 API를 모두 합쳐서 'exec' 또는 'exec 계열'이라고 부른다. 'man exec'를 통해 man 페이지도 확인할 수 있다. 리눅스를 포함하여 대부분의 유닉스계 운영체제에서는 execve()만 시스템 콜이고 나머지는 라이브러리 함수다.

API 이름의 뒷 부분에 'l(list)'가 붙은 경우는 실행할 프로그램의 실행 인자를 함수의 가변 인자로 전달한다. 이때 마지막에는 명시적으로 NULL을 넣어 줘야 한다.

반면, 'v(vector)'가 붙은 경우는 실행 인자를 문자열 배열로 전달한다. 마찬가지로 배열의 마지막에는 NULL을 넣어 줘야 한다.

두 경우 모두 지정한 인자는 실행되는 프로세스의 main()의 argv가 된다. 그래서 호출하는 각 API의 첫 번째 인자와 두 번째 인자에는 프로그램 이름이 중복으로 지정된다. 다음 코드를 참고하기 바란다.

```
/* execl() 사용 예 */
execl("/bin/cat", "cat", "hello.c", NULL);
```

```
/* execv() 사용 예 */
char *argv[3] = { "cat", "hello.c", NULL };
execv("/bin/cat", argv);
```

또한 'e(environment)'가 붙어 있으면, 마지막 인자로 환경 변수인 envp가 추가된다. 'e'가 붙어 있지 않은 API는 현재 프로세스의 환경 변수를 그대로 사용한다. 환경 변수에 대해서는 14장에서 자세히 알아볼 것이다.

마지막으로, 'p(path)'가 붙어 있으면, 첫 번째 인자인 program을 환경 변수 PATH에서 찾는다. 즉, 셸과 같이 작동한다. 'p'가 붙어 있지 않은 경우는 첫 번째 인자인 path를 절대 경로 또는 상대 경로로 지정해야 한다.

exec는 성공하면 호출이 돌아오지 않기 때문에 호출이 돌아온 경우는 언제나 실패했음을 의미한다. 실패했을 때는 -1을 반환하고 errno에 에러 번호가 설정된다.

 **wait(2)**

fork()를 호출한 프로세스의 종료를 기다리려면 wait()나 waitpid()를 사용한다. 둘 다 시스템 콜이다.

```
#include <sys/types.h>
#include <sys/wait.h>

pid_t wait(int *status);
pid_t waitpid(pid_t pid, int *status, int options);
```

wait()는 자식 프로세스 중 어느 하나가 끝나는 것을 기다린다. waitpid()는 첫 번째 인자로 지정한 pid에 해당하는 프로세스가 끝나는 것을 기다린다.

status는 자식 프로세스의 종료 상태를 얻기 위해 사용한다. 종료 상태란 종료 방법을 나타내는 플래그와 exit()의 인자로 전달된 값(종료 코드)을 합성한 값으로, 다음 매크로를 사용하여 개별 값을 얻을 수 있다.

표 12.1 종료 방법을 조사하기 위한 매크로

매크로	의미
WIFEXITED(status)	exit로 종료했으면 0이 아닌 값
WEXITSTATUS(status)	exit로 종료한 경우, 종료 코드를 반환
WIFSIGNALED(status)	시그널로 종료했으면 0이 아닌 값
WTERMSIG(status)	시그널로 종료했으면 시그널 번호를 반환

 프로그램 실행

지금까지 알아본 세 가지 시스템 호출을 사용하여 '프로그램을 실행하고 결과를 기다리는' 작업을 수행해 보자. 이 과정을 말로 표현해 보자면 다음과 같다.

1. fork()한다.
2. 자식 프로세스에서 새로운 프로그램을 exec한다.
3. 부모 프로세스는 자식 프로세스를 wait한다.

코드 12.1에 구체적인 코드가 있다. spawn이라고 이름 붙인 이 프로그램은 실행 인자를 두 개 받아 첫 번째를 실행할 프로그램의 경로로, 두 번째 인자를 실행할 프로그램에 전달할 인자로 해석하여 실행한다. 또한, 프로그램이 종료하면 그 종료 방법을 출력한다.

코드 12.1 spawn.c

```c
#include <stdio.h>
#include <stdlib.h>
#include <unistd.h>
#include <sys/types.h>
#include <sys/wait.h>

int
main(int argc, char *argv[])
{
    pid_t pid;

    if (argc != 3) {
        fprintf(stderr, "Usage: %s <command> <arg>\n", argv[0]);
        exit(1);
    }
    pid = fork();
    if (pid < 0) {
        fprintf(stderr, "fork(2) failed\n");
        exit(1);
    }
    if (pid == 0) { /* 자식 프로세스 */
        execl(argv[1], argv[1], argv[2], NULL);
        /* execl()가 반환되었으면 실패한 것임 */
        perror(argv[1]);
        exit(99);
    }
    else { /* 부모 프로세스 */
        int status;

        waitpid(pid, &status, 0);
        printf("child (PID=%d) finished; ", pid);
        if (WIFEXITED(status))
            printf("exit, status=%d\n", WEXITSTATUS(status));
        else if (WIFSIGNALED(status))
            printf("signal, sig=%d\n", WTERMSIG(status));
        else
            printf("abnormal exit\n");
        exit(0);
    }
}
```

이 코드에서 주의해서 살펴봐야 할 곳은 무엇보다도 fork()다. fork()는 자식 프로세스와 부모 프로세스 양쪽 모두에서 호출이 반환된다.

또한 exec에는 여러 종류가 있으나, 이번에는 가장 사용하기 편리한 execl()을 선택했다. exec를 설명할 때도 언급했지만, 프로그램의 이름을 전달하는 것을 잊지 말도록 하자. 빌드하고 실행해 보면 다음과 같은 결과가 출력될 것이다.

```
$ gcc -g -Wall -o spawn spawn.c
$ ./spawn /bin/echo OK
OK
child (PID=20092) finished; exit, status=0
```

잘 실행되었다. 참고로 존재하지 않는 프로그램을 지정하면 다음과 같이 exec가 실패한다.

```
$ ./spawn /usr/bin/notexist xxx
/usr/bin/notexist: No such file or directory
child (PID=20339) finished; exit, status=99
```

한편, 라이브러리 함수 system(3)를 사용하면 프로그램을 더 쉽게 실행할 수 있다. 그러나 셸을 시작하고 프로그램을 실행시키므로 부하가 커지고, 보안 문제가 발생할 수 있어 주의해야 한다.

12.2 프로세스의 생애

조금 전에는 fork()로 프로세스를 만드는 방법을 알아봤는데, 이번에는 프로세스를 종료하는
방법에 대해 알아보자.

_exit(2)

프로세스를 자발적으로 종료하는 시스템 콜이 _exit()다.

```
#include <unistd.h>

void _exit(int status);
```

_exit()는 인자로 지정한 status를 종료 상태로 하여 종료한다. 그리고 절대 실패하지 않으므로
호출해도 절대 되돌아오지 않는다.

exit(3)

그리고 물론 지금까지 몇 번이고 사용해 온 exit()로 프로세스를 종료시킬 수 있다. exit()는 라
이브러리 함수다.

```
#include <stdlib.h>

void exit(int status);
```

exit()는 인자로 지정한 status를 종료 상태로 하여 프로세스를 종료한다. 그리고 절대 실패하지
않으며, 호출한 곳으로도 되돌아가지 않는다.

exit()와 _exit()의 차이는 다음 두 가지다.

- exit()는 stdio의 버퍼를 전부 해제한다.
- exit()는 atexit()로 등록한 처리를 실행한다.

즉, exit()의 경우 libc의 함수이기 때문에 libc와 관련한 각종 뒤처리를 수행한다. _exit()는 시스템 콜이기 때문에 libc에 대한 뒤처리를 할 수 없다. main()에서 return문을 만나면 프로그램이 종료되는데, 이때도 사실 내부적으로 exit()가 호출되어 종료된다.

🌱 종료 상태

지금까지 exit()를 사용할 때 exit(0)이나 exit(1)처럼 상숫값을 직접 넣어서 사용했는데, '0은 성공' '1은 에러'라는 것은 리눅스(유닉스)에서는 맞지만, 그 외의 시스템에서는 다를 수도 있다. 성공과 실패 중 어느 하나를 표현하는 것이라면 EXIT_SUCCESS와 EXIT_FAILURE라는 매크로를 사용하는 편이 좋다. 한편, 성공과 실패 이외에 더 자세한 상태를 표현하고 싶다면 직접 수치를 사용해야 한다.

🌱 프로세스의 생애

지금까지의 내용을 정리하여 프로세스의 생애를 그려보면 다음과 같다.

fork()로 시작하여 exec하면 자식 프로세스가 수행된다. 자식 프로세스가 _exit()로 종료되면 그 종료 상태는 부모 프로세스의 wait()가 받아들인다(그림 12.3).

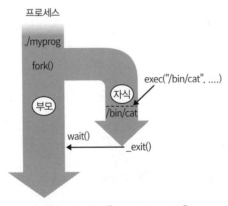

그림 12.3 fork() + exec + wait()

🌱 좀비 프로세스

앞의 그림에서는 fork()와 wait()가 짝을 이뤄서 _exit()의 값이 회수되었는데, 만약 자식 프로세스의 실행이 종료되었지만 부모 프로세스가 wait()를 호출하지 않은 경우에는 어떻게 될까?

커널의 입장에서는 부모 프로세스가 언제 wait()를 호출할지 알 수 없다. 부모 프로세스가 wait()를 곧바로 하지 않고 잠시 후에 할 수도 있는데, 그런 상황에도 제대로 자식 프로세스의 상태 코드를 반환해 줘야 하므로 커널은 자식 프로세스의 실행이 끝났어도 부모 프로세스가 종료되거나 wait()를 호출할 때까지 상태 코드를 보관한다. 이렇게 실행이 종료되었지만 부모가 wait()를 호출하기 전까지 커널이 그 상태 코드를 보관하고 있는 자식 프로세스를 **좀비 프로세스**(zombie process)라고 한다. 좀비 프로세스가 되면, ps 명령어에 'zombie' 혹은 'defunct'라고 표시된다.

금방 종료하는 프로그램이라면 자식 프로세스 일부가 좀비 프로세스가 되더라도 큰 문제가 없다. 그러나 잠시 후 얘기할 데몬 프로세스처럼 장시간 작동하는 프로세스의 자식 프로세스가 좀비가 되면, 시스템이 좀비 프로세스투성이가 된다. 프로세스 수가 증가하면 그만큼 커널의 부담이 커지므로 시스템에도 좋지 않다. 따라서 데몬 프로세스 등에서는 자식 프로세스가 좀비가 되지 않도록 주의해야 하는데, 자식 프로세스가 좀비 프로세스가 되지 않도록 하는 방법은 다음과 같이 세 가지가 있다.

1. fork()하면 wait()함
2. 이중 fork
3. sigaction()을 사용

1번이 가장 정석적인 방법이다. fork()하면 wait()하는 것이 부모 프로세스의 책임이다.

2번의 이중 fork는 도중에 여분의 fork()를 끼워 넣는 방법이다. 말로는 이해하기 어려우니 그림 12.4를 보기 바란다.

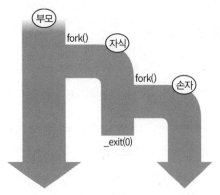

그림 12.4 이중 fork

이 상태가 되면 손자 프로세스에 있어서의 부모 프로세스는 없어진다. wait()하는 권리는 바로 직계 부모에게만 있으므로, 자식 프로세스가 없어지면 손자 프로세스를 wait()할 수 있는 권리를 가진 프로세스도 없어진다. 따라서 커널도 손자 프로세스를 좀비로 두지 않고, 종료하면 즉시 정리한다.

마지막 **3**번은 다음 장에서 설명하는 sigaction()라는 API를 사용해서 wait()하지 않도록 커널에 알리는 방법이다.

좀비 프로세스와 관련된 내용은 17장에서 다시 한번 살펴볼 것이다.

12.3 파이프

리눅스 셸은 프로그램을 기동할 뿐만 아니라 여러 프로세스 사이를 파이프로 연결할 수 있다는 중요한 특징이 존재한다. 이번에는 프로세스 사이에 파이프를 연결하는 방법을 소개하겠다.

파이프

프로그래머의 관점에서 보면, 파이프는 프로세스와 프로세스 간에 연결된 스트림이다. 파일에 연결된 스트림처럼 파이프도 파일 디스크립터를 사용하여 표현된다(그림 12.5).

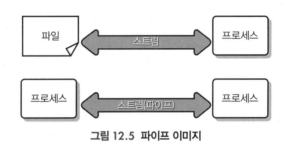

그림 12.5 파이프 이미지

보통 파일에 연결된 스트림은 읽고 쓰기를 겸할 수 있지만, 파이프는 단방향이다. 즉, 하나의 파일 디스크립터에 대해서는 읽기나 쓰기 둘 중 하나만 할 수 있다.

pipe(2)

```
#include <unistd.h>

int pipe(int fds[2]);
```

pipe()는 호출한 프로세스에 연결된 스트림을 만들고 그 양쪽의 파일 디스크립터 두 개를 인자 로 전달한 fds에 써넣고 반환한다.

그림 12.6을 보기 바란다. pipe() 호출이 성공하면, 그림 12.6처럼 하나의 프로세스에 연결된 스트림이 생성된다. fds[0]은 읽기 전용, fds(1)은 쓰기 전용이다.

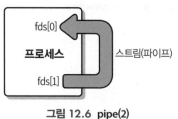

그림 12.6 pipe(2)

 부모/자식 프로세스 사이를 파이프로 연결하기

pipe()는 단독으로는 거의 의미가 없다. fork()와 결합해야 비로소 의미가 있다. 여기서 주의해야 할 점은 fork()를 하면 프로세스가 복제되면서 스트림도 모두 복제된다는 것이다. pipe()로 파이프를 만든 후 fork()하면 그림 12.7과 같이 된다.

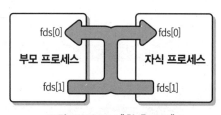

그림 12.7 pipe()한 후 fork()

여기서 부모가 읽는 측을 close()하고, 자식이 쓰는 측을 close()하면 그림 12.8과 같이 된다. 이로써 부모로부터 자식으로 연결된 파이프가 구성되었다.

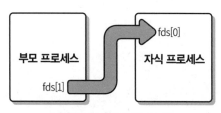

그림 12.8 양쪽에서 close()

그러나 이 방법은 그다지 직관적이라고 할 수는 없다.

🌱 dup(2), dup2(2)

여기까지 해서 pipe()와 fork()로 프로세스 사이에 파이프를 만들 수 있게 되었지만, 우리의 목표는 파일 디스크립터로 파이프를 연결하는 것이다. 우리가 셸을 만든다면 표준 입력과 표준 출력을 파이프로 연결할 필요가 있다. 이를 위해서는 5장에서 간단하게 설명하고 넘어간 시스템 콜인 dup()가 필요하다.

```
#include <unistd.h>

int dup(int oldfd);
int dup2(int oldfd, int newfd);
```

dup()와 dup2()는 파일 디스크립터 oldfd를 복제한다. 'dup'는 duplicate(복제하다)의 약자다.

dup()는 아직 사용하지 않은 제일 작은 값의 파일 디스크립터에 oldfd를 복제한 뒤 그것을 반환한다. dup2()는 파일 디스크립터 oldfd를 지정한 파일 디스크립터 newfd에 복제한 뒤 그것을 반환하며, 에러가 발생하면 -1을 반환한다.

'복제한다'는 것은 그림 12.9처럼 하나의 스트림을 커널 안에서 두 개로 분기하는 것을 의미한다.

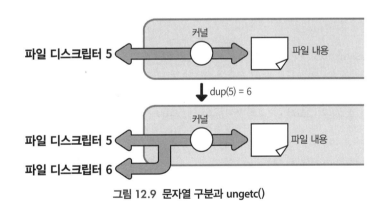

그림 12.9 문자열 구분과 ungetc()

예를 들어, 그림 12.9의 파일 디스크립터 6에 작업을 하면 파일 디스크립터 5에 작업을 하는 것과 동일한 효과가 있다. 그래서 파일 디스크립터 6에 read()하면 파일 디스크립터 5에서도 읽은 것으로 간주한다. lseek()로 파일 오프셋 작업을 하는 경우에도 양쪽에 동일하게 적용된다. close()할 때는 양쪽 모두를 close()해야 비로소 정리된다.

그러면 목표한 번호의 파일 디스크립터에 파이프를 연결하는 방법을 살펴보도록 하자. dup()
와 dup2() 양쪽 다 사용할 수 있지만, dup2()가 더 확실하고 쉽기 때문에 dup2()를 사용하겠다.
예를 들어 3번에 연결된 파이프를 0번으로 옮기고 싶다면, 다음과 같은 순서로 API를 사용하
면 된다.

1. close(0);
2. dup2(3,0);
3. close(3);

간단하다. 마지막에 close()하는 것을 반드시 잊지 말도록 하자.

popen(3)

pipe()는 fork()나 dup2()와 잘 조합해서 사용하지 않으면 안 된다. stdio에는 더 다루기 쉬운 파
이프 접속용 API로 popen(3)이 있다.

```
#include <stdio.h>

FILE *popen(const char *command, const char *mode);
```

popen()은 command로 지정한 프로그램을 기동하고 거기에 파이프를 연결하여 해당 스트림
을 반환한다. 실패하면 NULL을 반환한다.

mode는 문자열 "r"또는 "w"다. "r"을 지정하면 읽기용으로 열리고, "w"을 지정하면 쓰기용으로
열린다. 아쉽게도 읽고 쓰기를 동시에 할 수는 없다. 둘 다 하기를 원한다면 스스로 pipe()와
fork()를 사용하여 파이프를 연결해야 한다.

또한 popen()에서는 프로그램이 셸을 거쳐 실행되므로 첫 번째 인자로 지정하는 command는 PATH
에서 찾을 수 있고, 리디렉션이나 파이프도 사용할 수 있다.

pclose(3)

popen()의 짝으로 pclose()가 있다.

```
#include <stdio.h>

int pclose(FILE *stream);
```

pclose()는 popen()으로 fork()한 자식 프로세스를 wait()하고 그 후에 스트림을 닫는다. popen()
으로 연 FILE*은 반드시 pclose()로 닫아야 한다.

12.4 프로세스 관계

리눅스에서는 프로세스가 다양한 형태로 서로 연결되어 있다. 이번 절에서는 그러한 프로세스 사이의 관계에 대해 알아보도록 하자.

부모/자식 관계

먼저 부모/자식 관계다. 리눅스에서는 어떠한 프로세스도 fork()나 이와 비슷한 API로 생성된다. 그래서 리눅스에서 프로세스를 부모/자식 관계로 이어 가면 하나의 트리 구조로 구성할 수 있다. pstree 명령을 사용하면 부모/자식 관계의 트리를 표시하는 것이 가능하다.

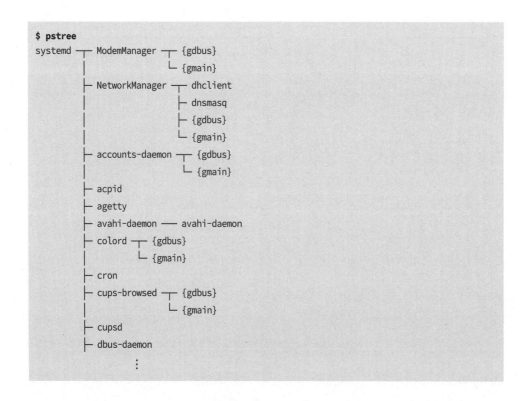

```
$ pstree
systemd ─┬─ ModemManager ─┬─ {gdbus}
         │                └─ {gmain}
         ├─ NetworkManager ─┬─ dhclient
         │                  ├─ dnsmasq
         │                  ├─ {gdbus}
         │                  └─ {gmain}
         ├─ accounts-daemon ─┬─ {gdbus}
         │                   └─ {gmain}
         ├─ acpid
         ├─ agetty
         ├─ avahi-daemon ─── avahi-daemon
         ├─ colord ─┬─ {gdbus}
         │          └─ {gmain}
         ├─ cron
         ├─ cups-browsed ─┬─ {gdbus}
         │                └─ {gmain}
         ├─ cupsd
         ├─ dbus-daemon
         ⋮
```

주목하고 싶은 곳은 왼쪽 끝에 있는 systemd다. systemd는 부팅 시 커널이 직접 실행시키는 프로그램이자 모든 프로세스의 시작이다. 유닉스에서 최초로 실행하는 프로그램은 수십 년에 걸쳐 init이었지만, 몇 년 전부터 systemd로 바뀌었다.

getpid(2), getppid(2)

프로세스는 자신의 프로세스 ID나, 부모의 프로세스 ID를 알 수 있다.

```
#include <sys/types.h>
#include <unistd.h>

pid_t getpid(void);
pid_t getppid(void);
```

getpid()는 자신의 프로세스 ID를 반환한다. 그리고 getppid()는 부모 프로세스의 프로세스 ID를 반환한다.

 다른 프로세스 정보

자신과 부모의 프로세스에 대해서는 지금까지 설명한 API로 알 수 있는데, 다른 프로세스의 정보는 어떻게 알 수 있을까?

리눅스의 경우에는 프로세스 파일 시스템 /proc에서 얻으면 된다. ps 명령어나 pstree 명령어도 프로세스 파일 시스템을 사용해서 정보를 모으고 있다.

프로세스 그룹과 세션

리눅스에는 부모/자식 관계 이외에도 프로세스를 체계적으로 관리할 수 있는 개념이 있다. 그것이 바로 프로세스 그룹과 세션이다. 모든 프로세스는 하나의 **프로세스 그룹**(process group)과 **세션**(session)에 소속되어 있다.

이러한 개념은 무엇 때문에 존재할까? 프로세스 그룹의 경우에는 셸 때문에 존재한다. 예를 들어 셸을 사용해서 여러 개의 명령어를 파이프로 연결해서 기동했다고 하자. 그런데 파이프로 연결된 명령어 중 하나에 문제가 있어 Ctrl + C로 중단했다면, 여러 개의 프로세스 중 어떤 것이 종료되어야 할까?

답은 파이프로 연결된 모든 프로세스가 멈춰야 한다. 이런 상황에서 고안된 것이 바로 프로세스 그룹이다. '파이프로 연결된 프로세스 집단'을 하나의 프로세스 그룹으로 통합하여 그 그룹의 프로세스에 시그널을 통합하여 보내면 된다.

한편, 세션은 사용자의 로그인부터 로그아웃까지의 흐름을 관리하기 위한 개념이다. 로그인 셸을 기점으로 사용자가 동일 단말로부터 기동한 프로세스를 하나로 통합할 수 있다. 결과로서 하나의 세션은 복수의 프로세스 그룹을 통합하는 형태가 된다(그림 12.10).

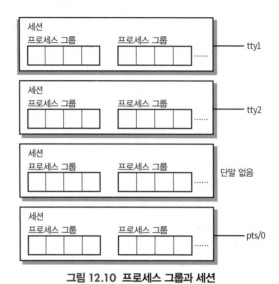

그림 12.10 프로세스 그룹과 세션

이때 세션과 연결된 단말을 프로세스의 **제어 단말**(controlling terminal)이라고 말한다.

 ## 프로세스 그룹과 세션 리더

ps 명령어를 j 옵션을 붙여 실행하면 프로세스 그룹이나 세션을 볼 수 있다.

```
$ ps j
  PPID   PID  PGID   SID TTY       TPGID STAT   UID  TIME COMMAND
  4548  4549  4549  4549 pts/17     7394 Ss     1001 0:00 -bash
  6992  6993  6993  6993 pts/0      7380 Ss     1001 0:00 -zsh
  6993  7380  7380  6993 pts/0      7380 S+     1001 0:00 sleep 1000
  6993  7381  7380  6993 pts/0      7380 S+     1001 0:00 tail
  7502  7394  7394  4549 pts/17     7394 R+     1001 0:00 ps j
  4549  7502  7502  4549 pts/17     7394 S      1001 0:03 zsh
```

표시된 항목의 의미는 PID가 프로세스 ID, PGID가 프로세스 그룹ID, SID가 세션 ID다.

PID(프로세스 ID)와 PGID(프로세스 그룹 ID)가 같은 프로세스는 **프로세스 그룹 리더**(process group leader)다. 처음으로 그 프로세스 그룹을 만든 프로세스가 리더가 된다.

또한, PID(프로세스 ID)와 SID(세션 ID)가 같은 프로세스는 **세션 리더**(session leader)다. 이 부분도 프로세스 그룹 리더와 마찬가지로 처음으로 그 세션을 만든 프로세스가 세션 리더가 된다.

프로세스 그룹 리더이든, 세션 리더이든 리더라고 해서 특별히 권한이 강한 것은 아니다. 오히려 그 반대로 '새로운 프로세스 그룹이나 세션을 만들 수 없다'는 제한이 있다.

 ## 데몬 프로세스

이번에는 'ps –ef'를 실행해 보자. '–ef' 옵션이 붙어 시스템에서 작동하고 있는 모든 프로세스를 표시한다. 내 시스템에서는 다음과 같이 출력되었다.

```
$ ps -ef
UID      PID  PPID  C STIME TTY     TIME CMD
root       1     0  0 Aug07 ?   00:00:04 /lib/systemd/systemd --system --deserialize 20
                      ⋮
root     221     1  0 Aug07 ?   00:00:01 /lib/systemd/systemd-journald
root     698     1  0 Aug07 ?   00:02:13 /usr/sbin/cupsd -l
syslog   703     1  0 Aug07 ?   00:00:00 /usr/sbin/rsyslogd -n
root     704     1  0 Aug07 ?   00:00:00 /usr/sbin/cron -f
                      ⋮
```

그러면 TTY 항목이 '?'이 되어 있는 프로세스가 많이 보인다. 이것은 제어 단말이 없는 프로세스임을 의미한다. 이렇게 제어 단말이 없는 프로세스를 **데몬 프로세스**(daemon process) 또는 단순히 **데몬**(daemon)이라고 한다. 왜 데몬 프로세스 같은 존재가 필요할까? 이는 쉽게 말해 서버로 동작하기 위해서다.

서버(server)는 다른 프로세스에 어떤 서비스를 제공하는 프로세스를 말한다. 일반적으로 네트워크를 거쳐 서비스를 제공한다. 이를 위해 서버는 컴퓨터가 동작하고 있는 동안 항상 작동하고 있어야 한다.

그러나 서버도 결국에는 누군가가 기동시켜야 하는데, 일반적으로 프로세스는 만든 사람이 로그아웃하면 모두 종료된다. 더 구체적으로 표현하자면, 로그아웃한 단말이 제어 단말로 지정된 모든 프로세스가 멈춘다. 고로 서버 프로세스를 기동한 사람은 로그아웃하지 말아야 한다는 어처구니없는 제약이 생기는데, 데몬 프로세스가 이러한 불편을 해소해 준다.

프로세스가 어떠한 단말과도 관계를 맺지 않고 동작할 수 있으면, 서버를 기동한 사람이 마음 편히 로그아웃할 수 있고, 무심코 Ctrl + C로 서버를 멈추는 일도 없다. 17장에서는 데몬 프로세스를 만드는 방법을 소개한다.

 **setpgid(2)**

마지막으로 새로운 프로세스 그룹과 세션을 만드는 시스템 콜을 소개하겠다. 우선 새로운 프로세스 그룹을 만들기 위한 API인 setpgid()부터 알아보자.

```
#include <unisted.h>

int setpgid(pid_t pid, pid_t pgid);
```

setpgid()는 첫 번째 인자로 지정한 pid에 해당하는 프로세스의 프로세스 그룹 ID를, 두 번째 인자로 지정한 pgid로 변경한다.

첫 번째 인자 pid를 0으로 지정한 경우 현재 프로세스가 대상이 된다. 또한 두 번째 인자 pgid를 0으로 지정하면, 현재 프로세스 ID가 프로세스 그룹 ID로 사용된다. 즉, 자신이 리더가 되어 새로운 프로세스 그룹을 만들고 싶은 경우에는 두 인자를 모두 0으로 하면 된다. 그리고 이것이 대표적인 사용 방법이다.

setsid(2)

이번에는 새로운 세션을 만드는 setsid()를 소개한다. setsid()는 데몬을 만들 때 사용된다.

```
#include <unistd.h>

pid_t setsid(void);
```

setsid()는 새로운 세션을 만들고 스스로 세션 리더가 된다. 동시에 그 세션에서 최초의 프로세스 그룹을 작성하고 그 그룹의 리더가 된다. 또한, setsid()로 작성한 새로운 세션은 제어 단말을 가지지 않는다. 즉, 세션 리더가 되는 동시에 데몬이 되는 것이다. 반환값은 작성한 세션의 ID(일반적으로 현 프로세스의 프로세스 ID와 동일)다. 실패하면 -1을 반환해서 errno을 설정한다.

현재 프로세스가 프로세스 그룹 리더라면 setsid()는 실패한다. 그래서 실패를 방지하기 위해 미리 1회 fork()해 둠으로써 프로세스 그룹 리더가 아닌 상태로 만드는 방법이 많이 쓰인다. setsid()의 사용 예는 16장에서 다룬다.

12.5 연습문제

1. fork()하면 프로세스가 사용하는 메모리가 두 배가 되는지 조사해 보라.

2. fork()와 exec()를 사용해서 프로그램을 기동하는 간단한 셸을 만들어라.

3. 문제 2에서 작성한 셸에 파이프와 리다이렉션을 구현하라(난이도가 높음).

※ 해답은 이 책의 깃허브에서 확인 가능

제 13 장

시그널 관련 API

시그널은 지금까지 몇 번이고 다루어 왔다.
이번 장에서는 시그널의 송신과 포착에 대해 알아볼 것이다.

13.1 시그널

시그널은 사용자(단말)나 커널이 프로세스에 무언가를 통지하는 목적으로 사용된다. 시그널에는 여러 가지 종류가 있고, 매크로로 이름이 붙여져 있지만, 그 실체는 int 타입 정수다. 시그널이 프로세스에 전달되면, 미리 설정된 세 가지 처리 중 하나가 실행된다.

1. 무시한다.
2. 프로세스를 종료한다.
3. 프로세스의 core 덤프를 작성하고 비정상 종료한다.

첫 번째 처리 방법은 단순히 시그널을 무시하는 것이다. 예를 들면, 자식 프로세스가 종료한 경우에 생성되는 SIGCHLD는 기본적으로 무시된다. 어차피 무시될 거라면 애초에 있을 필요가 없다고 생각할 수도 있지만 그렇지 않다. 시그널을 받았을 때의 처리는 프로세스가 변경할 수 있어, 해당 시그널을 유용하게 활용할 수도 있기 때문이다.

두 번째 처리 방법은 프로세스를 종료시키는 것이다. 예를 들면, 커맨드 라인에서 Ctrl + C 를 입력했을 때 생성되는 SIGINT가 그렇다.

세 번째 처리 방법은 core 덤프를 생성하고 프로세스를 비정상 종료시키는 것이다. 예를 들면, 11장에서 다루었던 SIGSEGV가 그렇다. 대응하는 물리 주소가 없는 메모리에 액세스하면 이 시그널이 생성되고, 프로세스는 비정상 종료된다. 이를 세그멘테이션 폴트에 의한 종료라고도 한다.

코어 덤프(core dump)라는 것은 프로세스의 메모리 스냅샷을 말한다. 보통 'core'라는 파일에 저장된다.

참고로 코어 덤프의 코어(core)는 메모리를 가리킨다. 오래전의 컴퓨터는 자기 코어라는 것으로 만든 '코어 메모리'를 사용했기 때문에 메모리를 코어라고 불렀다. 현재는 코어 메모리를 사용하지 않게 되었지만 이름은 그대로 남아 있는 상황이다.

빈번하게 사용되는 시그널을 표 13.1에 정리해 두었다.

표 13.1 자주 사용되는 시그널

시그널명	포착 가능	디폴트 기능	생성 원인과 용도
SIGINT	○	종료	주로 Ctrl + C로 생성되며, 프로그램을 중지하고 싶을 때 사용한다.
SIGHUP	○	종료	사용자가 로그아웃할 때 생성됨. 데몬 프로세스에서는 설정 파일을 다시 읽어 들이는 경우에 많이 사용된다.
SIGPIPE	○	종료	끊어진 파이프에 데이터를 쓰려고 시도하면 생성된다.
SIGTERM	○	종료	프로세스를 종료시킬 때 사용한다. kill 명령어를 시그널 지정 없이 사용할 때 전달된다.
SIGKILL	×	종료	프로세스를 확실하게 종료시키기 위해서 사용한다.
SIGCHLD	○	무시	자식 프로세스가 정지 또는 종료되면 발생한다.
SIGSEGV	○	코어 덤프	액세스 금지된 메모리 영역에 접근하거나, 초기화하지 않은 포인터를 참조하거나, 버퍼 오버플로가 발생한 경우에 생성된다. 프로그램에 버그에 의해 발생한다.
SIGBUS	○	코어 덤프	얼라인먼트 위반, 포인터 작업을 잘못한 경우 등 프로그램의 버그에 의하여 발생한다.
SIGFPE	○	코어 덤프	산술 연산 에러. 0으로 나누거나 부동 소수점 오버플로 등의 상황에서 발생한다.

 시그널 포착

표 13.1에서 '포착 가능' 항목이 'O'인 시그널은 그 시그널이 전달될 때의 동작을 변경할 수 있다.

예를 들어 SIGCHLD는 기본적으로 시그널이 발생했을 때 무시되지만, '포착 가능' 항목에 ○가 붙어 있어 sigaction()라는 API를 사용하여 시그널을 수신한 때의 동작을 바꿀 수 있다.

한편 SIGKILL의 경우는 '포착 가능'항목이 ×고, 게다가 기본 동작이 프로세스 종료다. 따라서 SIGKILL을 수신한 프로세스는 항상 커널에 의해 종료된다. 이 시그널은 어쩔 수 없는 상황에서 시스템 관리자가 프로세스를 종료시키기 위한 마지막 수단으로 사용된다.

13.2 시그널 포착하기

방금, 시그널을 수신할 때의 동작을 프로세스가 변경할 수 있다고 설명했다. 시그널 처리를 커널에 맡기지 않고 스스로 시그널을 처리하는 것을 '시그널을 **포착한다**(catch)' 또는 '시그널을 **트랩한다**(trap)'고 말한다.

유닉스 초기부터 존재하는 시그널 포착 인터페이스가 signal(2)다. 이름을 보면 마치 시그널을 보내는 API인 것 같지만 실제로는 포착하는 API다.

signal(2)

```
#include <signal.h>

void (*signal(int sig, void (*func)(int)))(int);
```

상당히 복잡한 선언인데, typedef를 사용해서 보기 쉽게 만들면 다음과 같다.

```
typedef void (*sighandler_t)(int);
sighandler_t signal(int sig, sighandler_t func);
```

첫 번째 줄의 typedef를 통해 'sighandler_t는 int 타입을 인자로 취하고 반환값이 void인 함수 포인터 타입'이라고 정의했다. 즉, signal()은 두 번째 인자로 함수 포인터를 받고 함수 포인터를 반환하는 함수다. 함수 포인터에 대해서는 잠시 후 자세히 설명한다.

signal()은 시그널 번호 sig의 시그널을 받았을 때의 동작을 변경한다. 구체적으로는 두 번째 인자 func 함수를 호출하도록 변경한다.

또한 이때 두 번째 인자 func에 전달하는 함수를, 시그널을 처리하는 함수라는 의미로 **시그널 핸들러**(signal handler)라 한다. typedef로 정의한 'sighandler_t'의 'sighandler'도 signal handler를 줄인 표현이다.

두 번째 인자 func에는 사용자가 정의한 함수 외에도 표 13.2에 나열한 특별한 값을 사용할 수도 있다.

표 13.2 두 번째 인자에 사용할 수 있는 특별한 값

상수	의미
SIG_DFL	커널의 디폴트 액션을 사용한다.
SIG_IGN	커널 레벨에서 시그널을 무시하도록 한다.

signal()의 반환값은 이전까지 사용되었던 시그널 핸들러다.

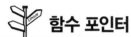

함수 포인터

함수 포인터에 대해 알아보도록 하자. 일반 포인터와 함수 포인터를 문법적으로 비교해 보면 다음과 같다.

- **int *n**

  포인터 변수 n은 int 타입을 담고 있는 메모리 주소를 가리킨다.
- **char *str**

  포인터 변수 str은 char 타입을 담고 있는 메모리 주소를 가리킨다.
- **void (*f)(int)**

  포인터 변수 f는 int 타입을 인자로 받고, 반환값이 없는 함수를 가리킨다.

함수 포인터를 이해하는 첫 번째 난관은 '함수를 가리킨다'라는 표현이다. 함수 포인터가 가리키는 함수의 궁극적인 실체는 무엇일까? 그것은 함수가 적혀진 코드가 컴파일 및 어셈블 과정을 거쳐 기계어로 변환된 상태로 메모리상에 배치된 시작 부분의 주소다. 우리가 작성한 코드는 빌드를 통해 오브젝트 파일이 되고, exec를 통해 각 프로세스의 메모리 공간 속 텍스트 영역에 배치된다. 이때 메모리상에 함수의 기계어 나열이 배치된 첫 주솟값이 바로 함수 포인터가 취하는 값이다. 포인터는 메모리 주소를 담는 변수란 관점에서 함수 포인터도 예외가 아니다.

함수 포인터의 두 번째 난관은 난해한 문법이다. 다음은 함수 포인터를 정의하는 구조다.

```
type (*f)(type)
```

여기서 f가 함수 포인터의 이름이다. (*f)를 먼저 찾는 것이 구조를 파악하는 데 도움이 된다.

그런데 사실 우리가 함수를 정의하면 그 이름을 함수 포인터로 사용할 수 있다. 다음 예제 코드를 살펴보자.

```
1   int
2   plus1(int n)
3   {
4       return n + 1;
5   }
6
7   int
8   main(int argc, char *argv[])
9   {
10      int (*f)(int);         /* 함수를 가리키는 포인터 변수 f를 정의 */
11      int result;
12
13      f = plus1;                  /* 여기가 문제! */
14      result = f(5);              /* f에 대입한 함수 plus1을 실행 */
15      printf("%d\n", result);  /* 6이 출력됨 */
16      exit(0);
17  }
```

13번째 줄에서 plus1 함수에 대한 포인터를 변수 f에 대입하고 있다. 이것은 char*와 char[]의 관계와 비슷하다.

char *buf는 buf라는 포인터 변수만 정의한다. 반면, char buf[64]는 char 변수 64개에 해당하는 메모리를 확보함과 동시에 buf라는 포인터 변수를 정의한다. 따라서 어느 쪽으로 정의했건 buf라는 이름으로 메모리상의 첫 주소를 가리키는 포인터를 얻을 수 있다.

마찬가지로, 'void (*print)(char *msg)'라고 정의하면 print라는 포인터 변수만 정의되는데, 'void print(char *msg){…}'처럼 함수를 정의하면 정의한 내용을 확보함과 동시에 print라는 포인터 변수도 정의된다. 따라서 양쪽의 경우 모두 print라는 이름으로 함수를 가리키는 포인터를 사용할 수 있다.

signal(2)의 문제점

다시 시그널 얘기로 돌아가자.

시그널은 프로세스의 상태를 고려하지 않고 언제라도 날아온다. 실행 중에 함부로 끼어들기 때문에 본질적으로 번거로운 문제점이 발생한다. signal(2)에는 여러 가지 문제점이 있다.

- **핸들러 초기화**

  운영체제에 따라서는 프로그래머가 지정한 시그널 핸들러를 수행한 후, 원래 설정으로 되돌리는 경우가 있다. 그러면 한번 시그널이 포착된 후 다시 핸들러를 등록하기 전까지 날아온 시그널은 포착하지 못하게 된다.

- **시스템 콜 수행 중에 시그널 발생**

  시그널은 read()나 write()와 같은 시스템 콜을 실행하고 있는 도중에도 날아올 수 있다. 그러한 경우의 동작도 운영체제에 따라 다르다. 어떤 운영체제는 시스템 콜 수행 중에 시그널이 날아오면 에러를 반환하고 종료한다. 한편 어떤 운영체제는 시그널 처리와 시스템 콜 처리를 중재해서 프로그래머에게는 문제가 보이지 않게 한다. 전자의 경우에는 read()나 write() 등의 시스템 콜을 사용할 때 시그널을 염두에 두고 코딩을 해야 하므로 번거롭다.

- **중복 호출해서는 안 되는 함수를 중복 호출**

  어떤 함수를 실행하던 중 시그널 핸들러에 의해 해당 함수가 다시 호출될 수도 있다. 이때, 함수 내에서 전역 변수를 사용하고 있다면 의도치 않은 문제가 발생하게 된다. 안타깝게도 C 표준 라이브러리 내에도 이러한 함수가 많이 존재한다.

- **시그널 블록**

  여러 번 이야기하지만 시그널은 시도 때도 없이 언제라도 날아온다. 즉, 시그널 핸들러를 실행하고 있는 동안에도 날아온다. 그러한 경우 시그널 핸들러가 복수로 동시에 실행되는 것은 일반적으로 있을 수 없는 동작이므로, 현재의 시스템에서는 시그널 핸들러가 실행 중에는 같은 종류의 시그널 전달을 보류할 수 있도록 하고 있다. 이것을 '시그널을 블록한다'고 말한다. signal(2)에서는 블록에 관한 동작을 설정할 수 없다.

 sigaction(2)

이상과 같이 signal(2)는 단순하기는 하나 여러 가지 문제점이 있고, 이식성도 부족하기 때문에 새로운 시스템 콜이 만들어졌다. 그것이 sigaction()이다. 새롭게 프로그램을 작성할 때는 무조건 sigaction()을 사용하는 것이 좋다.

```
#include <signal.h>

int sigaction(int sig, const struct sigaction *act,
              struct sigaction *oldact);
```

```
struct sigaction {
    /* sa_handler나 sa_sigaction 중 하나만 사용한다 */
    void (*sa_handler)(int);
    void (*sa_sigaction)(int, siginfo_t*, void*);
    sigset_t sa_mask;
    int sa_flags;
};
```

sigaction()은 인자로 지정한 sig에 해당하는 시그널에 대한 시그널 핸들러를 등록한다. 두 번째 인자인 act에는 시그널 핸들러를 지정한다. 상수 SIG_IGN, SIG_DFL 또는 임의의 함수 포인터 중 하나다. 세 번째 인자인 oldact에는 sigaction()를 호출할 때 설정되어 있던 시그널 핸들러가 기재된다. 불필요하면 NULL을 지정하면 된다.

signal에 있었던 문제점들이 sigaction()에서는 어떻게 개선되었는지 살펴보자.

- **핸들러 재설정**

  sigaction()은 운영체제와 관계없이 한번 설정한 시그널 핸들러가 계속 유지된다.

- **시스템 콜의 재기동**

  sigaction()은 sa_flags 멤버에 플래그 SA_RESTART를 추가하면 시스템 콜을 재기동하고, 그렇지 않은 경우에는 재기동하지 않는다. 앞서 설명한 대로 일반적으로는 재기동하는 것이 편리하기 때문에 SA_RESTART는 항상 추가해 두는 것이 좋다.

- **시그널 블록**

  struct sigaction의 멤버 sa_mask에 블록할 시그널을 지정할 수 있다. 그러나 시그널 핸들러를 수행할 때는 처리 중인 시그널이 자동으로 블록되므로 대부분의 경우 sa_mask를 비워 두면 된다. sa_mask을 비워 두기 위해서는 후술하는 sigemptyset()을 사용한다.

또한 struct sigaction의 sa_sigaction도 sa_handle과 마찬가지로 시그널 핸들러를 지정하는 멤버인데, 이쪽을 사용하면 시그널을 수신했을 때 시그널 번호 이외의 자세한 정보를 얻을 수 있다. 자세한 내용은 'man sigaction'을 참조하기 바란다.

sigaction의 사용 예

지금까지 배운 내용을 토대로 일반적인 sigaction()의 사용 예를 살펴보자.

```c
#include <signal.h>

typedef void (*sighandler_t)(int);

sighandler_t
trap_signal(int sig, sighandler_t handler)
{
    struct sigaction act, old;

    act.sa_handler = handler;
    sigemptyset(&act.sa_mask);
    act.sa_flags = SA_RESTART;
    if (sigaction(sig, &act, &old) < 0)
        return NULL;

    return old.sa_handler;
}
```

우선 시그널 핸들러를 sa_handler에 설정한다. sa_handler와 sa_sigaction은 한쪽만 사용할 수 있으므로 sa_sigaction은 무시한다. 다음으로 sa_mask는 비워 두면 되기 때문에 sigemptyset() 로 초기화해서 비워 둔다. 마지막으로, 시스템 콜은 자동으로 재기동되는 것이 편리하므로, sa_flags에는 SA_RESTART를 설정한다.

 ## sigset_t 조작 API

sigaction()으로 sigset_t를 조작해야 하므로 일단 sigset_t 조작용 API를 간단히 소개해 둔다.

```c
#include <signal.h>

int sigemptyset(sigset_t *set);
int sigfillset(sigset_t *set);
int sigaddset(sigset_t *set, int sig);
int sigdelset(sigset_t *set, int sig);
int sigismember(const sigset_t *set, int sig);
```

sigemptyset()는 set을 빈 값으로 초기화한다. 그리고 sigfillset()은 set을 모든 시그널을 포함하는 상태로 한다. sigaddset()은 시그널 sig를 set에 추가한다. sigdelset()은 시그널 sig를 set에서 삭제한다. sigismember()은 시그널 sig가 set에 포함되어 있으면 참을 반환한다.

시그널 블록

시그널 블록은 sigaction()의 sa_mask 멤버를 사용하여 설정할 수 있었다. 한편, 블록한 시그널을 다시 받기 위한 API는 다음과 같다.

```
#include <signal.h>

int sigprocmask(int how, const sigset_t *set, sigset_t *oldset);
int sigpending(sigset_t *set);
int sigsuspend(const sigset_t *mask);
```

sigprocmask()은 현재 프로세스의 시그널 마스크를 설정한다. 설정 방법은 플래그 how로 결정된다. how에 지정 가능한 값은 표 13.3과 같다.

표 13.3 sigprocmask()의 첫 번째 인자 how에 넣을 수 있는 값

값	효과
SIG_BLOCK	set에 포함되는 시그널을 시그널 마스크에 추가한다.
SIG_UNBLOCK	set에 포함되는 시그널을 시그널 마스크에서 삭제한다.
SIG_SETMASK	시그널 마스크를 set으로 대체한다.

sigpending()는 보류된 시그널을 set에 써넣는다. 성공하면 0을 반환하고, 실패하면 -1을 반환한 후 errno를 설정한다.

sigsuspend()는 시그널 마스크 mask를 설정함과 동시에 프로세스를 시그널 대기 상태로 만든다. 차단한 시그널을 해제하고, 보류되어 있던 시그널을 처리할 때 사용한다.

sigsuspend()는 항상 -1을 반환한다. 언제든지 시그널에 끼어들어 종료(EINTR)하기 때문이다.

13.3 시그널 전송

시그널은 커널이나 사용자가 전송하는 경우가 압도적으로 많고, 일반적으로 프로그램에서 시그널을 송신하는 경우는 거의 없다. 하지만 API를 간단하게 소개하도록 하겠다.

 ### kill(2)

kill()은 시그널을 전송하기 위해 사용하는 시스템 콜이다.

```
#include <sys/types.h>
#include <signal.h>

int kill(pid_t pid, int sig);
```

kill()은 프로세스 ID가 pid인 프로세스에 시그널 sig를 송신한다. 성공하면 0을 반환하고, 실패하면 -1을 반환한 후 errno를 설정한다.

또한 pid가 음수인 경우, ID가 –pid인 프로세스 그룹 전체에 시그널을 송신한다. 프로세스 그룹에 시그널을 보내는 killpg()라는 전용 시스템 콜도 있다.

참고로 kill()의 이름이 sendsig()이면 더 바람직할 것이다. 역사가 오래된 유닉스에는 이처럼 이름이 실제 의미와 맞지 않는 경우가 제법 있다.

13.4 Ctrl + C

시그널에 대한 설명은 끝이 났다. 마지막으로 3장에서 언급했던 Ctrl + C에 대해 알아보도록 하자.

Ctrl + C가 시그널로 변환되어 대상이 되는 프로세스에 전달되기까지의 구조를 그림 13.1에 정리했다.

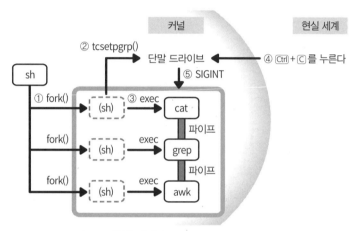

그림 13.1 Ctrl + C가 프로세스를 정지시킬 때까지

먼저 사용자가 키보드로 Ctrl + C를 누르면, 이것을 커널의 단말 드라이브가 파악한다. 단말 드라이브는 모드에 따라 움직임이 다른데, 일반적으로 셸을 사용하고 있는 경우에는 **cooked 모드**(cooked mode)로 되어 있어 특수한 기능을 하는 키가 존재한다.

예를 들면 문자를 지우는 백스페이스나 인터럽트하는 Ctrl + C 등이다. 어떤 키가 어떤 기능을 하는지는 stty 명령어에 -a 옵션을 붙여 실행해 보면 알 수 있다.

```
$ stty -a
speed 38400 baud; rows 47; columns 74; line = 80;
intr = ^C; quit = ^\; erase = ^?; kill = ^U; eof = ^D; eol = <undef>;
eol2 = <undef>; start = ^Q; stop = ^S; susp = ^Z; rprnt = ^R; werase = ^W;
lnext = ^V; flush = ^O; min = 1; time = 0;
-parenb -parodd cs8 -hupcl -cstopb cread -clocal -crtscts
-ignbrk brkint ignpar -parmrk -inpck -istrip -inlcr -igncr icrnl ixon -ixoff
```

```
-iuclc -ixany imaxbel
opost -olcuc -ocrnl onlcr -onocr -onlret -ofill -ofdel nl0 cr0 tab0 bs0 vt0 ff0
isig icanon iexten echo echoe echok -echonl -noflsh -xcase -tostop -echoprt
echoctl echoke
```

intr는 interrupt를 말하며, '^C'는 Ctrl + C를 의미한다. 한편 intr로 설정된 Ctrl + C가 눌러졌기 때문에 단말 드라이브는 Ctrl + C를 인터럽트라고 인식한다.

다음으로 SIGINT를 단말에서 동작 중인 프로세스에 전송하는데, '단말에서 동작 중인 프로세스'를 어떻게 알 수 있을까? 실은 셸이 파이프로 연결된 프로세스 무리를 기동할 때 '이 단말에서는 지금 이 프로세스가 작동 중이다'라고 단말에 가르쳐 준다. 이를 위해 tcsetpgrp()라는 API가 사용된다.

참고로 이 API는 ioctl()를 사용해서 만들어졌다. 정확히 말하면, 단말에 가르치는 것은 프로세스가 아니고 프로세스 그룹이다. 파이프로 연결된 프로세스 무리가 곧 하나의 프로세스 그룹이 되는 것이다.

인터럽트는 파이프에 연결된 프로세스 전체를 중지해야 하므로 프로세스 그룹 전체에 신호를 전송한다. 그래서 SIGINT가 전송되면, 파이프 전체 프로세스가 종료된다. 물론, 프로세스가 sigaction() 등으로 SIGINT를 포착하고 있으면 다른 얘기가 되는데, 무시하거나 다른 동작을 취할 수도 있다.

차례대로 정리해 보면 다음과 같다.

1. 셸이 파이프를 구성하는 프로세스를 fork()한다.
2. 셸이 파이프의 프로세스 그룹 ID를 tcsetpgrp()로 단말에 통지한다.
3. fork된 각 프로세스가 각각의 명령어를 exec한다.
4. 사용자가 Ctrl + C를 누른다.
5. 커널 내의 단말 드라이브가 그것을 SIGINT로 변환하여 동작 중인 프로세스 그룹에 발송한다.
6. 프로세스 그룹이 시그널에 대한 기본 동작으로 종료된다.

평소 자주 사용하는 Ctrl + C의 이면에는 이러한 동작이 수행되고 있었다. 단순한 기능처럼 보이지만, 의외로 많은 모듈이 관여하는 복잡한 기능이다.

1. SIGINT 시그널을 수신하면 메시지를 출력하고 종료히는 프로그램을 작성하라. 시그널을 기다리게 하기 위해 pause()라는 API를 사용할 수 있다.

※ 해답은 이 책의 깃허브에서 확인 가능

제 14 장
프로세스 환경

이번 장에서는 '프로세스 환경'이라는 주제로, 프로세스의 속성을 살펴볼 것이다. 현재 디렉터리, 인증, 환경 변수, 사용 리소스의 네 가지다. 관련된 내용으로 사용자 데이터베이스와 시간에 대해서도 알아볼 것이고 위 내용을 종합하여 로그인 과정도 알아볼 것이다.

14.1 현재 디렉터리

먼저 프로세스의 현재 디렉터리에 대한 이야기부터 시작하겠다.

getcwd(3)

프로세스에는 '**현재 위치의 디렉터리**'라는 속성이 있다. 영어로는 current working directory다. 현재 디렉터리를 얻기 위한 함수가 getcwd()다. 여기서 cwd가 current working directory의 약자다.

```
#include <unistd.h>

char *getcwd(char *buf, size_t bufsize);
```

getcwd()는 실행 중인 프로세스의 현재 디렉터리를 buf에 써넣는다. 성공하면 buf를 반환하고, 실패하면 NULL을 반환하고 errno를 설정한다. 만약에 현재 경로를 나타내는 문자열이 bufsize 바이트 이상이면 ERANGE 에러를 반환한다. 한편 getcwd() 이외에 getwd()라는 함수도 있는데, 이것은 버퍼 오버플로의 위험이 있으므로 절대로 사용해서는 안 된다.

path를 위한 버퍼 확보하기

그렇다면 getcwd()를 사용할 때 buf의 크기는 얼마로 하면 될까? 이것은 일반적으로 'path(파일의 경로)를 저장하는 버퍼의 크기는 얼마로 하면 될까?'라는 근본적인 문제에 해당한다. 이 문제는 10장에서 얘기한 readlink()에서도 마주쳤던 문제다.

먼저, 잘못된 방법은 limits.h에 정의된 PATH_MAX의 값을 사용하는 것이다(코드 14.1). 이 방법은 간단해서 예전부터 많이 사용되어 왔다.

코드 14.1 path를 써놓을 버퍼 확보하기(잘못된 방법)

```
#include <unistd.h>
#include <limits.h>

{
```

```
        char buf[PATH_MAX];

        if (!getcwd(buf, sizeof buf)) {
            /* 에러 */
        }
    }
```

이 방법이 문제가 되는 이유는 PATH_MAX로도 부족한 경우가 존재할 수 있기 때문이다. 전에는 PATH_MAX의 값이 고정적이었으나, 현재는 커널 동작 중에 값을 변경할 수 있기 때문에 빌드할 때 상수를 보는 것만으로는 충분하지 않다. 이는 시스템 콜 pathconf()를 사용하여 동적으로 값을 얻을 수 있긴 하다.

그러나 내가 추천하는 방법은 malloc()을 사용해서 버퍼를 확보하고, 바로 시험해 보는 방법이다(코드 14.2). 버퍼의 길이가 부족하면 realloc()으로 버퍼를 증가시킨 다음 다시 시험해 보는 것을 반복한다. malloc을 사용했으니 반드시 free()를 해주는 것을 잊어서는 안 된다.

코드 14.2 path를 써넣을 버퍼 확보하기(올바른 방법)

```
#include <stdlib.h>
#include <unistd.h>
#include <errno.h>

#define INIT_BUFSIZE 1024

char*
my_getcwd(void)
{
    char *buf, *tmp;
    size_t size = INIT_BUFSIZE;

    buf = malloc(size);
    if (!buf) return NULL;
    for (;;) {
        errno = 0;
        if (getcwd(buf, size))
            return buf;
        if (errno != ERANGE) break;
        size *= 2;
        tmp = realloc(buf, size);
        if (!tmp) break;
        buf = tmp;
    }
    free(buf);
    return NULL;
}
```

chdir(2)

프로세스의 현재 디렉터리를 변경하려면 chdir()을 사용한다. chdir은 change working directory의 약자다.

```
#include <unistd.h>

int chdir(const char *path);
```

chdir()은 현재 프로세스의 현재 디렉터리를 인자로 지정한 path로 변경한다. 성공하면 0을 반환하고, 실패하면 -1을 반환한 뒤 errno를 설정한다.

다른 프로세스의 현재 디렉터리

API로 변경할 수 있는 것은 현재 프로세스의 현재 디렉터리뿐이다. 다른 프로세스의 현재 디렉터리를 변경하는 API는 없다. 다만, 심볼릭 링크 '/proc/프로세스 ID/cwd'를 사용하는 방법이 있다.

14.2 환경 변수

환경 변수(environment variable)는 프로세스의 부모/자식 관계를 통하여 전파되는 전역 변수와 같은 것이다. 보통 셸을 사용할 때 PATH나 EDITOR와 같은 환경 변수를 설정한 경험이 있을 것이다. 환경 변수는 항상 설정해 두고 싶은 값을 프로그램에 전달하기 위해 사용한다. 예를 들어 환경 변수 LESS에 "-i"를 설정해 두면 less는 항상 -i 옵션과 함께 실행된다. 이와 비슷한 환경 변수로 MORE와 GZIP 등이 있다. 명령어가 참조하는 환경 변수는 각 명령어의 man 페이지에 기재되어 있으니 확인해 보기 바란다.

많이 사용되는 주요 환경 변수를 표 14.1에 정리해 놓았다.

표 14.1 중요한 환경 변수

이름	의미
PATH	명령어를 찾는 디렉터리
TERM	사용하고 있는 단말의 종류. 리눅스, kterm, vt100 등
LANG	사용자의 디폴트 로케일. 한글의 경우 ko_KR.UTF-8
LOGNAME	사용자의 로그인명
TEMP	임시 파일을 두는 디렉터리. /tmp 등
PAGER	man 명령어 등에서 사용하는 텍스트 읽기용 프로그램. Less 등
EDITOR	기본 편집기. vi 나 emacs 등
MANPATH	man 소스를 두고 있는 디렉터리
DISPLAY	X 윈도우 시스템의 기본 디스플레이

 environ

환경 변수는 전역 변수 environ를 통해 액세스할 수 있다. 형식은 char**이기 때문에 그림으로 표시하면 그림 14.1과 같다.

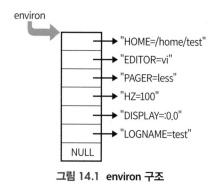

그림 14.1 environ 구조

현재 프로세스 환경 변수를 모두 표시할 경우엔 코드 14.3과 같이 작성하면 된다.

코드 14.3 env.c

```
#include <stdio.h>
#include <stdlib.h>

extern char **environ;

int
main(int argc, char *argv[])
{
    char **p;

    for (p = environ; *p; p++) {
        printf("%s\n", *p);
    }
    exit(0);
}
```

environ은 어떤 헤더 파일에서도 선언되어 있지 않기 때문에 environ에 직접 액세스하기 위해서는 extern 선언을 해야 한다. 또한, environ이 가리키는 주소는 putenv()로 이동할 수도 있으므로 변수에 저장해 두고 나중에 접근해서는 안 된다.

getenv(3)

```
#include <stdlib.h>

char *getenv(const char *name);
```

getenv()는 환경 변수인 name의 값을 검색하여 반환한다. 해당 이름의 환경 변수가 없으면 NULL을 반환한다. getenv()가 반환하는 문자열도 putenv() 등으로 인해 이동하는 경우가 있기 때문에 값을 저장해 둔 채 반복해서 사용해서는 안 된다. 또한, 반환값의 문자열에 데이터를 덮어써서도 안 된다.

 putenv(3)

```
#include <stdlib.h>

int putenv(char *string);
```

putenv()는 환경 변수에 값을 설정한다. 인자 string은 '이름 = 값'의 형식이어야 한다. 이 형식을 지키지 않은 경우 어떤 문제가 발생할지 예측할 수 없다. 또한, putenv()는 전달한 string을 그대로 계속 사용하므로 string의 영역은 정적으로 확보해 두거나, 아니면 malloc()으로 할당해야 한다. 성공하면 0을 반환하고, 실패하면 −1을 반환한 뒤 errno를 설정한다.

환경 변수와 관련된 API는 이 외에도 setenv(), unsetenv(), clearenv()가 있다.

14.3 자격 증명

이번에는 자격 증명과 관련된 API를 소개한다.

set-uid 프로그램

용어의 이해를 위해서 먼저 set-uid 프로그램(set-user-ID program)에 관해 설명하도록 하겠다.

명령어를 실행하는 사용자와 관계없이 특정 사용자의 권한으로 실행하고 싶은 경우가 있다. 예를 들어, 암호를 변경하는 passwd 명령어가 그렇다.

암호는 /etc/passwd 또는 /etc/shadow에 저장되기 때문에 암호를 변경하려면 이 파일을 수정해야 한다. 그러나 모든 사용자가 이 파일을 원하는 대로 변경할 수 있으면 안 되므로 모든 사람에게 쓰기 권한을 부여할 수는 없다.

이러한 상황을 위해 존재하는 것이 파일 권한 **set-uid 비트**(set-user-ID bit)다. 특정 프로그램에 set-uid 비트를 세트해 두면, 실행한 사용자와 관계없이 프로그램 파일의 소유자 권한으로 기동한다.

예를 들어 passwd 명령어를 'ls -l'해 보자.

```
$ ls -l /usr/bin/passwd
-rwsr-xr-x 1 root root 54256 May 17 08:37 /usr/bin/passwd
```

소유자의 권한을 살펴보기 바란다. 보통은 'rwx'로 되어 있는데, 'x'가 's'로 바뀌어 있다. 이것이 set-uid 비트가 설정되었다는 표시다. 그리고 소유자는 root이기 때문에 passwd 명령어는 누가 시작해도 root 권한으로 실행된다. 이러한 프로그램이 setuid 프로그램이다.

set-uid 프로그램으로부터 기동된 프로세스에는 두 종류의 인증이 존재한다. 프로세스를 시작한 사용자와 set-uid 프로그램의 소유자다. 이때, 시작한 사용자 ID를 **실제 사용자 ID**(real user ID)라 하고, set-uid 프로그램 소유자의 ID를 **실효 사용자 ID**(effective user ID)라고 한다.

또한 이후에 setuid()라는 시스템 콜이 나오는데, 지금 얘기하는 set-uid 프로그램과는 직접적인 관계가 없음에 주의하기 바란다.

그리고 사용자뿐만 아니라 그룹에도 비슷하게 자동 상승 구조가 있다. 이를 지시하는 권한 플래그를 **set-gid 비트**(set-group-ID bit)라 하고, 프로그램을 시작한 사용자 그룹 ID를 **실제 그룹 ID**(real group ID), 프로그램의 소유 그룹 ID를 **실효 그룹 ID**(effective group ID)라고 한다. set-uid 프로그램과 명칭이 거의 유사하다.

 ## 현재 자격 증명 획득

먼저 현재 자격 증명을 얻는 시스템 콜을 설명한다. 네 개의 API는 이름만 봐도 쉽게 수행하는 기능을 추측할 수 있다.

```
#include <unistd.h>
#include <sys/types.h>

uid_t getuid(void);
uid_t geteuid(void);
gid_t getgid(void);
gid_t getegid(void);
```

getuid()는 현재 프로세스의 실제 사용자 ID를 반환한다.

geteuid()는 현재 프로세스의 실효 사용자 ID를 반환한다.

getgid()는 현재 프로세스의 실제 그룹 ID를 반환한다.

getegid()는 현재 프로세스의 실효 그룹 ID를 반환한다.

위 네 가지 시스템 콜은 절대 실패하지 않는다.

```
#include <unistd.h>
#include <sys/types.h>

int getgroups(int bufsize, gid_t *buf);
```

getgroups()는 현재 프로세스의 보조 그룹 ID를 인자로 지정한 buf에 쓴다. 그러나 프로세스의 보조 그룹 ID가 bufsize로 지정한 개수보다 많은 경우에는 buf에 아무것도 쓰지 않고 오류를 반환한다. 호출이 성공하면 보조 그룹 ID 수(0 이상)를 반환한다. 실패하면 -1을 반환하고 errno를 설정한다.

다른 자격 증명으로 이행하기

현재의 권한을 버리고 새로운 자격 증명으로 이행하려면 setuid(), setgid(), initgroups()의 세 가지를 사용한다.

```
#include <unistd.h>
#include <sys/types.h>

int setuid(uid_t id);
int setgid(gid_t id);
```

setuid()는 현재 프로세스의 실제 사용자 ID와 실효 사용자 ID를 id로 변경한다. setgid()는 현재 프로세스의 실제 그룹 ID와 실효 그룹 ID를 id로 변경한다.

```
#define _BSD_SOURCE
#include <grp.h>
#include <sys/types.h>

int initgroups(const char *user, gid_t group);
```

initgroups()는 /etc/group 등의 데이터베이스를 보고, user가 속한 보조 그룹을 현재 프로세스의 보조 그룹으로 설정한다. 이때 두 번째 인자로 지정한 group을 추가한다. group은 일반적으로 사용자 그룹(primary group)을 보조 그룹에도 추가하기 위해 사용한다.

initgroups()는 실행에 성공하면 0을 반환하고 실패하면 -1을 반환하면서 errno를 설정한다. 또한, initgroups()은 슈퍼 사용자가 아니면 성공할 수 없다.

이상 세 가지 API를 사용하여 완전히 다른 사용자가 되려면 다음 순서를 따르도록 한다.

1. 슈퍼 사용자(root)로서 프로그램을 시작한다.
2. 원하는 사용자의 사용자명과 ID, 그룹 ID를 얻어 둔다.
3. setgid(변경할 그룹 ID)
4. initgroups(변경할 사용자명, 그룹 ID)
5. setuid(변경할 사용자 ID)

앞서 언급한 대로, initgroups()는 슈퍼 사용자로 실행할 필요가 있기 때문에 setuid()는 반드시 마지막에 해야 한다. setgid()와 initgroups()는 기본적으로 어느 쪽이 먼저 와도 상관이 없지만, 일부 운영체제에서 발생하는 문제를 방지하기 위해서는 setgid()를 먼저 하는 편이 좋다.

14.4 사용자와 그룹

자격 증명에 이어 사용자나 그룹에 대한 정보 취급에 대해 알아보자. 인증에 대한 이야기를 한 직후에 사용자에 대한 이야기를 하는 것이 다소 혼동될 수 있지만, 기본적으로 '인증'과 '사용자 및 그룹'의 정보는 별도다. 인증은 프로세스의 속성이며, 관리하고 있는 주체는 커널이다. 한편, 사용자 및 그룹의 정보는 커널이 일절 관여하지 않는다.

getpwuid(3), getpwnam(3)

우선, 사용자 정보를 검색하는 API를 소개한다.

```c
#include <pwd.h>
#include <sys/types.h>

struct passwd *getpwuid(uid_t id);
struct passwd *getpwnam(const char *name);

struct passwd {
    char *pw_name;        /* 사용자 이름 */
    char *pw_passwd;      /* 패스워드 */
    uid_t pw_uid;         /* 사용자 ID */
    gid_t pw_gid;         /* 그룹 ID */
    char *pw_gecos;       /* 본명 */
    char *pw_dir;         /* 홈 디렉터리 */
    char *pw_shell;       /* 셸 */
};
```

getpwuid()는 지정한 id로 사용자 정보를 검색한다. 한편, getpwnam()은 지정한 이름으로 사용자 정보를 검색한다. 어느 쪽이든 성공하면 사용자 정보를 struct passwd 타입으로 반환한다. 해당 사용자가 없거나 에러가 발생하면 NULL을 반환하고 errno를 설정한다. 반환값은 정적으로 할당된 버퍼에 대한 포인터이므로 다시 한번 getpwuid() 및 getpwnam()을 호출하면 덮어 쓰일 가능성이 있다.

 **getgrgid(3), getgrnam(3)**

다음으로 그룹 정보를 검색하는 API를 소개한다.

```
#include <grp.h>
#include <sys/types.h>

struct group *getgrgid(gid_t id);
struct group *getgrnam(const char *name);

struct group {
    char *gr_name;      /* 그룹명 */
    char *gr_passwd;    /* 그룹 패스워드 */
    gid_t gr_gid;       /* 그룹 ID */
    char **gr_mem;      /* 그룹에 속하는 멤버(사용자명 리스트) */
};
```

getgrgid()은 지정한 id로 그룹 정보를 검색한다. getgrnam()은 그룹 이름으로 그룹 정보를 검색한다. 어느 쪽이건 성공하면 사용자 정보를 struct group 타입으로 반환한다. 해당 그룹이 발견되지 않거나 에러가 발생하면 NULL을 반환하고 errno를 설정한다. 마찬가지로 반환값은 정적으로 할당된 버퍼의 포인터이기 때문에 다음에 getgrgid()나 getgrnam()을 호출한 시점에서 덮어 쓰일 가능성이 있다.

14.5 프로세스가 사용하는 리소스

프로세스가 동작하려면 여러 가지 리소스가 필요하다. 예를 들면 CPU, 메모리, 버스(디바이스 등의 입출력) 등이다. 커널은 이와 같은 각 프로세스가 사용하고 있는 리소스의 양을 그때마다 기록하고 있다. CPU에 대해서는 사용한 시간을 기록하고, 메모리는 사용하고 있는 크기를 기록하고 있다.

이 정보는 관점에 따라 다양한 용도로 사용될 수 있다. 예를 들어 프로그래머가 프로그램을 튜닝할 때 사용할 수 있으며, 시스템을 시간당 얼마에 빌려줄지 검토하는 경우에도 사용할 수 있다.

이번 절에서는 이와 같은 프로세스의 사용 리소스에 관한 정보를 획득하기 위한 API를 소개한다.

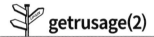 getrusage(2)

getrusage()를 사용하면 여러 가지 리소스 사용량을 얻을 수 있다.

```
#include <sys/time.h>
#include <sys/resource.h>

int getrusage(int who, struct rusage *usage);
```

getrusage()는 프로세스의 리소스 사용량을 두 번째 인자인 usage에 기록한다.

첫 번째 인자인 who가 RUSAGE_SELF인 경우에는 현재 프로세스의 리소스 사용량을 기록한다. 반면에 who가 RUSAGE_CHILDREN이라면 자식 프로세스의 리소스 사용량을 기록한다. 또한, 이 경우 '자식 프로세스'는 '현재 프로세스에서 fork()한 모든 자식 프로세스 중에서 wait() 중인 것'을 의미한다.

호출이 성공하면 0을 반환하고 실패하면 -1을 반환한 뒤 errno를 설정한다.

'man getrusage'을 보면 struct rusage에는 꽤 많은 멤버 필드가 있는데, 리눅스에서는 그중 일부에만 정확한 값이 기재된다. 표 14.2에 의미 있는 멤버만을 기재했다.

표 14.2 struct rusage

타입	멤버 이름	의미
struct timeval	ru_utime	사용된 사용자 시간
struct timeval	ru_stime	사용된 시스템 시간
long	ru_maxrss	최대 RSS 크기(KB단위)
long	ru_majflt	메이저 폴트 횟수
long	ru_minflt	마이너 폴트 횟수
long	ru_inblock	블록 입력 오프레이션 횟수
long	ru_oublock	블록 출력 오프레이션 횟수

struct timeval에 대해서는 다음 절에서 설명할 것이다.

사용자 시간과 시스템 시간은 무엇일까? 프로세스는 시스템 콜 등을 통해서 커널을 사용한다. 해당 프로세스를 위하여 커널이 작업한 시간을 리눅스에서는 시스템 시간이라고 한다. 즉, 시스템 콜을 실행한 시간이 시스템 시간이 된다. 그에 반해 프로세스가 스스로 소비한 시간을 **사용자 시간**(user time)이라고 한다.

메이저 폴트(major fault)와 **마이너 폴트**(minor fault)는 무엇일까? 이것은 물리 주소에 연결되지 않은 가상 주소에 접근한 결과로 물리 페이지 할당이 일어난 횟수를 의미한다. 메이저 폴트는 저장소와의 입출력이 수반된 것을 말하며, 마이너 폴트는 수반하지 않는 것을 말한다.

마지막으로 블록 입력과 블록 출력은 HDD나 SSD과 같은 블록 디바이스에 대한 입출력을 말한다.

14.6 날짜와 시간

프로세스의 작동 시간에 관해 이야기한 김에 날짜 및 시간 API에 대해서도 알아보도록 하자.

유닉스 에폭

리눅스 커널은 시간을 1970년 1월 1일부터 경과한 초 수로 계산한다. 이는 1970년에 유닉스의 첫 번째 버전이 생긴 것에 비롯되었다. 이 1970년 1월 1일 오전 0시를 흔히 **유닉스 에폭**(UNIX epoch)이라고 부른다.

또한 '1970년 1월 1일 오전 0시'라고 하면 지역별로 시차가 있어 동일한 시간을 지칭하지 않게 된다. 그래서 리눅스 커널은 항상 협정 세계시(Coordinated Universal Time, UTC)로 시간을 계산한다.

이 시간을 저장하는 변수의 형태가 time_t로 signed long 타입이다. 즉, 32비트 컴퓨터의 경우 2038년까지밖에 표현할 수 없다. 이 문제는 2038년 문제라 불리고 있다.

time(2)

```
#include <time.h>

time_t time(time_t *tptr);
```

time()은 유닉스 에폭부터 현재까지의 경과 초수를 반환한다. tptr가 NULL이 아닌 경우 *tptr에도 같은 값을 기록한다. 또한, time()은 초 단위밖에 취급하지 않는다. 더 정확한 시각이 필요한 경우에는 gettimeofday() 시스템 호출을 사용해야 한다.

gettimeofday(2)

```
#include <sys/time.h>

int gettimeofday(struct timeval *tv, struct timezone *tz);
```

```
struct timeval {
    time_t tv_sec;    /* 초 */
    suseconds_t tv_usec; /* 마이크로초 */
};
```

gettimeofday()는 유닉스 에폭부터 현재까지의 경과 시간을 첫 번째 인자 tv에 기록한다. 실행이 성공하면 0을 반환하고, 실패하면 -1을 반환하면서 errno를 설정한다.

첫 번째 인자 tv에서 사용되는 구조체 struct timeval의 tv_sec 멤버와 tv_usec 멤버는 짝지어 사용되어 초 단위의 값이 tv_sec 멤버에, 그 미만의 마이크로초(100만분의 1초) 단위의 값이 tv_usec 멤버에 각각 기록된다. 두 번째 인자 tz는 사용되지 않기 때문에 항상 NULL을 지정하면 된다.

 ## localtime(3), gmtime(3)

time()과 gettimeofday()는 유닉스 에폭부터의 경과 초수를 반환하는데, 인간에게는 연/월/일/시/분/초로 표시될 필요가 있다. 그래서 다음 API를 사용하면, time_t의 값을 년월일의 표현으로 바꾸어 준다.

```
#include <time.h>

struct tm *localtime(const time_t *timep);
struct tm *gmtime(const time_t *timep);
```

localtime()과 gmtime()은 둘 다 time_t 타입으로 표현된 시간을 struct tm 타입으로 변환하여 반환한다. 수행에 실패하면 NULL을 반환한다. struct tm은 연/월/일/시/분/초를 각각 개별 멤버로 가진다. 또한, localtime()과 gmtime()은 모두 정적 버퍼에 반환값 struct tm을 확보하고 있으므로 함수를 다시 호출하면 내용이 덮어 쓰인다.

이 두 함수의 차이는 localtime()이 시스템의 로컬 시간대(한국에 있다면 한국 표준시, KST)의 시간을 반환하는 데 반해, gmtime()는 협정 세계시(UTC)의 시간을 반환한다. time_t는 시간대가 영향을 주지 않는 시간의 표현이지만, struct tm은 시간대가 영향을 주므로 주의가 필요하다. 예를 들어, 한국 표준시(KST)는 UTC보다 9시간 빠르기 때문에 gmtime()이 2018년 8월 11일 16시 40분 14초를 반환한다면, KST로 설정된 시스템에서 localtime()은 2018년 8월 12일 1시 40분 14초를 반환하게 된다.

참고로 gmtime이라는 이름은 **GMT**(Greenwich Mean Time)에서 비롯되었다. UTC의 예전 명칭이 GMT다.

 ## mktime(3)

localtime()이나 gmtime()과는 반대로 struct tm으로 표현된 시간을 time_t 타입으로 변환하는 API도 있다.

```
#include <time.h>

time_t mktime(struct tm *tm);
```

mktime()은 struct tm 형태로 표현된 시간 tm을 time_t 타입값으로 변환하여 반환한다. 실패하면 -1을 반환한다.

 ## asctime(3), ctime(3)

time_t나 struct tm 값을 문자열로 변환하는 것도 가능하다.

```
#include <time.h>

char *asctime(const struct tm *tm);
char *ctime(const time_t *timep);
```

asctime()는 구조체 struct tm로 표현된 시간을 "Sat Sep 25 00:43:37 2017\n"과 같은 형식의 문자열로 변환하여 반환한다. ctime()은 time_t 타입으로 표현된 시간을 같은 형식의 문자열로 변환하여 반환한다.

모든 반환값은 정적으로 확보한 버퍼의 포인터이므로 다시 asctime() 또는 ctime()을 호출하면 문자열을 덮어 쓰게 된다.

 ## strftime(3)

마지막으로 특정 형식으로 날짜를 문자열화하기 위한 API인 strftime()을 소개한다.

```
#include <time.h>

size_t strftime(char *buf, size_t bufsize, const char *fmt,
                const struct tm *tm);
```

strftime()는 네 번째 인자 tm으로 지정한 시간을 세 번째 인자 fmt에 따라 포맷하고, 첫 번째 인자 buf에 기록한다. 단, bufsize 바이트까지만 입력할 수 있다.

호출이 성공하면 buf에 써넣은 바이트 수를 반환하고, 실패하면 0을 반환한다.

세 번째 인자 fmt는 printf()와 비슷하게 구성하여, 출력하고 싶은 시간의 요소를 ['%'+ 1 문자]로 지정한다. 사용할 수 있는 형식 지정 문자 중 중요한 것을 표 14.3에 정리했다.

표 14.3 주요한 strftime()의 포맷 지정 문자

문자	로케일 의존	의미
%a	●	요일 축약형(LC_TIME=C일 때 Mon, Tue, Wed, Thu, Fri, Sat, Sun)
%A	●	요일(LC_TIME=C일 때 Monday, Tuesday, Wednesday, Thursday, Saturday, Sunday)
%b	●	월 축약형(LC_TIME=C일 때 Jan, Feb, Mar, Apr, May, Jun, Jul, Aug, Sep, Oct, Nov, Dec)
%B	●	월(LC_TIME=C일 때 January, February, March, April, May, Jun, July, August, September, October, November, December)
%c	●	현재 로케일에서 가장 자연스러운 형식의 날짜와 시간
%C		년의 백자리 이상
%d		날짜. 두 자릿수를 맞춰 앞에 0을 넣음(01~31)
%D		%m/%d/%y와 동일
%e		날짜. 두 자릿수를 맞춰 앞에 스페이스를 넣음(" 1"~31)
%F		%Y-%m-%d와 동일
%h	●	%b의 별명
%H		24시간 단위 시간. 두 자릿수를 맞추기 위해 앞에 0을 넣음(01~23)
%I		12시간 단위 시간. 두 자릿수를 맞추기 위해 앞에 0을 넣음(01~12)
%i		1월 1일을 기점으로 한 일수. 세 자릿수를 맞추기 위해 앞에 0을 넣음(001~366)
%k		24시간 단위 시간. 두 자릿수를 맞추기 위해 앞에 스페이스를 넣음(" 1"~23)
%l		12시간 단위 시간. 두 자릿수를 맞추기 위해 앞에 스페이스를 넣음(" 1"~12)
%m		월 숫자 표시(01~12)
%M		분(00~59)
%n		'\n'

표 14.3 주요한 strftime()의 포맷 지정 문자 (계속)

문자	로케일 의존	의미
%p	●	오전/오후 표기(LC_TIME=C에서는 "AM" 또는 "PM")
%P	●	오전/오후 표기(LC_TIME=C에서는 "am" 또는 "pm")
%r	●	오전/오후가 붙어 있는 시간(예 01:15:41 AM)
%R		24시간 표기의 시분. (HH:MM). %H:%M과 동일
%s		유닉스 에폭 이후의 경과 초수
%S		초. 두 자릿수를 맞춰 앞에 0을 넣음(00~61). 60과 61은 윤초
%t		'\t'
%T		%H:%M:%S와 동일
%u		요일을 나타내는 번호(1~7). 월요일이 1, 일요일이 7
%W		요일을 나타내는 번호(0~6). 일요일이 0, 토요일이 6
%x	●	연월일
%X	●	시분초
%y		연의 마지막 두 자리(00~99)
%Y		연
%z		메일 형식으로 표현한 UTC와 시차(-1200~+1200). 한국은 +0900
%Z	●	타임존(LC_TIME=C일 때 GMT나 KST)
%%		'%' 문자 자체

c, C, x, X, y, Y는 %와 문자 사이에 'E'를 놓으면 로케일 의존의 다른 표기를 사용할 수 있다. 또한 d, e, H, I, m, M, S, u, U, v, w, W, y는 %와 문자 사이에 'O(대문자 O)'를 놓으면 숫자의 다른 표기를 출력한다. 예를 들면 아라비아 숫자가 로마 숫자나 한자 숫자가 되는 경우가 있을 수 있다.

시간 포맷에 대한 표준

시간 표기법은 매우 다양하고 까다롭다. 국가별로도 관습이 다르고, 운영체제나 언어, 응용 프로그램에 따라서도 출력되는 시간의 표기가 다르다.

이 많은 시간 포맷 중에서도 비교적 범용적인 것이 **ISO 8601**이다. 자바의 시간 API나 XML 스키마에서 ISO 8601이 사용되고 있다. ISO 8601 포맷의 확장 기법에서는 예를 들어 2017년 8월 9일 오후 2시 45분 31초(KST)가 다음과 같이 표시된다.

이러한 표기법은 다음과 같은 특징을 가진다.

- 연도는 항상 네 자리
- 월, 일, 시, 분, 초는 항상 0 채움으로 두 자리
- 연월일의 구분 문자는 슬래시가 아니고 하이픈
- 날짜와 시간 사이는 'T'가 들어감
- 시는 항상 24시간제
- UTC와의 시차를 '+09:00'과 같은 형식으로 추가

ISO 8601 포맷은 항상 연도가 네 자리이고 구분 기호가 규칙적이어서 사람이 읽기에도 쉽고, 프로그램에서 파싱하기에도 좋다.

strftime()으로 ISO 8601 포맷으로 시간을 출력할 때는 포맷 문자열 '%FT%T%z'를 사용하여 포맷한 후, 마지막 두 문자 앞에 ':'을 추가하면 된다.

시간 관련 API 정리

시간 관련 API는 꽤 관계가 복잡하기 때문에 그림 14.2에 데이터 구조와 관계를 정리하였다.

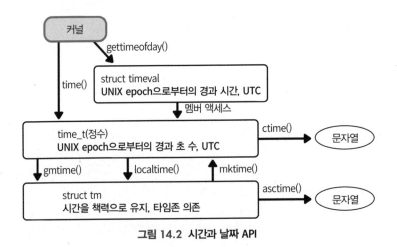

그림 14.2 시간과 날짜 API

14.7 로그인

마지막으로 이번 장에서 배운 내용을 전부 종합하여 로그인에 대해 살펴보도록 하자. 먼저, 로그인 중에 일어나는 일은 다음과 같다.

1. systemd 또는 init이 단말 수만큼 getty 명령어를 기동
2. getty 명령어는 단말로부터 사용자 이름을 입력하는 것을 기다려, login 명령어를 시작
3. login 명령어가 사용자를 인증
4. 셸을 시작

구체적인 내용을 살펴보자.

systemd와 getty

먼저 그림 14.3을 보기 바란다.

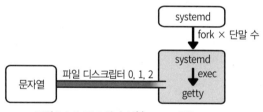

그림 14.3 로그인 순서(1) getty 배치

systemd에 대해서는 12장에서 이미 다루었는데, 커널이 직접 시작하는 유일한 프로그램이자 다른 모든 프로세스의 선조다. 그런데 systemd는 로그인을 기다리는 getty라는 프로그램을 시작하는 역할도 가지고 있다.

그렇다면 getty는 무엇을 할까? getty는 단말을 open()하고 read()해서, 사용자가 사용자명을 입력하는 것을 기다린다.

사용자명이 입력되면 getty는 dup()를 사용하여 파일 디스크립터 0번, 1번, 2번에 단말을 연결하고 새로운 프로그램 login을 exec한다. 그러면 다음 단계로 이어진다.

인증

여기부터 다음 단계에 들어간다(그림 14.4).

그림 14.4 로그인 과정(2) 셸이 시작될 때까지

login은 사용자를 인증해야 하는데, 이 인증 과정이 생각보다 훨씬 까다롭다.

먼저 사용자 데이터베이스의 위치는 설정에 따라 달라진다. 가장 일반적인 위치는 /etc/passwd 이지만, 기업이나 대학에서는 여러 시스템 간에 데이터베이스를 공유하기 위해 NIS 또는 LDAP과 같은 디렉터리 서비스를 사용할 수도 있다. 이러한 차이를 통합해서 getpwuid()이라 는 API가 있고, 이에 대한 설정은 /etc/nsswitch.conf에 있다.

또한 요즘에는 암호를 /etc/passwd에 직접 쓰지 않고, /etc/shadow로 분리하는 **섀도 패스워드**(shadow password)가 도입되어 있다.

그리고 리눅스 시스템은 다양한 장소에서 다양한 용도로 사용되고 있으므로 다음과 같은 사항을 시스템별로 커스터마이즈할 수 있도록 해야 한다.

- 패스워드 종류, 문자 수 제한, 암호화 방법
- 로그인할 수 있는 날짜나 시간의 제한
- 로그인할 수 있는 사용자 제한

전통적인 login 명령어는 이러한 항목을 모두 /etc/login.defs에서 설정하게 되어 있었지만, 그러면 로그인을 취급하는 다른 명령어, 예를 들면 telnet이나 ssh, ftp 등에 같은 설정 항목을 중복 입력해야 한다. 이러한 상황을 개선하기 위해 사용되는 것이 **PAM**(Pluggable Authentication Module)이다. PAM에는 사용자를 인증하는 PAM이라는 API가 있어, 명령어가 이것을 부르는 것만으로 인증이 진행된다.

참고로 PAM 시스템의 실체는 공유 라이브러리인데, 위와 같은 설정을 유연하게 하기 위해 동적 로드를 사용하고 있다. 동적 로드되는 라이브러리의 장소는 우분투의 경우 /lib/x86_64-linux-gnu/security, CentOS의 경우 /lib64/security다. 즉, libc가 놓여있는 디렉터리 바로 밑의 security 디렉터리 안이다.

🌱 로그인 셸

인증이 끝나면, 셸을 exec하는 일만 남았다. 이때 다소 특징적인 것은, exec할 때 명령어 이름의 앞에 '-'을 붙여 시작하는 것이다. 즉, 다음과 같다.

```
execl("/bin/sh", "-sh", ....);
```

이처럼 시작한 셸을 **로그인 셸**(login shell)이라고 하며, 동작이 다소 다르다. 예를 들어 bash의 경우 읽어 들이는 설정 파일이 늘어나고, 기동한 명령어의 처리가 다르다. 자세한 내용은 각 셸의 man 페이지를 참조하기 바란다.

🌱 로그인 기록

리눅스에는 w나 last와 같이, 누가 어떤 단말로 로그인했는지 기록을 출력하는 명령어가 있다. 다음은 w 명령어를 실행한 결과다. 현재 aamine 사용자가 로그인하고 있는 것을 알 수 있다.

```
$ w
17:25:12 up  7:35,  2 users,  load average: 0.03, 0.03, 0.00
USER     TTY    FROM            LOGIN@   IDLE   JCPU   PCPU  WHAT
aamine   pts/18 192.168.10.54   Wed00    0.00s  1.45s  0.00s w
```

이러한 정보는 어디에 누가 관리하는 것일까? 그것은 바로 login이나 systemd가 파일로 관리하고 있다. w 명령어는 현재 로그인된 사용자를 출력하는 명령어인데, 해당 정보는 리눅스의 /var/run/utmp에 있다. last 명령어가 출력하는 과거 로그인 정보는 /var/log/wtmp에 있다. 그 외 lastlog 명령어가 보는 /var/log/lastlog도 있다. man 페이지를 보거나 각 명령어를 strace해 보면 구체적인 내용을 확인할 수 있다.

로그인은 매우 복잡하고 메커니즘에 해당하지만, 위 과정을 조합한 것에 지나지 않는다. 하나씩 접근해나가면 이해할 수 있을 것이다.

1. 셸의 pwd 명령어를 셸에서 독립된 프로그램으로 작성하는 것이 적절한가? 그 이유를 생각해 보자.

2. 셸의 cd 명령어를 셸에서 독립된 프로그램으로 작성하는 것이 적절한가? 그 이유를 생각해 보자.

3. 10장에서 작성한 ls 명령어를 개조하여, 파일 소유자의 사용자 이름(ID가 아닌)과 마지막 갱신 시간을 표시하도록 하라.

※ 해답은 이 책의 깃허브에서 확인 가능

리눅스 네트워크 프로그래밍

제 15 장

네트워크 프로그래밍의 기초

인터넷이 우리의 삶에 필수적인 존재가 된 지도 오랜 시간이 지났다. 이제는
네트워크 연결 기능이 없는 프로그램은 보잘것없이 느껴진다면 과한 표현일
수 있지만, 독자 여러분도 네트워크 프로그래밍에 관심이 많을 것이다.
이번 장에서는 HTTP 서버를 만드는 준비 차원에서 리눅스에서의 네트워크
프로그래밍에 관해 설명한다.

15.1 인터넷의 구조

네트워크 프로그래밍이라고 하면 지금까지 전혀 다른 세계의 이야기가 될 것 같지만 그렇지 않다. 하나의 머신 안에서든, 네트워크를 넘어서든, 우리가 다루는 것은 결국 스트림일 뿐이다. 스트림이라면 raed()나 write()를 통해 데이터를 읽고 쓸 수 있으므로 결국 어떻게 스트림을 얻느냐의 차이만 있을 뿐이다.

이전에는 스트림을 어떻게 얻었는가? 즉, open()에 해당하는 부분이다. 파일의 경우에는 파일의 이름(경로)를 지정하여 연결된 스트림을 만들어 달라고 커널에 의뢰했었다. 네트워크 통신도 동일하다. 먼저, 네트워크에 연결된 컴퓨터에는 통신을 받아들이는 프로세스가 존재한다. 이것이 파일에 대응하는 존재다. 또한, 네트워크 너머의 컴퓨터는 이름을 가진다. 그래서 커널에 그 이름을 전달하여 스트림을 얻게 된다.

참고로, 네트워크에 관해 이야기할 때는 컴퓨터란 용어 대신에 **호스트**(host)나 **노드**(node)란 표현을 주로 사용한다. 이 책에서는 호스트를 사용하도록 하겠다.

IP 주소

네트워크라고 하면 여러 종류의 네트워크가 있으나, 우리는 인터넷(TCP/IP)에 대해 알아볼 것이다.

인터넷에서 파일 시스템의 파일 이름에 대응하는 것이 **IP 주소**(IP address)와 **포트 번호**(port number)다. 인터넷에 연결된 호스트는 반드시 하나 이상의 IP 주소를 가지고 있어 이것으로 해당 호스트를 특정지을 수 있다.

IP 주소는 부호 없는 32비트 수치인데, 사람이 보기 쉽도록 8비트 숫자(0~255) 네 개로 분할하여 '192.168.1.3'과 같이 표시한다.

한편 포트 번호는 16비트 부호 없는 숫자(0~65535)다. 하나의 호스트가 하나의 기차역이라고 생각한다면, 포트 번호는 역의 선로에 해당한다. 하나의 역에서 여러 대의 열차가 오고 갈 수 있듯이 하나의 IP 주소에도 여러 회선이 연결될 수 있다.

선로에서 열차가 오는 것을 기다리고 있는 것이 앞서 말한 대로 해당 호스트에서 돌아가고 있는 특정 프로세스다. 이렇게 접속을 기다리면서 어떤 작업을 해주는 프로세스를 **서버 프로세스**(server process)라고 한다. 한편, 서버에 접속해서 어떤 작업을 수행하는 프로세스를 **클라이언트 프로세스**(client process)라고 한다. 둘 다 이름 그대로의 뜻을 가진다.

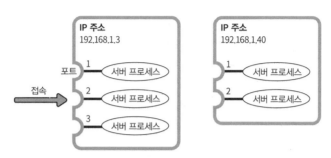

그림 15.1 IP 주소와 포트번호로 서버를 찾는다

그럼 어떤 서버가 어떤 포트로 대기 중인 정보는 어떻게 알 수 있을까? 이것은 사전에 공유되지 않는 한 알 수 없다. 다만, 유명한 서비스들은 정해진 포트를 사용하곤 한다. 예를 들어 메일을 송신할 때 사용하는 **SMTP**(Simple Mail Transfer Protocol)는 25번 포트, 웹 브라우저가 사용하는 **HTTP**(Hyper Text Transfer Protocol)는 80번 포트를 사용한다. 이것들을 **알려진 포트**(well-known port)라고 하며 /etc/services에 나열되어 있으니 참고하기 바란다.

참고로, 서버 프로세스를 그냥 서버라고 부르기도 한다. 물론 서버 프로세스가 돌아가는 머신을 서버라고 부르기도 하나, 이는 클라이언트도 마찬가지다.

 IP

이 책에서 다루는 것은 인터넷 그 자체보다는 리눅스가 추상화해 준 결과로서의 스트림이다. 그러나 그 밑바닥에 있는 인터넷의 구조도 다소 설명해 두기로 하겠다.

먼저, 인터넷에서 사용하는 통신 규약을 **IP**(Internet Protocol)라 한다. 프로토콜(protocol)이란 규약이라는 의미를 가진다. 네트워크를 다룰 때는 자주 등장하는 표현이니 외워 두자.

IP 레벨에서는 스트림이란 개념보다는 **패킷**(packet)이란 개념만 존재한다. 패킷이란 데이터의 뭉치(즉, 바이트 열)를 말한다. 스마트폰을 사용하다가 '패킷 무료'란 표현을 봤을 것이다. 인터넷에서는 호스트 간에 패킷을 주고받음과 동시에 통신도 주고받는다.

IP에서 재밌는 것은 많은 호스트가 패킷을 계주 릴레이처럼 전송하고 있는 부분이다(그림 15.2). 패킷을 받은 호스트는 자신에게 온 패킷이라면 받아들이고, 그것이 아니라면 다른 곳으로 보낸다. 따라서 패킷은 순서대로 도착하지도 않고, 잘 전송되었다고 보장하기도 어렵다.

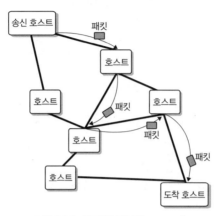

그림 15.2 문자열 구분과 ungetc()

TCP와 UDP

IP가 패킷의 세계라고 한다면, 우리가 얻고 싶은 스트림은 어디에서 나오는 것일까? 그것은 IP 위에 한 겹의 프로토콜이 더 얹혀서 스트림이 보이게 된다. 이를 위한 프로토콜을 **TCP**(Transmission Control Protocol)라고 한다.

패킷이 스트림으로 추상화되는 과정을 간단히 살펴보자. 먼저 스트림은 바이트의 열이라고 했다. 이 바이트의 열을 앞에서부터 일정 크기로 자르고, 각 부분에 번호를 붙여서 패킷으로써 전송한다. 받는 쪽에서는 패킷 번호를 보고 데이터를 재형성한다. 그리고 빠진 부분 없이 바이트 열이 만들어지면 스트림으로 다룰 수 있게 된다(그림 15.3).

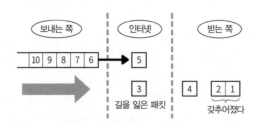

그림 15.3 패킷이 스트림으로 다뤄지게 되는 과정

그림에서는 3번 패킷이 길을 잃었다. 이 상태에서 일정 시간이 지나도 오지 않는다면 전송 측에서는 다시 한번 패킷을 보낸다. TCP 레이어에 의해 프로세스는 스트림으로만 보고 다루면 된다.

이처럼 TCP는 IP의 패킷 통신 위에 스트림을 만들어내는 프로토콜인데, 패킷의 특성을 그대로 사용한 **UDP**(User Datagram Protocol)라는 프로토콜도 있다. UDP에서는 패킷이 도착하는 순서가 보장되지 않고, 패킷을 잃어버릴 가능성도 있다. 그 대신 TCP에 비해 속도가 빠르고 처리도 간단하다는 특징을 가졌다.

실제로는 TCP를 사용하는 경우가 압도적으로 많으니, 이 책에서는 TCP/IP만을 다루도록 하겠다.

 IPv6

IP에도 여러 버전이 있다. 현재 가장 널리 사용되고 있는 것이 **IPv4**(IP version 4)다. 그리고 지금부터 보급이 예상되는 것이 **IPv6**(IP version 6)다.

IPv4와 IPv6의 가장 알기 쉬운 차이점은 주소의 크기다. IPv4의 주소는 32비트고, IPv6는 128비트다. 그 외에 보안이나 패킷 배송 기능도 개선되었다.

현재는 둘이 공존하는 과도기라서 새롭게 작성하는 프로그램은 두 버전에 대응해야 할 필요가 있다. 다행히도 두 버전을 함께 대응해 주는 API가 있기 때문에 이 책에서도 해당 API를 사용할 것이다.

IPv6의 주소 표시는 16비트 수치 8개를 16진수로 표기하며, 구분자로 :을 사용한다. 예를 들면 '2001:0db8:1234:567:90ab:cdef:0000:0000'과 같은 표현이다. 이때, '0000'이 반복해서 나타난다면 한 곳에만 ::이라고 표기할 수 있다. 예를 들어, 방금 위의 주소의 끝에 있는 ':0000:0000'은 ::로 바꿔서 '2001:0db8:1234:5678:90ab:cdef::'이라고 쓸 수 있다.

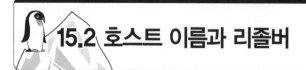

15.2 호스트 이름과 리졸버

앞서 설명한 대로 네트워크상의 호스트는 IP 주소로 식별된다. 그러나 IP 주소는 수치에 불과하므로, 사람은 다루기가 어렵다. 그래서 보통은 IP 주소 대신에 **호스트명**(host name)을 사용한다. 호스트명이라고 하는 것은 여러분도 잘 아는 것처럼 www.linux.com이나 google.com과 같은 이름을 말한다. 호스트명과 IP 주소를 대응시켜 놓으면 사람은 외우기 쉽고 쓰기 쉬운 호스트명을 사용하고, 컴퓨터는 IP 주소를 다룰 수 있게 된다.

그렇다면 호스트명과 IP 주소의 매핑은 어떻게 관리되고 있을까? 이를 위해 인터넷 초기 시절에 사용된 것이 /etc/hosts다. 이 파일에 다음과 같이 IP 주소와 호스트명을 기록했다.

```
# /etc/hosts

127.0.0.1        localhost
::1              ip6-localhost ip6-loopback
fe00::0          ip6-localnet
ff00::0          ip6-mcastprefix
ff02::1          ip6-allnodes
ff02::2          ip6-allrouters
ff02::3          ip6-allhosts

192.168.1.1      alpha
192.168.1.2      beta
192.168.1.3      gamma
```

그런데 호스트가 늘어날 때마다 모든 호스트를 /etc/hosts에 기록해야 하므로 현실적이지 않았다.

DNS와 도메인

그래서 탄생한 것이 **DNS**(Domain Name System)다. DNS는 호스트명을 **도메인**(domain)이라고 하는 영역에 나눠서 관리함으로써 호스트명의 관리를 전 세계에 분산시켰다.

도메인이라는 것은 리눅스의 디렉터리처럼 이름을 트리 구조로 관리한다. 루트 디렉터리에 해당하는 도메인은 이름이 없는 **루트 도메인**(root domain)이고, 그 밑에 com, org, kr과 같은 **최상위**

도메인(Top Level Domains, TLDs)이 있고, 이어서 그 밑에 계속해서 배치되는 구조다. 각각의 도메인을 **도메인 이름**(domain name)이라고 한다. 파일 시스템에서의 경로와 비슷하다.

다만 도메인 이름은 파일 시스템에서의 경로와 달리, 오른쪽이 루트에 해당한다. 예를 들어, 'www.example.com'이라는 호스트명은 ' '(루트 도메인) 밑에, com 도메인 밑에, 'example.com' 도메인 밑에, 'www.example.com' 도메인이 있는 것이다.

www.example.com도 도메인 이름인 것에 주목하기 바란다. 인터넷상의 호스트를 루트 도메인에서 시작하여 전부 기술한 것을 **FQDN**(Fully Qualified Domain Name)이라고 한다.

DNS에 의한 도메인 이름 관리

한편, example.com처럼 호스트명에 대응되지 않는 도메인명도 있다. 이런 도메인은 파일 시스템에서의 디렉터리처럼 관리 영역을 나누기 위해 존재한다. 즉, example.com 도메인은 com 도메인과 다른 관리자가 있어서, 그 밑의 도메인을 독자적으로 관리한다. 예를 들어 www.example.com이나 mail.example.com, ftp.example.com이 모두 example.com이라는 도메인에 소속되어 같은 관리자에게 관리를 받는다.

반대로 말하면, example.com 도메인 밑의 도메인은 example.com 도메인 관리자에게 물으면 알 수 있는 것이다. 예를 들어 www.example.com이라는 호스트의 IP 주소는 example.com 도메인의 관리자에게 물어보면 된다. 이때 물을 상대는 사람이 아니라 프로그램(서버 프로세스)이다. 이러한 서버를 DNS 서버라고 한다.

한 가지 문제가 더 있다. example.com의 DNS 서버를 어떻게 찾아야 할까? 그것은 com 도메인의 DNS 서버에게 물으면 된다. 도메인은 트리 구조로 되어 있다. 밑의 도메인에 대해서는 그 위의 도메인 관리 DNS 서버에게 문의하면 된다.

그러면 com 도메인 서버는 누구에게 물어야 할까? 마찬가지로 루트 도메인의 DNS 서버에게 물으면 된다. 그리고 마지막으로 루트 도메인의 DNS 서버의 IP 주소는 모든 DNS 서버에 직접 등록되어 있어, 문의할 필요가 없다. 이렇게 DNS가 호스트명을 IP 주소로 바꿔준다.

🌱 리졸버

/etc/hosts가 더는 사용되지 않는 것은 아니다. 현재도 회사나 가정 내 네트워크처럼 소수 호스트의 이름을 붙이기 위한 용도로 /etc/hosts가 사용되고 있어, 필요에 따라 DNS와 별도로 사용되고 있다. 또한, 14장에서 로그인에 관해 설명할 때 언급한 NIS도 호스트명과 IP 주소를 매핑하는 구조가 적용되어 사용되기도 한다.

그래서 호스트명과 IP 주소를 교환해 주는 존재를 **리졸버**(resolver)라고 한다. 일반적으로 컴퓨터의 세계에서 이름으로 그 실체를 얻어내는 것을 리졸브(resolve)라고 한다. 리눅스에서는 IP 주소의 리졸버로 libc가 있어, 해당 설정은 /etc/nsswitch.conf에 기술된다.

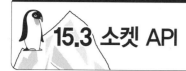

15.3 소켓 API

이제 구체적인 네트워크 통신을 위한 API에 대해 알아보도록 하자. 앞서 이야기한 대로 우리가 신경 쓸 부분은 open()에 해당하는 부분이다.

소켓

리눅스에서는 네트워크 통신을 위해 **소켓**(socket)이란 것을 사용한다. 소켓이란 전구나 콘센트처럼 무언가를 연결하는 접점이라는 뜻으로 사용된다. 소켓은 스트림을 연결하기 위해 사용한다(그림 15.4).

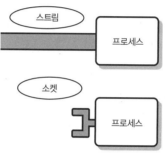

그림 15.4 소켓의 이미지

소켓은 추상화가 많이 된 개념으로, 상당히 넓은 범위에서 응용할 수 있다. 예를 들면, 서버와 클라이언트 양측에서 사용할 수 있고, 프로토콜도 TCP와 UDP 외에 IP나, 인터넷 이외의 프로토콜도 사용할 수 있다. 그만큼 소켓의 내부 구조는 조금 복잡하지만, IPv4나 IPv6를 하나의 API로 처리할 수 있다는 이점도 있다.

클라이언트 측 소켓 API

클라이언트 측에서 서버에 스트림을 연결시키려면 다음의 두 가지 시스템을 사용한다.

1. socket(2)
2. connect(2)

socket()이 소켓을 만드는 시스템 콜이다. 사용할 프로토콜을 지정하고, 접속할 대상에 대한 정보는 connect()에서 지정하여 스트림을 연결한다.

socket(2)

```
#include <sys/socket.h>
#include <sys/types.h>

int socket(int domain, int type, int protocol);
```

socket()은 소켓을 만들고 이에 대응하는 파일 디스크립터를 반환한다. 지금까지 파일 디스크립터는 스트림을 지정하는 번호라고 했으나, 스트림 이외의 것도 지정하는 경우가 있다.

인자 domain, type, protocol은 전부 합쳐서 만들 소켓에 무엇을 연결할지 지정한다. 예를 들어 IPv4상의 TCP라면, socket(PF_INET, SOCK_STREAM, 0)을 호출한다. 여기서 사용하는 인자에 대한 자세한 설명은 man socket을 참고하기 바란다.

socket()은 실행에 성공하면 파일 디스크립터(0 이상의 정수)를 반환하고 실패하면 -1을 반환한 후 error에 값을 기재한다.

connect(2)

```
#include <sys/socket.h>
#include <sys/types.h>

int connect(int sock, const struct sockaddr *addr, socklen_t addrlen);
```

connect()는 소켓 sock에서 스트림을 꺼내서 addr로 지정한 주소의 서버에 스트림을 연결한다. 두 번째 인자 addr은 open()에서의 경로와 유사하다. 인터넷이라면 IP 주소와 포트 번호를 지정하면 된다.

여기서 주의해야 할 점이 connect()에서는 호스트 이름이 아니라 IP 주소와 번호를 지정해야 한다. 호스트명은 반드시 IP 주소와 포트 번호로 변환해야 하는데, 그 방법은 뒤에서 설명할 것이다.

세 번째 인자 addrlen은 *addr의 크기를 지정한다. 이것에 대해서도 뒤에서 설명한다. connect()는 실행에 성공하면 0을 반환하고 실패하면 -1을 반환한다.

서버 측 소켓 API

스트림의 연결을 기다리고 있는 서버 측에 대해 알아보자. 클라이언트보다 조금 더 복잡해서 다음 네 개의 시스템 콜을 호출해야 한다.

1. socket(2)
2. bind(2)
3. listen(2)
4. accept(2)

socket(2)은 앞서 설명했으니, 나머지 세 개에 대해서도 알아보자. 추상적인 개념이기 때문에 쉽게 이해하기 어려울 수 있다. 그런 경우에는 전반적인 흐름만 파악하고 예제를 공부한 후에 다시 읽어 보는 것이 도움이 될 것이다.

bind(2)

```
#include <sys/socket.h>
#include <sys/types.h>

int bind(int sock, struct sockaddr *addr, socklen_t addrlen);
```

bind()는 접속을 기다리는 주소 addr을 소켓 sock에 할당한다. 세 번째 인자 addrlen은 *addr의 크기로, addr이 addrlen을 얻는 방법도 뒤에서 설명한다. 또한, bind()는 실행이 성공하면 0을 반환하며, 실패하면 -1을 반환하고 errno을 설정한다.

이 시스템 콜이 무슨 일을 하는지에 대해서는 일단 접속을 기다리는 포트 번호를 지정한다고 생각하기 바란다.

 **listen(2)**

```
#include <sys/socket.h>

int listen(int sock, int backlog);
```

listen()은 소켓 sock이 서버용 소켓, 즉 접속을 기다리는 소켓임을 커널에 알린다. 두 번째 인자 backlog는 동시에 받아들일 수 있는 커넥션의 최대 수다. 일단은 5 정도로 지정하면 된다.

listen()은 성공하면 0을 반환하고, 실패하면 -1을 반환한 후 errno을 설정한다.

 **accept(2)**

```
#include <sys/socket.h>
#include <sys/types.h>

int accept(int sock, struct sockaddr *addr, socklen_t *addrlen);
```

accept()는 sock에 클라이언트가 접속하는 것을 기다리다 접속이 완료되면 연결된 스트림의 파일 디스크립터를 반환한다. 실패하면 01을 반환하고 errno을 설정한다. addr에는 클라이언트의 주소가 기재되며, addrlen에는 *addr의 크기가 적힌다.

15.4 이름 해결

지금까지 설명한 API들은 기계들이 사용하기 쉬운 IP 주소와 포트 번호를 지정해야 했다. 이 번에는 호스트명과 IP 주소를 변환해 주는 API에 대해 알아보자. 다음 네 가지다.

- getaddrinfo()
- getnameinfo()
- freeaddrinfo()
- gai_strerror()

getaddrinfo()는 주로 호스트명·서비스명으로부터 IP 주소, 포트 번호를 얻기 위해 사용한다. 그와 반대로 getnameinfo()는 IP 주소나 포트 번호로부터 도메인명이나 서비스명을 얻기 위해 사용한다. 나머지 두 개는 보조용 API다. 이 책에서는 getaddrinfo()에 대해서만 알아볼 것이다.

getaddrinfo(3)

```
#include <sys/socket.h>
#include <sys/types.h>
#include <netdb.h>

int getaddrinfo(const char *node, const char *service,
                const struct addrinfo *hints, struct addrinfo **res);
void freeaddrinfo(struct addrinfo *res);
const char *gai_strerror(int err);

struct addrinfo {
    int             ai_flags;
    int             ai_family;
    int             ai_socktype;
    int             ai_protocol;
    socklen_t       ai_addrlen;
    struct sockaddr *ai_addr;
    char            *ai_canonname;
    struct addrinfo *ai_next;
};
```

getaddrinfo()는 접속 대상인 node의 주소 후보를 res에 기재한다. service와 hints로 범위를 좁힐 수 있다. res는 struct addrinfo의 링크드 리스트 형태를 가진다(그림 15.5).

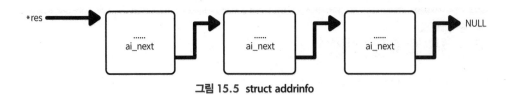

그림 15.5 struct addrinfo

이 struct addrinfo의 메모리 영역은 malloc()으로 할당되므로 명시적으로 해제해야 한다. 이를 위해 freeaddrinfo()가 사용된다.

getaddrinfo()는 실행에 성공하면 0을 반환한다. 실패하면 에러 종류를 나타내는 0 이상의 값을 반환한다. 이 에러 코드는 gai_strerror()로 문자열로 변환할 수 있다.

15.5 daytime 클라이언트 작성

소켓과 관련된 API는 꽤 복잡해서 함수의 프로토타입만 봐서는 어떻게 사용해야 할지 쉽게 감을 잡기가 힘들다. 실제 돌아가는 예제 코드를 보는 게 제일 좋은 방법이다. 이번 절에서는 daytime이라는 서비스의 클라이언트를 만들어서 소켓의 사용법을 익혀보도록 하자.

daytime이란 시험용으로 준비된 프로토콜로, 소켓으로 접속하면 서버가 현재 시각을 반환해준다. 클라이언트는 read()하여 표시할 뿐이다. 지금부터 만들 daytime 명령어를 실행한 결과는 다음과 같다.

```
$ ./daytime localhost
11 AUG 2017 21:14:51 JST
```

이처럼 시각이 표시된다. 그리고 localhost란, 클라이언트 프로세스가 돌고 있는 호스트를 의미한다.

daytime.c

먼저 daytime 클라이언트 소스 코드의 일부를 살펴보자(코드 15.1). daytime 클라이언트의 전체 코드는 이 책의 깃허브에서 공개하고 있으니 실제로 돌려보고 싶은 독자들은 참고하기 바란다.

두 개의 함수가 있는데, 먼저 main()부터 살펴보자.

코드 15.1 daytime.c – main()

```c
static int open_connection(char *host, char *service);

int
main(int argc, char *argv[])
{
    int sock;
    FILE *f;
    char buf[1024];
```

```
    sock = open_connection((argc>1 ? argv[1] : "localhost"), "daytime");
    f = fdopen(sock, "r");
    if (!f) {
        perror("fdopen(3)");
        exit(1);
    }
    fgets(buf, sizeof buf, f);
    fclose(f);
    fputs(buf, stdout);
    exit(0);
}
```

open_connection()이 TCP 접속을 담당하는 함수다. 첫 번째 인자로 호스트명, 두 번째 인자로 접속할 서비스명(프로토콜명)을 전달한다. 호스트명에는 최초의 실행 인자 혹은 localhost를 사용한다. localhost란 앞서 설명했듯이 프로세스가 동작하고 있는 호스트를 말한다. 두 번째 인자에는 daytime을 사용하는데, 여기에는 포트 번호를 문자열로 전달하는 것도 가능하다. 예를 들면 daytime의 알려진 포트 13을 지정할 수 있다.

open_connection()으로 이미 스트림이 얻어졌기 때문에 이제 스트림에서 fgets()로 한 줄씩 읽어서 출력하면 된다. 이것은 이미 책에서 많이 다뤄서 추가적인 설명이 필요하지 않을 것이다. fdopne()을 사용하는 것은 처음이지만 어려운 함수는 아니다. 문제는 open_connect()이다(코드 15.2).

코드 15.2 daytime.c – open_connection()

```
static int
open_connection(char *host, char *service)
{
    int sock;
    struct addrinfo hints, *res, *ai;
    int err;

    memset(&hints, 0, sizeof(struct addrinfo));
    hints.ai_family = AF_UNSPEC;
    hints.ai_socktype = SOCK_STREAM;
    if ((err = getaddrinfo(host, service, &hints, &res)) != 0) {
        fprintf(stderr, "getaddrinfo(3): %s\n", gai_strerror(err));
        exit(1);
    }
    for (ai = res; ai; ai = ai->ai_next) {
        sock = socket(ai->ai_family, ai->ai_socktype, ai->ai_protocol);
        if (sock < 0) {
            continue;
```

```
        }
        if (connect(sock, ai->ai_addr, ai->ai_addrlen) < 0) {
            close(sock);
            continue;
        }
        /* success */
        freeaddrinfo(res);
        return sock;
    }
    fprintf(stderr, "socket(2)/connect(2) failed");
    freeaddrinfo(res);
    exit(1);
}
```

조금 길지만 어려운 내용은 없다. 대부분 자주 사용되는 패턴이라 앞으로는 복사해서 재활용할 만한 코드다.

이 함수는 getaddrinfo()를 호출하는 전반부와 소켓에 접속하는 for문으로 구성된다. 먼저, for문에서 소켓에 접속하는 부분을 살펴보자.

보다시피 socket()과 connect()의 인자로 getaddrinfo()에서 얻은 값을 넘겨주는 것이 전부다. 여기서 for 루프를 사용하고 있는 것은 getaddrinfo()의 반환값이 링크드 리스트이기 때문이다.

getaddrinfo()가 반환해 주는 주소들의 후보를 차례로 테스트해 보면서 처음으로 접속이 되는 주소를 사용하도록 작성하였다. 예를 들어 getaddrinfo()가 IPv4와 IPv6 주소를 반환한다면, 둘 중 접속이 되는 것을 사용하는 것이라 보면 된다.

그럼 이제 남은 것은 getaddrinfo()다. getaddrinfo()의 호출 코드는 다음과 같다.

```
memset(&hints, 0, sizeof(struct addrinfo));
hints.ai_family = AF_UNSPEC;
hints.ai_socktype = SOCK_STREAM;
getaddrinfo(host, service, &hints, &res);
```

hints를 설정하고 getaddrinfo()함수를 호출하고 있다. hints는 반환하는 IP 주소의 후보를 줄이기 위해 지정한다. 이번에 사용하고 있는 힌트는 AF_UNSPEC와 SOCK_STREAM이다. AF_UNSPEC은 어드레스 패밀리(Address Family)를 지정하지 않은 것으로 IPv4나 IPv6 어떤 것이어도 좋다는 의미다. SOCK_STREAM은 패킷이 아니라 스트림의 접속을 사용한다는 뜻이다. 즉, TCP를 의미한다.

인터넷 슈퍼 서버

우리가 작성한 코드를 테스트해 보려면 daytime 서버를 먼저 돌려야 한다. 아마 여러분들의 컴퓨터에서는 daytime 서버가 돌고 있지 않을 것이다. 최근에는 보안을 위해 굳이 돌리지 않아도 되는 서버는 기동하지 않게 되어 있기 때문이다. 따라서 먼저 daytime 서버를 기동하는 방법을 알아보자. 실은 daytime이라는 독립된 서버 프로그램이 있는 것은 아니다. inetd와 xinetd 내부에 포함된 프로그램이다.

inetd는 네트워크 접속을 받아주는 특별한 서버다. **인터넷 슈퍼 서버**(internet super server)라고도 한다. inetd는 지정된 포트에 클라이언트가 접속하는 것을 기다린다. 접속이 완료되면 셸과 마찬가지로 dup()를 사용하여 소켓을 표준 입력과 표준 출력에 옮겨서 서브 프로그램을 exec한다. 그러면 프로그램은 표준 입출력에 입출력함으로써 네트워크 통신이 가능하게 된다.

xinetd는 inetd의 개량판으로, 기본적인 기능은 동일하고, 보안과 관련된 부부만 개선되었다. inetd를 사용하고 있는 배포판은 없을 것이므로 우리는 xinetd에 대해서만 알아볼 것이다.

우분투에서의 xinetd 설정

먼저 apt-get을 사용하여 xinetd를 설치하자.

```
$ sudo apt-get install xinetd
```

daytime 프로토콜을 위한 설정 파일은 /etc/xinetd.d/daytime이다. 파일을 열고 tcp 버전의 daytime 서비스 밑에 쓰여 있는 disable=yes를 disable=no로 바꾼다. 우분투에서는 xinetd를 설치하면 바로 기동된다. 변경한 설정을 반영하기 위해 다음 명령어를 실행하도록 한다.

```
$ sudo systemctl reload xinetd
```

CentOS에서의 xinetd 설정

먼저 yum을 사용하여 xinetd를 설치하자.

```
$ sudo yum install xinetd
```

daytime 프로토콜용 설정 파일의 위치는 /etc/xinetd.d/daytime-stream이다. 이 파일을 편집하여 disable = yes를 disable = no로 바꾸도록 한다.

CentOS에서는 xinetd를 설치하더라도 자동으로 기동되지는 않으므로, 다음과 같이 기동해 주도록 한다.

```
$ sudo systemctl start xinetd
```

 설정 확인 방법

daytime 서버가 잘 돌고 있는지 확인하려면 어떻게 해야 할까?

가장 확실한 방법은 netstat 명령어를 사용하는 것이다. netstat를 -tcp -listen 옵션을 붙여서 실행하면, 로컬 호스트의 프로세스 중 listen⑵하고 있는 TCP의 포트가 표시된다. 그중 daytime이라고 표시되는 것이 있으면 daytime 서버가 동작하고 있다.

실행 예

서버가 준비되었으면 daytime 명령어를 실행해 본다.

```
$ gcc -g -Wall daytime.c -o daytime
$ ./daytime
11 AUG 2017 21:34:13 JST
$ ./daytime localhost
11 AUG 2017 21:34:15 JST
```

이처럼 시각이 잘 표시된다. 잘 동작하고 있는 것을 알 수 있다.

1. telnet 명령어의 사용법을 조사해서 daytime 서버에 접속해 본다. CentOS에서는 yum
   으로 telnet 패키지를 설치해야 한다.

2. echo 프로토콜은 소켓에 쓴 내용을 그대로 반환해 주는 테스트용 프로토콜이다. echo
   프로토콜의 클라이언트를 작성하라. echo 서버도 daytime과 같이 xinetd에 포함되어
   있으므로 같은 방법으로 기동할 수 있다.

※ 해답은 이 책의 깃허브에서 확인 가능

제 **16** 장

HTTP 서버 만들기

이 책도 얼마 남지 않았다. 마지막 과제로 HTTP 서버를 만들어 보도록 하자.

16.1 WWW와 HTTP

이번 장과 다음 장에서는 이 책의 마지막 과제로 HTTP 서버를 만들어 볼 것이다. 여기서 **HTTP**(HyperText Transfer Protocol)는 브라우저가 서버로부터 HTML 문서나 이미지를 요청하고 받아들일 때 사용하는 프로토콜이다. 따라서 HTTP 서버는 HTML 문서나 이미지를 제공해 주는 소프트웨어라고 볼 수 있다. 유명한 HTTP 서버로는 **Apache**, **Nginx**, 그리고 마이크로 소프트의 **IIS**가 있다.

마지막 과제로 HTTP 서버를 선택한 이유로는 다음 세 가지가 있다.

- **1. 지금까지 배운 내용을 통합해 볼 수 있다**
  지금부터 소개할 HTTP 서버 코드에는 이 책에서 배운 요소가 많이 등장한다. 네트워크는 물론, 스트림, 파일 시스템, 프로세스, 시간, 인증, 메모리 할당, 문자열 작업까지 온갖 API가 필요하다.
- **2. HTTP는 많이 사용된다**
  HTTP는 현재 널리 사용되고 있고, 관련 기술들이 풍부하게 탄생하고 있는 인기 프로토콜이다. 독자 여러분이 앞으로 어떠한 형태로든 활용하게 될 가능성이 매우 높다.
- **3. HTTP는 간단하다**
  메일 등과 비교했을 때 HTTP는 간단하고 쉬운 편이다. 메일도 송수신만 한다면 그리 어렵지 않지만, 메일 자체의 구조가 꽤 까다롭고 다루기 힘들다. 한편 HTTP 의 경우는 콘텐츠를 해석하거나 표시하는 것은 웹 브라우저의 역할이기 때문에 부담이 현저히 줄어든다.

또한, 현재는 차세대 HTTP로 HTTP/2가 등장하고 있다. 이 책에서 다루는 것은 HTTP 1.1인 데, 그렇게 간단히 HTTP 1.1이 없어질 것이라 생각하지는 않는다. 그리고 HTTP/2을 이해하는 HTTP 1.1의 지식이 필요하므로 여기서 익혀둔 내용이 도움이 될 것이다.

WWW의 구조

여러분들은 평소 웹 브라우저를 많이 사용하고 있을 것이다. 그러나 그 내부에서 사용되고 있는 HTML이나 HTTP의 자세한 구조에 대해서는 잘 모르는 독자도 있을 것이다. 그래서 우선 간단하게 브라우저에 화면이 보이기까지의 과정을 설명하도록 하겠다.

그림 16.1을 보면 브라우저(여기서는 파이어폭스)에 특정 웹 페이지가 표시되어 있다.

그림 16.1 웹 브라우저(index.html)

알다시피 웹 페이지는 **HTML**(HyperText Markup Language)로 작성되어 있다. 이 페이지의 HTML 은 코드 16.1과 같다.

코드 16.1 index.html

```
<!DOCTYPE html>
<html lang="ja-JP">
<head>
  <title>Test Page</title>
</head>
<body>
<h1>Test Page</h1>
<p><a href="other.html">Other Page</a></p>
</body>
</html>
```

이 페이지의 'Other Page'라는 텍스트는 other.html에 하이퍼링크로 연결되어 있다. 그래서 이 텍스트를 클릭하면, 웹 브라우저는 other.html로 이동한다. 이때 href로 지정한 주소가 **상대 URL**(relative URL)로 표시되었으므로, 서버(호스트), 포트, 그리고 디렉터리 경로는 현재 표시 중 인 페이지와 동일하다고 판단한다. 그래서 웹 브라우저는 index.html과 동일한 서버, 동일한 포토에 TCP 소켓을 연결하여 통신을 시도한다(그림 16.2).

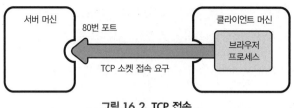

그림 16.2 TCP 접속

TCP 접속이 완료되면 HTTP 서버 프로세스와 HTTP 클라이언트 프로세스(웹 브라우저)의 사이에 스트림이 연결된다(그림 16.3).

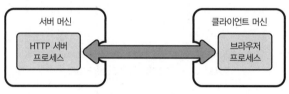

그림 16.3 접속 완료

이 스트림을 통해 브라우저와 HTTP 서버가 코드 16.2처럼 정보 교환을 한다. 각 줄의 첫 번째 문자로 '←'가 쓰여 있는 경우는 클라이언트로부터 서버로 보내는 데이터를 의미하고, '→'는 서버로부터 클라이언트로 보내는 데이터를 의미한다. 또한, 주고받는 문자열은 C 언어의 문자열 리터럴 형식으로 표기했다.

코드 16.2 HTTP 서버의 교환

```
← "GET /ja/linuxprog/test/other.html HTTP/1.1\r\n"
← "Connection: close\r\n"
← "Accept: */*\r\n"
← "Host: i.loveruby.net\r\n"
← "\r\n"
→ "HTTP/1.1 200 OK\r\n"
→ "Date: Fri, 11 Aug 2017 11:50:28 GMT\r\n"
→ "Server: Apache/2.4.10 (Debian)\r\n"
→ "Last-Modified: Fri, 11 Aug 2017 11:48:32 GMT\r\n"
→ "ETag: \"a3-55678fde663c0\"\r\n"
→ "Accept-Ranges: bytes\r\n"
→ "Content-Length: 163\r\n"
→ "Vary: Accept-Encoding\r\n"
→ "Connection: close\r\n"
→ "Content-Type: text/html\r\n"
→ "\r\n"
→ "<!DOCTYPE html>\n"
→ "<html lang="ja-JP">\n"
→(이어서, HTML의 내용이 전송된다. 생략)
```

이러한 데이터 교환에 사용되는 문법, 절차 등을 정의한 규약이 HTTP다.

그리고 이 경우는 HTML의 내용을 모두 전달된 시점에서 TCP 스트림이 끊어(close)진다. 이렇게 해서 브라우저 프로세스는 무사히 other.html의 내용을 입수하게 된다. 그 내용은 코드 16.3과 같다.

코드 16.3 other.html

```
<!DOCTYPE html>
<html lang="ja-JP">
<head>
  <meta http-equiv="Content-Type" content="text/html; charset=utf-8" >
  <title>Other Page</title>
</head>
<body>
<h1>Other Page</h1>
<p> それはまた別のページ[4] </p>
</body>
</html>
```

브라우저는 이것을 렌더링해서 그림 16.4와 같은 화면을 표시한다.

그림 16.4 웹 브라우저(other.html)

웹 브라우저가 페이지를 요청하고 받아서 보여 주기까지의 과정을 알아봤다. 이미지나 CSS 파일도 이와 같은 방식으로 획득하여 표시한다.

---

4 (옮긴이) '또 다른 페이지'라는 의미다. 지은이가 제공하고 있는 웹 페이지의 내용인데, 번역서에서 이와 동일한 페이지를 제공하기란 어려우므로 원문을 그대로 두고 번역을 따로 싣는다.

WWW의 대략적인 구조가 이해된 시점에서, HTTP의 내용을 좀 더 자세히 살펴보도록 하자. 조금 전에 설명한 HTTP에서 이뤄지는 데이터 교환을 다시 한번 보자.

```
← "GET /ja/linuxprog/test/other.html HTTP/1.1\r\n"
← "Connection: close\r\n"
← "Accept: */*\r\n"
← "Host: i.loveruby.net\r\n"
← "\r\n"
→ "HTTP/1.1 200 OK\r\n"
→ "Date: Fri, 11 Aug 2017 11:50:28 GMT\r\n"
→ "Server: Apache/2.4.10 (Debian)\r\n"
→ "Last-Modified: Fri, 11 Aug 2017 11:48:32 GMT\r\n"
→ "ETag: \"a3-55678fde663c0\"\r\n"
→ "Accept-Ranges: bytes\r\n"
→ "Content-Length: 163\r\n"
→ "Vary: Accept-Encoding\r\n"
→ "Connection: close\r\n"
→ "Content-Type: text/html\r\n"
→ "\r\n"
→ (HTML)
```

자세히 보면 처음에는 클라이언트가 계속 쓰고 있고, 그 후 서버가 계속 쓰고 있는 것을 알수 있다. 클라이언트가 쓰는 부분을 **HTTP 요청**(HTTP request)이라 하고, 서버가 쓰는 부분을 **HTTP 응답**(HTTP response)이라고 한다. 즉, '요청 → 응답'의 반복이 HTTP다. 클라이언트는 '이 URL의 데이터가 필요하다'고 요청하고, 서버는 그것에 대한 응답을 보내는 것이다.

HTTP 요청

더 자세하게 요청과 응답 내용을 분석해 보자. 먼저 요청을 살펴보자.

```
"GET /ja/linuxprog/test/other.html HTTP/1.1\r\n"
"Connection: close\r\n"
"Accept: */*\r\n"
"Host: i.loveruby.net\r\n"
"\r\n"
```

첫 번째 줄을 **요청 라인**(request line)이라고 하며, HTTP 요청의 핵심이 담겨있다. 즉, 무엇을 요청하는지에 대한 정보가 담겼다. 위 예에서 요청을 해석해 보면 다음과 같다.

- 데이터가 필요하다(GET).
- 데이터의 경로는 /ja/linuxprog/test/other.html이다.
- HTTP 버전 1.1이다.

그다음 줄부터는 부가적인 정보다. '항목명: 값'의 형식으로 여러 가지 정보가 기재된다. 예를 들면 'Connection: close'는 응답을 보낸 후 TCP 연결을 끊어달라는 뜻이고, 'Accept: */*'는 어떤 종류의 데이터라도 받겠다는 뜻이다.

이처럼 부가적인 정보를 게재하는 부분을 **HTTP 헤더**(HTTP header)라고 말하며, 대체로 한 줄에 하나의 항목을 표현하고 "\r\n"만 있는 줄(빈 줄)은 끝을 의미한다. 참고로 HTTP에서는 항상 "\r\n"(CR LF)을 개행 문자로 사용한다.

HTTP 응답

이번에는 이와 같은 요청에 대해서 HTTP 서버가 반환해 준 응답을 살펴보자.

```
→ "HTTP/1.1 200 OK\r\n"
→ "Date: Fri, 11 Aug 2017 11:50:28 GMT\r\n"
→ "Server: Apache/2.4.10 (Debian)\r\n"
→ "Last-Modified: Fri, 11 Aug 2017 11:48:32 GMT\r\n"
→ "ETag: \"a3-55678fde663c0\"\r\n"
→ "Accept-Ranges: bytes\r\n"
→ "Content-Length: 163\r\n"
→ "Vary: Accept-Encoding\r\n"
→ "Connection: close\r\n"
→ "Content-Type: text/html\r\n"
→ "\r\n"
⋮ (HTML)
```

먼저 첫 번째 줄에서 응답의 결과를 전달한다. 위 예에서는 '200 OK'로 '문제없이 내용을 반환할 수 있다'는 것을 전하고 있다. 여기서 200은 결과를 나타내는 **상태 코드**(status code)다. 그리고 'OK'는 사람이 볼 수 있는 보너스 메시지 같은 것이다. 200 이외의 HTTP 상태 코드로는 독자 여러분도 한 번쯤은 본 적이 있을 '404 Not Found'(URL에 대응하는 데이터가 존재하지 않음)나 '403Forbidden'(액세스 권한이 없음) 등이 있다.

그다음 줄부터는 HTTP 요청과 마찬가지로 HTTP 헤더를 통해 응답 자체에 관한 정보나 반환하려는 데이터에 관한 정보를 제공한다. 예를 들면 'Date: Fri, 11 Aug 2017 11:50:28 GMT'는 응답을 반환하는 시간을 의미한다. 'Content-Length: 163'은 반환하려는 데이터 길이가 163바이트라는 것을 의미한다.

응답의 HTTP 헤더도 "\r\n"만으로 된 줄(빈 줄)로 종료를 의미하고, 그 후에는 반환하려는 데이터 자체가 보내진다. HTTP에서는 이 데이터를 **엔티티 본문**(entity body)이라고 하고 그냥 body라고 부르기도 한다.

🌱 정리

정리해 보자. HTTP는 요청과 응답으로 구성되어 있고 각각의 구조는 그림 16.5와 같다.

그림 16.5 HTTP 요청과 HTTP 응답의 구조

참고로 HTTP 요청에도 엔티티 본문이 있을 수 있다. GET 요청 방식은 엔티티 본문을 사용하지 않지만, POST 요청 등에서는 엔티티 본문이 붙는다. GET 요청 방식 외에 다음과 같은 요청 방식이 있다.

- HTTP 헤더만 요구하는 HEAD 요청
- 데이터 게시에 사용하는 POST 요청
- PUT, DELETE 등

지금부터 구축하는 서버에서는 GET 요청과 HEAD 요청만을 지원한다.

16.3 HTTP 서버 개략

지금부터는 우리들이 만들 HTTP 서버에 대한 설명을 진행하도록 하겠다.

HTTP 서버의 목적

우선 HTTP의 구조와 파일 시스템이 굉장히 닮았다는 점에 주목하고 싶다. URL이 파일 시스템에서의 경로, GET 요청이 cat 명령어, HEAD 요청이 stat(2), POST 요청이 명령어의 실행이라고 생각할 수 있다.

실제로 URL의 경로는 서버의 파일 시스템의 경로와 거의 유사하다. 그래서 http://www.example.com/path/to/file.html에 액세스하면 www.example.com이라는 호스트에 있는 파일 '/ ..../path/to/file.html'에 접근하게 된다. 그런데 여기서 앞에 '/ ..../'이 붙은 것은 무슨 뜻일까?

일반적으로 서버의 모든 파일이 웹을 통해 공개되는 것은 곤란하다. 따라서 HTTP가 공개하는 것은 파일 시스템의 일부분이며, 이것을 **문서 트리**(document tree)라고 한다(그림 16.4).

이때 문서 트리의 루트 디렉터리를 **문서 루트**(document root)라고 하는데, 결국 우리가 만들 HTTP 서버의 역할은 HTTP 요청에 대응하는 파일을 문서 루트 밑에서 찾아서 반환하는 것이다.

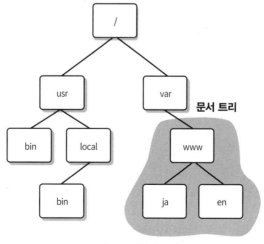

그림 16.6 문서 트리

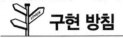 **구현 방침**

서버 구현은 다음과 같이 진행한다.

먼저 이번 장에서는 HTTP 처리 부분만을 작성한다. 즉, 네트워크 접속 부분은 생략하고 대신 표준 입력으로 HTTP 요청을 읽어 들이며, 그 응답을 표준 출력으로 출력하는 것이다. 이렇게 만들어 놓으면 단말에서 HTTP 요청을 입력하면서 디버그하기 좋다. 앞 장에서 소개한 inetd를 사용하면, 네트워크에 연결할 수도 있다.

또한, 되도록 간단하게 구현할 것이다. 신뢰성이나 속도를 희생하더라도 간단한 구조로 만들어 핵심 개념을 사용하는 것에 집중하고자 한다. 그래서 에러 처리도 단순하게 exit()로 종료하도록 구현할 것이다.

HTTP의 여러 버전 중 현재 가장 많이 사용되는 버전은 1.1이다. 그러나 1.1에는 다루기 번거로운 부분이 있어, 이 서버는 버전 1.0만을 지원하는 것으로 하겠다.

그리고 서버 소프트웨어에 흔히 있는 설정 파일은 사용하지 않겠다. 그래서 문서 루트 경로와 같은 파라미터는 전부 실행 인자로 전달하는 것으로 한다. 설정 파일을 사용하면 HTTP와 관계없는 코드들 즉, 핵심적이지 않은 코드들이 너무 많아지기 때문이다.

 에러와 로그

그러면 코드를 살펴보도록 하자. 이번에는 핵심 기능이 아닌 에러 처리 함수부터 시작하도록 하겠다. 참고로, 이번 장과 다음 장에서 작성하는 httpd의 완전한 소스 코드는 이 책의 깃허브 리포지토리에서 다운받을 수 있다. 실제로 동작을 확인해 보기 바란다.

서버 실행 중 에러가 발생하면 코드 16.4의 함수 log_exit()를 호출하고 종료한다.

코드 16.4 log_exit()

```
static void
log_exit(char *fmt, ...)
{
    va_list ap;

    va_start(ap, fmt);
    vfprintf(stderr, fmt, ap);
```

```
        fputc('\n', stderr);
        va_end(ap);
        exit(1);
}
```

log_exit()은 printf()와 같은 형식의 인자를 받아, 그것을 표준 에러 출력에 출력하고 exit()한다. 표준 에러 출력에 출력할 뿐인데 'log'라고 이름 붙인 이유는, 다음 장에서 로그를 다루도록 변경할 것이기 때문이다.

또한 5장에서 설명한 것처럼 프로토타입의 '...'은 가변 인자를 뜻한다. 즉, printf()처럼 원하는 만큼 인자를 전달할 수 있다. 이 책에서 가변 인자를 직접 처리하는 것은 처음이기 때문에 약간의 설명을 추가하겠다.

우선 가변 인자를 다룰 때는 stdarg.h를 include해야 한다. 그리고 va_list 타입의 변수를 선언하고, 사용하기 전에는 va_start()를 호출하며, 사용이 끝나면 va_end()를 호출한다. 즉, 다음과 같다.

```
va_list ap;

va_start(ap, fmt);
/* ap를 사용하는 코드 */
va_end(ap);
```

va_start()의 두 번째 인자에는 가변 인자가 적용된 인자의 변수 이름을 쓴다. 즉, log_exit()의 경우에는 fmt가 된다. va_start()는 실은 매크로인데, 인자의 주소를 바탕으로 가변 인자가 위치한 주소를 계산하는 구조로 되어 있다.

va_list의 변수 ap에는 가변 인자가 모두 들어가 있게 된다. 그러면 va_arg()라는 함수를 통해 인자를 한 개씩 꺼낼 수 있다. 그러나 이번에는 가변 인자 리스트 전체를 vfprintf()에 사용하고 있어 va_arg()를 사용하지 않았다.

va_list를 직접 전달할 수 있는 함수는 표준 라이브러리에 몇 개 있는데, 모두 이름의 앞에 'v'가 붙어 있다. 예를 들어 이번 log_exit()에서 사용하는 vfprintf()가 이에 해당한다. vfprintf()는 인자가 va_list로 되어 있는 fprintf()다. 즉 인자의 전달 방식이 다를 뿐, 기능적으로는 fprintf()와 동일하다.

메모리 관리

메모리를 사용할 때는 정적 버퍼는 되도록 사용하지 않고 malloc()계의 API를 적극적으로 사용한다. 그리고 메모리 할당에 실패하는 경우를 대비하여 코드 16.5의 함수 xmalloc()를 만들었다.

코드 16.5 메모리 관리

```
static void*
xmalloc(size_t sz)
{
    void *p;

    p = malloc(sz);
    if (!p) log_exit("failed to allocate memory");
    return p;
}
```

메모리 할당에 실패했을 때는 exit()하고 있으므로, 이 함수는 NULL을 반환할 수 없다. 즉, 호출하는 곳에서 에러를 체크할 필요가 없다.

 시그널 처리

네트워크 관련 프로그램에서 소켓 연결은 어떤 이유로든 갑자기 끊어질 수 있다. 소켓이 끊어지면, xinetd에서 시작한 경우는 시그널 SIGPIPE가 전달된다. 우리 HTTP 서버에서도 SIGPIPE을 포착해서 exit()하기로 한다.

코드 16.6 install_signal_handlers()

```
static void
install_signal_handlers(void)
{
    trap_signal(SIGPIPE, signal_exit);
}

static void
trap_signal(int sig, sighandler_t handler)
{
    struct sigaction act;
```

```
    act.sa_handler = handler;
    sigemptyset(&act.sa_mask);
    act.sa_flags = SA_RESTART;
    if (sigaction(sig, &act, NULL) < 0)
        log_exit("sigaction() failed: %s", strerror(errno));
}

static void
signal_exit(int sig)
{
    log_exit("exit by signal %d", sig);
}
```

trap_signal()는 13장에서 소개한 내용과 거의 같고, sigaction()을 사용하여 signal()과 유사한 인터페이스를 만들고 있다.

signal_exit()도 로그를 출력하고 exit()하도록 했다. 지금은 install_signal_handlers()에서 시그널 핸들러를 달랑 하나만 등록하고 있는데, 다음 장에서 더 다양한 시그널을 포착하도록 추가할 것이다.

16.4 서비스 개시까지

이제 본격적인 코드 분석을 시작하자. main()의 코드를 살펴보겠다.

main()

코드 16.7 main()

```
int
main(int argc, char *argv[])
{
    if (argc != 2) {
        fprintf(stderr, "Usage: %s <docroot>\n", argv[0]);
        exit(1);
    }
    install_signal_handlers();
    service(stdin, stdout, argv[1]);
    exit(0);
}
```

우선 이 프로그램은 항상 하나의 실행 인자가 필요한데, 그것은 바로 문서 루트의 경로다. 여기서는 실행 인자의 개수밖에 체크하지 않고 있지만, 지정한 경로가 디렉터리인지 아닌지 체크해도 좋을 것이다. 디렉터리 여부를 체크하기 위해서는 stat()을 사용하면 된다.

이어 install_signal_handlers()을 호출해서 필요한 신호를 포착하도록 설정했고, 실제 핵심 처리는 service()에서 수행된다. service()로는 표준 입력과 표준 출력을 지정하고 있다. 다음 장에서는 소켓에 의한 스트림을 넘기도록 변경할 것이다.

service()

다음으로 service()를 살펴보자(코드 16.8). 이 함수는 HTTP의 동작 구조를 보여 주므로 매우 중요하다.

```
static void
service(FILE *in, FILE *out, char *docroot)
{
    struct HTTPRequest *req;

    req = read_request(in);
    respond_to(req, out, docroot);
    free_request(req);
}
```

read_request()는 첫 번째 인자 in 스트림에서 HTTP 요청을 읽고, 그 정보를 struct HTTP Request 구조체의 포인터에 저장하고 반환한다.

respond_to()는 HTTP 요청 req에 대한 응답을 두 번째 인자 out 스트림에 써넣는다. 이때 참고할 문서 루트가 docroot다.

main()에서 service()를 한 번만 호출하므로, 이 HTTP 서버는 하나의 요청을 받아서 처리한 후 종료한다.

service()는 HTTP의 동작을 담고 있어 매우 중요하다. 이 함수를 중심으로 전체 코드를 분석 해나가는 것이 좋다.

16.5 struct HTTPRequest

다음으로 분석해야 할 코드는 무엇일까? 함수가 호출되는 순서로 봤을 때는 read_request()일 것이다.

그러나 프로그램을 읽을 때는 데이터 구조를 파악하는 것도 매우 중요하다. 프로그램이 어떤 데이터 구조를 사용하고, 그것에 어떤 제약이 있는지 알게 되면 코드를 파악하기 한결 쉬워지기 때문이다. 따라서 우리는 read_request()를 읽기에 앞서 struct HTTPRequest에 대해 알아볼 것이다(코드 16.9).

코드 16.9 struct HTTPRequest

```
struct HTTPHeaderField {
    char *name;
    char *value;
    struct HTTPHeaderField *next;
};

struct HTTPRequest {
    int protocol_minor_version;
    char *method;
    char *path;
    struct HTTPHeaderField *header;
    char *body;
    long length;
};
```

struct HTTPHeaderField는 **링크드 리스트**(linked list)다(그림 16.7). 하나의 struct HTTPHeaderField가 헤더 필드 한 개(이름과 값의 세트)를 표현한다.

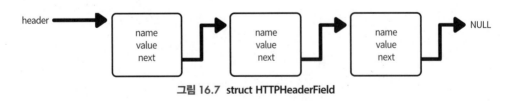

그림 16.7 struct HTTPHeaderField

struct HTTPRequest의 각 멤버의 의미는 표 16.1과 같다.

표 16.1 struct HTTPRequest

이름	의미
protocol_minor_version	요청에서 사용된 HTTP 버전. 마이너 버전만 저장한다. HTTP 1.1이면 '1'이다.
method	요청 메소드(GET, HEAD, POST 등). 모두 대문자로 저장한다.
path	요청 경로(/ja/linuxprog/test/index.html 등)
header	HTTP 헤더
body	엔티티 본문
length	엔티티 본문 길이

 ## free_request()

위 구조체와 그 안에서 사용되는 char* 등의 영역은 모두 malloc()으로 할당된다. 따라서 사용이 끝나면 free()해야 한다.

이번 버전의 HTTP 서버는 요청을 하나 받으면 처리하고 종료하므로 메모리를 해제하지 않아도 문제는 발생하지 않는다. 그러나 여러 요청을 처리하도록 변경할 것이므로 확실하게 free()해 두자. struct HTTPRequest와 그 멤버를 모두 해제하는 함수가 free_request()다(코드 16.10).

코드 16.10 free_request()

```
static void
free_request(struct HTTPRequest *req)
{
    struct HTTPHeaderField *h, *head;

    head = req->header;
    while (head) {
        h = head;
        head = head->next;
        free(h->name);
        free(h->value);
        free(h);
    }
    free(req->method);
    free(req->path);
    free(req->body);
    free(req);
}
```

링크드 리스트를 해제할 때는 주의하기 바란다. 다음과 같은 실수를 누구나 한 번쯤은 하게 된다.

```
struct HTTPHeader *h;

for (h = req->header; h; h = h->next) {
    free(h);
}
```

free()한 시점에서 h는 무효하므로 h->next를 참조할 수 없다. h를 free()하기 전에 h->next를 취득해 두어야 한다.

16.6 요청 읽어 들이기

이어서 스트림에서 HTTP 요청을 읽고 이를 struct HTTPRequest로 만드는 함수인 read_request()를 살펴보자.

read_request()

코드 16.11 read_request()

```
static struct HTTPRequest*
read_request(FILE *in)
{
    struct HTTPRequest *req;
    struct HTTPHeaderField *h;

    req = xmalloc(sizeof(struct HTTPRequest));
    read_request_line(req, in);
    req->header = NULL;
    while (h = read_header_field(in)) {
        h->next = req->header;
        req->header = h;
    }
    req->length = content_length(req);
    if (req->length != 0) {
        if (req->length > MAX_REQUEST_BODY_LENGTH)
            log_exit("request body too long");
        req->body = xmalloc(req->length);
        if (fread(req->body, req->length, 1, in) < 1)
            log_exit("failed to read request body");
    } else {
        req->body = NULL;
    }
    return req;
}
```

이 함수는 먼저 read_request_line()을 통해 HTTP 요청의 첫 번째 줄에 해당하는 요청 라인 ("GET/path/to/file HTTP/1.1")을 읽고 파싱하여 첫 번째 인자인 struct HTTPRequest에 값을 기재한다.

이어서 read_header_field()를 사용하여 요청 헤더를 한 개씩 읽어 struct HTTPHeaderField를

만들어 링크드 리스트인 header 필드에 저장한다. read_header_field()는 헤더를 전부 읽었을 때 NULL을 반환한다.

그리고 마지막으로 요청 엔티티 본문을 읽는다. HTTP 요청에 엔티티 본문이 존재할 때는 클라이언트가 엔티티 본문의 길이(바이트 수)를 Content-Length 필드에 쓰기로 되어 있으므로 이를 살펴보면 된다. 그 일을 수행하는 것이 content_length()다. content_length()는 반드시 0 이상의 정수를 반환한다.

content_length()의 반환값이 0이 아닌 경우에는 엔티티 본문을 fread()로 읽는데, 크기가 너무 큰 경우는 읽기를 거부하도록 작성했다. 클라이언트가 누구인지 알 수 없는 상황에서는 상대방이 전달하는 데이터를 크기에 상관없이 처리하는 일은 피해야 한다.

이제 여기서 사용된 각각의 함수를 차례로 살펴보도록 하자.

 ## read_request_line()

read_request_line()은 HTTP 요청 라인을 두 번째 인자 in에서 읽고 내용을 파싱해서 첫 번째 인자 req에 전달한다(코드 16.12).

코드 16.12 read_request_line()

```
static void
read_request_line(struct HTTPRequest *req, FILE *in)
{
    char buf[LINE_BUF_SIZE];
    char *path, *p;

    if (!fgets(buf, LINE_BUF_SIZE, in))
        log_exit("no request line");
    p = strchr(buf, ' ');        /* p(1) */
    if (!p) log_exit("parse error on request line (1): %s", buf);
    *p++ = '\0';
    req->method = xmalloc(p - buf);
    strcpy(req->method, buf);
    upcase(req->method);

    path = p;
    p = strchr(path, ' ');       /* p(2) */
    if (!p) log_exit("parse error on request line (2): %s", buf);
    *p++ = '\0';
    req->path = xmalloc(p - path);
```

```
    strcpy(req->path, path);

    if (strncasecmp(p, "HTTP/1.", strlen("HTTP/1.")) != 0)
        log_exit("parse error on request line (3): %s", buf);
    p += strlen("HTTP/1.");      /* p(3) */
    req->protocol_minor_version = atoi(p);
}
```

우선 fgets()로 한 줄을 읽는다. 앞서 말한 대로 네트워크를 통해 전송되는 데이터는 신뢰할 수 없으므로 제한을 둘 필요가 있다. 그래서 한 줄의 최대 길이를 LINE_BUF_SIZE로 한정했다.

요청 라인의 문자열을 파싱하는 부분은 포인터 p에 주목하면 알기 쉽다. 그림 16.8에 로컬 변수 buf와 path가 가리키고 있는 위치와 p의 변화를 나타내고 있으므로 소스 코드와 대조하며 읽어 보기 바란다.

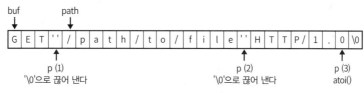

그림 16.8 요청 라인 해석

또한 '*p++ = '\0''의 의미는 '현재 가리키고 있는 위치에 '\0'을 대입하고 포인터를 한 칸 진행하는 것'이다. 일반적으로 ++를 남용하는 것은 좋지 않지만, 자주 쓰이는 표현이므로 알아둘 필요는 있다.

그리고 struct HTTPRequest의 method 멤버는 대문자여야 한다. 그래서 upcase()라는 함수를 사용해 대문자로 바꿔 주고 있다.

마지막으로 이 함수에서 사용되고 있는 라이브러리 함수 중, 이 책에서 나오지 않은 것들을 소개하겠다. 간단하게만 설명하므로 자세한 내용은 man이나 info를 참고하기 바란다.

```
#include <string.h>

char *strchr(const char *str, int c);
char *strcpy(char *dest, const char *src);
int strncasecmp(const char *str1, const char *str2, size_t n);
```

strchr()은 문자열 str에서 바이트 c가 처음 출현하는 위치를 찾아 그 포인터를 반환한다.

strcpy()는 두 번째 인자로 지정한 문자열 src의 내용을 첫 번째 인자 dest에 복사한다. 인자의 순서에 주의하기 바란다.

strncasecmp()는 알파벳의 대소문자 구분을 무시하고 문자열 str1과 str2를 비교하여 내용이 같으면 0을 반환한다. 다만 첫 n바이트만 가지고 비교한다.

read_header_field()

다음은 헤더 필드 한 개를 읽는 read_header_field()를 살펴보자. 어떤 맥락에서 호출되고 있는 지를 잊어버린 독자는 read_request()를 다시 보고 오는 것이 좋겠다.

코드 16.13 read_header_field()

```c
static struct HTTPHeaderField*
read_header_field(FILE *in)
{
    struct HTTPHeaderField *h;
    char buf[LINE_BUF_SIZE];
    char *p;

    if (!fgets(buf, LINE_BUF_SIZE, in)) {
        log_exit("failed to read request header field: %s", strerror(errno));
    }
    if ((buf[0] == '\n') || (strcmp(buf, "\r\n") == 0))
        return NULL;

    p = strchr(buf, ':');
    if (!p) log_exit("parse error on request header field: %s", buf);
    *p++ = '\0';
    h = xmalloc(sizeof(struct HTTPHeaderField));
    h->name = xmalloc(p - buf);
    strcpy(h->name, buf);

    p += strspn(p, " \t");
    h->value = xmalloc(strlen(p) + 1);
    strcpy(h->value, p);

    return h;
}
```

우선 read_request_line()처럼 크기를 제한하여 fgets()로 한 줄을 읽는다.

그리고 읽은 줄이 "\n" 또는 "\r\n"인지 여부를 판정한다. 즉, 빈 줄인지 여부를 체크한다. 기본 적으로 HTTP에서는 개행에 "\r\n"을 사용하지만, 단말기에서 테스트하는 경우는 "\n"이 되기 때문에 "\n"도 검사하도록 했다.

다음은 read_request_line()에서처럼 문자열을 파싱한다. 방법은 거의 동일하다. 그러므로 아 직 소개하지 않은 라이브러리 함수만 소개하도록 하겠다.

```
#include <string.h>

size_t strspn(const char *str, const char *accept);
```

strspn()은 문자열 accept가 문자열 str의 앞부분에 몇 글자 나타나는지 세어 그 길이를 반환한 다. 예를 들면 strspn("ababab---", "ab")의 반환값은 6이다.

 ## 시작은 간단하게

사실 HTTP에서는 하나의 헤더 필드를 여러 줄에 나누어 쓰는 것을 허용하지만, read_header _field()에서는 그것에 대응하고 있지 않다. 왜냐하면 여러 줄에 걸쳐 필드를 보내는 클라이언 트는 드물고, 필수적인 기능도 아니기 때문이다. 정식으로 운영될 서버라면 대응할 필요가 있 겠지만, 개발 초기에는 이런 부가적인 기능은 일단 생략하고 개발하는 것도 효율적이다. 먼저, 동작하는 프로그램을 만들고 나서 이후 기능을 추가해나가며 완성해 가는 것이다.

 ## content_length()

요청 측의 마지막 함수는 content_length()다(코드 16.14). 이 함수는 struct HTTPRequest에서 요청의 엔티티 본문 길이를 구한다.

코드 16.14 content_length()

```
static long
content_length(struct HTTPRequest *req)
{
    char *val;
    long len;
```

```
    val = lookup_header_field_value(req, "Content-Length");
    if (!val) return 0;
    len = atol(val);
    if (len < 0) log_exit("negative Content-Length value");
    return len
}
```

이 함수는 Content-Length 헤더 필드가 있으면 그 값을 atol()로 정수로 해서 반환하고, 아니면 0을 반환한다. Content-Length 필드가 없다는 것은 엔티티 본문은 존재하지 않는다는 것이니까 0을 반환한다.

헤더 필드를 이름으로 검색하는 부분은 재사용을 고려해서 lookup_header_field_value()라는 다른 함수로 만들어 놓았다. 해당 코드가 코드 16.15에 있다.

코드 16.15 lookup_header_field_value()

```
static char*
lookup_header_field_value(struct HTTPRequest *req, char *name)
{
    struct HTTPHeaderField *h;

    for (h = req->header; h; h = h->next) {
        if (strcasecmp(h->name, name) == 0)
            return h->value;
    }
    return NULL;
}
```

HTTP는 헤더 필드 이름의 대, 소문자를 구별하지 않으므로, 필드 이름의 비교에는 strcasecmp()를 사용했다. 그 외에 별다른 어려운 점은 없을 것이다.

16.7 struct FileInfo

여기서부터는 HTTP 응답의 출력 부분이다. 계속해서 읽기 전에 service()로 돌아가서 흐름을 되돌아보는 것도 좋을 것이다.

우리가 작성할 HTTP 서버는 URL 경로를 디렉터리 트리에 대응시키고 있다. 절차는 다음과 같다.

- 우선 파일 정보를 취한다.
- 그 정보에 따라 응답을 생성한다.

파일의 정보를 통합하는 데이터 구조가 struct FileInfo다(코드 16.16).

코드 16.16 struct FileInfo

```
struct FileInfo {
    char *path;
    long size;
    int ok;
};
```

path 멤버에는 파일 시스템에 있는 파일의 절대 경로가 들어간다. size 멤버는 파일 크기(바이트 단위)다. 파일이 존재한다면 ok 멤버가 0이 아닌 값을 가진다.

이 구조체도 malloc()으로 할당한다. 메모리를 할당함과 동시에 값을 지정하는 함수가 get_fileinfo()이고 메모리를 해제하는 함수가 free_fileinfo()다. free_fileinfo()는 free()를 호출할 뿐이므로 생략하고, get_fileinfo()만 살펴보도록 하자.

get_fileinfo()

struct FileInfo를 작성하는 함수가 get_fileinfo()다(코드 16.17).

코드 16.17 get_fileinfo()

```
static struct FileInfo*
get_fileinfo(char *docroot, char *urlpath)
```

```
{
    struct FileInfo *info;
    struct stat st;

    info = xmalloc(sizeof(struct FileInfo));
    info->path = build_fspath(docroot, urlpath);
    info->ok = 0;
    if (lstat(info->path, &st) < 0) return info;
    if (!S_ISREG(st.st_mode)) return info;
    info->ok = 1;
    info->size = st.st_size;
    return info;
}
```

첫 번째 인자 docroot가 문서 루트, 두 번째 인자 urlpath가 URL의 경로다.

우선, build_fspath()를 통해 URL 요청에 대한 파일 시스템의 경로를 생성한다. 그리고 lstat()을 사용해서 다음 사항을 확인한다.

- 엔트리가 존재하는가?
- 그것은 보통 파일인가?

이 조건 중 하나라도 충족하지 않는 경우에는 struct FileInfo의 ok 멤버를 0으로 한다.

그런데 이 함수에서 stat() 대신 lstat()을 사용하고 있는 이유는 무엇일까? 바로 보안 때문이다. 여기서 stat()을 사용하면 문서 트리의 외부를 가리키는 심볼릭 링크가 있는 존재할 경우에 문제가 발생한다. 이런 보안 구멍이 있으면 최근 많이 문제가 되었던 개인 정보 유출 등으로 이어지므로 실제 운영될 프로그램에서는 반드시 체크해야 한다.

하지만 심볼릭 링크를 모두 배제하는 것은 지나친 감이 있다. 이 문제에 대해서는 다음 장에서 언급할 것이다. 지금 단계에서는 간단하게 모든 심볼릭 링크를 배제하는 것으로 구현한다.

 **build_fspath()**

build_fspath()의 코드가 코드 16.18에 있다.

코드 16.18 build_fspath()

```
static char *
build_fspath(char *docroot, char *urlpath)
```

```
{
    char *path;

    path = xmalloc(strlen(docroot) + 1 + strlen(urlpath) + 1);
    sprintf(path, "%s/%s", docroot, urlpath);
    return path;
}
```

경로를 저장하는 데 필요한 메모리를 xmalloc()으로 할당하고 있다. 이때 '+1'을 두 번 해주고 있는 것은 '/'과 마지막에 '\0'를 추가하기 위해서다.

그다음은 sprintf()을 사용하여 문자열을 조립하고 있다. sprintf()는 다음과 같은 함수다.

```
#include <stdio.h>

int sprintf(char *buf, const char *fmt, ...);
```

sprintf()는 두 번째 인자 fmt에서 지정한 형식에 따라 후속 인자를 포맷한 문자열을 buf에 써넣는다. fmt의 사양은 printf()와 같다. buf는 문자열을 써넣을 만한 크기를 가진 버퍼여야 한다.

🌱 경로 정규화

사실 build_fspath()에서 단순히 요청에 해당하는 파일 시스템의 경로를 만들기만 한다면 문제가 될 수 있다. 예를 들면 "../../../etc/passwd"처럼 "../"를 사용하면 문서 루트 외의 파일에 접근할 수 있게 되는 것이다. 그러므로 ".."이나 "."이 없는 형태로 경로를 **정규화**(canonicalize)할 필요가 있다. 그리고 위에서 앞서 언급한 것처럼 심볼릭 링크를 고려해서 경로의 안전성을 확인하는 것이 바람직하다.

참고로 이런 작업이 귀찮다면 다음 장에서 소개할 chroot()의 사용을 고려해 볼 만하다.

16.8 응답 출력하기

이제부터는 HTTP 응답을 반환하는 코드를 살펴보도록 한다. 우선 HTTP 요청에 대한 응답을 반환하는 함수 respond_to()부터 살펴보자.

respond_to()

코드 16.19 respond_to()

```c
static void
respond_to(struct HTTPRequest *req, FILE *out, char *docroot)
{
    if (strcmp(req->method, "GET") == 0)
        do_file_response(req, out, docroot);
    else if (strcmp(req->method, "HEAD") == 0)
        do_file_response(req, out, docroot);
    else if (strcmp(req->method, "POST") == 0)
        method_not_allowed(req, out);
    else
        not_implemented(req, out);
}
```

respond_to()는 HTTP 요청 req에 대한 응답을 out에 출력한다. 이때, 문서 루트를 docroot로 한다.

보다시피 요청 메소드에 따라 처리를 분기하고 있다. 현재는 GET 요청과 HEAD 요청만 대응하고 있고 나머지에 대해서는 에러 처리를 하고 있다. POST 요청에는 '405 Method NotAllowed'를, 다른 요청에 대해서는 '501 Not Implemented'를 반환하고 있다.

do_file_response()

GET 요청 처리를 살펴보자(코드 16.20).

코드 16.20 do_file_response()

```c
static void
do_file_response(struct HTTPRequest *req, FILE *out, char *docroot)
```

```
{
    struct FileInfo *info;

    info = get_fileinfo(docroot, req->path);
    if (!info->ok) {
        free_fileinfo(info);
        not_found(req, out);
        return;
    }
    output_common_header_fields(req, out, "200 OK");
    fprintf(out, "Content-Length: %ld\r\n", info->size);
    fprintf(out, "Content-Type: %s\r\n", guess_content_type(info));
    fprintf(out, "\r\n");
    if (strcmp(req->method, "HEAD") != 0) {
        int fd;
        char buf[BLOCK_BUF_SIZE];
        ssize_t n;

        fd = open(info->path, O_RDONLY);
        if (fd < 0)
            log_exit("failed to open %s: %s", info->path, strerror(errno));
        for (;;) {
            n = read(fd, buf, BLOCK_BUF_SIZE);
            if (n < 0)
                log_exit("failed to read %s: %s", info->path, strerror(errno));
            if (n == 0)
                break;
            if (fwrite(buf, n, 1, out) < n)
                log_exit("failed to write to socket: %s", strerror(errno));
        }
        close(fd);
    }
    fflush(out);
    free_fileinfo(info);
}
```

먼저 get_fileinfo()로 파일 정보를 취득하고 그에 따라 응답 헤더와 응답 본문을 출력한다. 이 함수와 output_common_header_fields()로 출력하는 헤더의 뜻을 표 16.2에 정리해 두었다.

표 16.2 출력하는 응답 헤더

이름	의미
Content_Length	응답 본문의 길이
Content_Type	응답 본문 데이터 종류. text/plain이나 text/html 등
Date	응답을 반환한 날짜와 시각

표 16.2 출력하는 응답 헤더 (계속)

이름	의미
Server	HTTP 서버명과 버전
Connection	응답 송신 후, 스트림을 끊을지 여부

guess_content_type()은 현재는 항상 "text/plain"(플레인 텍스트)를 반환하도록 했다. 원래는 파일 이름의 확장명과 내용을 보고 판단하는 공수가 필요하다.

그런데 응답 본문을 출력하고 있는 코드는 우리가 시스템 콜로 만든 cat 명령어와 거의 유사한 것을 알 수 있다. GET 요청은 cat 명령어처럼 파일을 읽어서 스트림에 쓰는 것이 전부라 구현이 비슷하다.

모든 응답에서 공통의 헤더를 출력하는 output_common_header_fields()의 구현은 코드 16.21과 같다.

코드 16.21 output_common_header_fields()

```c
#define TIME_BUF_SIZE 64

static void
output_common_header_fields(struct HTTPRequest *req, FILE *out, char *status)
{
    time_t t;
    struct tm *tm;
    char buf[TIME_BUF_SIZE];

    t = time(NULL);
    tm = gmtime(&t);
    if (!tm) log_exit("gmtime() failed: %s", strerror(errno));
    strftime(buf, TIME_BUF_SIZE, "%a, %d %b %Y %H:%M:%S GMT", tm);
    fprintf(out, "HTTP/1.%d %s\r\n", HTTP_MINOR_VERSION, status);
    fprintf(out, "Date: %s\r\n", buf);
    fprintf(out, "Server: %s/%s\r\n", SERVER_NAME, SERVER_VERSION);
    fprintf(out, "Connection: close\r\n");
}
```

이 함수를 별도로 만든 이유는 에러의 경우를 다루는 not_found()이나 method_not_allowed()에서도 사용하기 위해서다. 그다지 언급할 만한 작업이 이뤄지지는 않지만, 굳이 말한다면 시간 API를 사용하고 있는 점이다.

strftime()이 어떤 형태로 시간을 출력하고 있는지와 같은 세세한 부분은 처음 코드를 분석할 때는 넘어가도 좋다. strftime()을 통해 시간을 문자열로 출력하고 있다고만 알아두고 넘어가도 충분하다.

C 언어의 로케일 메커니즘 문제

output_common_header_fields()에서는 strftime()을 사용하고 있는데, 로케일이 적용되면 문제가 될 수 있다. HTTP에서는 로케일에 관계없이 특정 포맷으로 시간을 출력해야 하는데, setlocale()한 상태에서 strftime()을 사용하면, 라이브러리가 로케일에 맞춰서 출력해 버리기 때문이다. 이번에는 setlocale()을 사용하지 않기 때문에 문제가 없지만, 로케일을 사용해야 한다면 strftime()을 사용하지 않고 직접 struct tm의 멤버값을 출력해야 한다.

16.9 동작 테스트

이것으로 구현에 대한 설명은 끝이 났다. 이제 테스트해 보자. 표준 입출력을 사용하게 되어 있으므로 테스트는 간단하다. 문서 루트는 현재 디렉터리로 지정하고 테스트해 보자.

```
$ ./httpd .
GET /hello.c HTTP/1.0
                                   ◄─── q를 입력

HTTP/1.0 200 OK
Date: Tue, 29 Aug 2017 10:24:39 GMT
Server: LittleHTTP/1.0
Connection: close
Content-Length: 102
Content-Type: text/plain

#include <stdio.h>

int
main(int argc, char *argv[])
{
    printf("Hello, World!\n");
    return 0;
}
```

잘 동작함을 알 수 있다. 독자 여러분도 여러 가지로 시험해 보기 바란다.

이번에는 일부러 에러가 발생하도록 해서 확인해 보자.

```
$ ./httpd  ◄─── 실행 인자 부족
Usage: ./httpd <docroot>
$ ./httpd .
GET /nosuchfile HTTP/1.0  ◄─── 존재하지 않는 파일을 요청

HTTP/1.0 404 Not Found
Date: Tue, 29 Aug 2017 10:28:53 GMT
Server: LittleHTTP/1.0
Connection: close
Content-Type: text/html

<html>
<header><title>Not Found</title><header>
```

```
<body><p>File not found</p></body>
</html>
$ ./httpd .
lkjhsdfg ◄──── 이상한 요청
parse error on request line (1): lkjhsdfg
```

에러에 대한 처리도 잘 되고 있음을 알 수 있다.

제 17 장

본격적인 HTTP 서버 구현

이전 장에서 HTTP를 처리하는 프로그램을 만들었지만, 소켓에 연결할 수 없다면 서버라고 부를 수 없을 것이다. 이번 장에서는 소켓을 포함해서 본격적으로 서버에 필요한 기능을 구현해 보도록 하자.

17.1 이번 장에서 수행할 내용

이번 장에서는 지난 장에서 작성한 프로그램에 다음과 같은 기능을 추가한다.

- 소켓 접속
- 데몬화
- syslog를 사용한 로깅
- chroot()를 사용한 보안 향상
- 그에 따른 자격 증명 지원
- 실행 인자 옵션 해석

실제 변경은 각 함수에 적용되지만, 그것을 호출하는 부분이 main()에 집중되어 있기 때문에 우선 변경 후의 main()부터 살펴볼 것이다.

또한, 이번 장에서는 가능한 한 많은 기능을 포함했기에 꽤 어려운 코드도 등장한다. 지금 단계에서 이해가 되지 않는 부분이 있다면 너무 깊이 고민하지 말고 건너뛰기 바란다. 대신 이 책에서 배운 내용을 응용하는 부분은 확실히 알고 넘어가도록 하자.

main()

코드 17.1 옵션 대응

```
#define USAGE "Usage: %s [--port=n] [--chroot --user=u --group=g] <docroot>\n"

static int debug_mode = 0;

static struct option longopts[] = {
    {"debug",  no_argument,       &debug_mode, 1},
    {"chroot", no_argument,       NULL, 'c'},
    {"user",   required_argument, NULL, 'u'},
    {"group",  required_argument, NULL, 'g'},
    {"port",   required_argument, NULL, 'p'},
    {"help",   no_argument,       NULL, 'h'},
    {0, 0, 0, 0}
};

int
main(int argc, char *argv[])
```

```
{
    int server_fd;
    char *port = NULL;
    char *docroot;
    int do_chroot = 0;
    char *user = NULL;
    char *group = NULL;
    int opt;

    while ((opt = getopt_long(argc, argv, "", longopts, NULL)) != -1) {
        switch (opt) {
        case 0:
            break;
        case 'c':
            do_chroot = 1;
            break;
        case 'u':
            user = optarg;
            break;
        case 'g':
            group = optarg;
            break;
        case 'p':
            port = optarg;
            break;
        case 'h':
            fprintf(stdout, USAGE, argv[0]);
            exit(0);
        case '?':
            fprintf(stderr, USAGE, argv[0]);
            exit(1);
        }
    }
    if (optind != argc - 1) {
        fprintf(stderr, USAGE, argv[0]);
        exit(1);
    }
    docroot = argv[optind];
    if (do_chroot) {
        setup_environment(docroot, user, group);
        docroot = "";
    }
    install_signal_handlers();
    server_fd = listen_socket(port);
    if (!debug_mode) {
        openlog(SERVER_NAME, LOG_PID|LOG_NDELAY, LOG_DAEMON);
        become_daemon();
    }
    server_main(server_fd, docroot);
    exit(0);
}
```

갑자기 긴 함수가 나타났지만, switch문으로 인한 것이니 너무 놀라지 말기 바란다. 'docroot = argv[optind];'까지가 실행 인자의 해석이고, 다음이 환경 설정, 마지막 server_main()에서 서버가 시작된다. 후반부에서 사용하는 함수에 대해서는 이후에 순차적으로 소개할 예정이니 여기서는 실행 인자를 해석하는 부분에 대해서 살펴보도록 하자.

이번에는 짧은 옵션은 사용하지 않고 긴 옵션만을 사용하고 있다. --chroot, --user, --group, --port는 이후 각각의 개념에 관해 설명할 때 다루도록 하겠다. --help는 도움말 메시지를 내놓는 옵션이다. --debug는 이름 그대로 프로그램을 디버깅 모드로 실행하는 옵션으로 디버깅 모드 때는 데몬이 되지 않고 표준 입출력을 단말에 연결한 상태로 실행한다. 그러면 에러 메시지를 표준 에러 출력에 출력할 수 있다.

getopt_long()의 사용법에서 눈길을 끄는 것은 --debug 옵션에서 struct option의 세 번째 멤버 flag를 사용하는 부분이다. 7장에서는 이 멤버가 모두 NULL이었다. 이 flags 멤버에 변수의 주소를 넣어 두면, 해당 명령어 라인 옵션이 전달됐을 때 그 변수에 val 멤버의 값이 대입된다. 코드 17.1의 경우에는 -debug 옵션이 전달되면 변수 debug_mode에 1이라는 값이 대입되는 것이다. Flags 멤버는 이처럼 Boolean 값(0인지 아닌지)을 인자로 받아들일 때 사용하면 편리하다.

17.2 스스로 네트워크에 접속하기

소켓에 접속하는 부분에 대해 알아보자. 소켓 API는 15장에서 설명했다. 서버 측에서는 socket()→bind()→listen()→accept()의 흐름으로 소켓에 접속한다.

한 가지 설명하지 않았던 부분이 서버 측에서 getaddrinfo()의 사용법이다. 클라이언트가 소켓에 접속할 때는 접속하는 상대 호스트의 주소를 getaddrinfo()로 어드레스 구조체로서 획득했지만, 서버 측의 경우는 프로세스가 동작하고 있는 호스트의 어드레스 구조체를 얻는다. 그런 경우 getaddrinfo()의 첫 번째 인자(호스트 이름)는 NULL로 하고, 세 번째 인자(hints)의 ai_flags에 AI_PASSIVE를 추가한다.

listen_socket()

socket()부터 listen()까지를 담당하는 것이 listen_socket()이다.

코드 17.2 listen_socket()

```
#define MAX_BACKLOG 5
#define DEFAULT_PORT "80"

static int
listen_socket(char *port)
{
    struct addrinfo hints, *res, *ai;
    int err;

    memset(&hints, 0, sizeof(struct addrinfo));
    hints.ai_family = AF_INET;
    hints.ai_socktype = SOCK_STREAM;
    hints.ai_flags = AI_PASSIVE;
    if ((err = getaddrinfo(NULL, port, &hints, &res)) != 0)
        log_exit(gai_strerror(err));
    for (ai = res; ai; ai = ai->ai_next) {
        int sock;

        sock = socket(ai->ai_family, ai->ai_socktype, ai->ai_protocol);
        if (sock < 0) continue;
        if (bind(sock, ai->ai_addr, ai->ai_addrlen) < 0) {
            close(sock);
            continue;
```

```
        }
        freeaddrinfo(res);
        return sock;
    }
    log_exit("failed to listen socket");
    return -1;  /* NOT REACH */
}
```

먼저, getaddrinfo()의 세 번째 인자 hints를 살펴보자. 15장에서 쓴 daytime 클라이언트의 소스 코드(코드 15.2, 302쪽)와 비교해 보면 알 수 있지만, ai_flags가 AI_PASSIVE가 되어 있다. 이것은 아까 말한 대로 소켓을 서버용으로 사용하는 것을 지시하고 있다.

또한 hints.ai_family를 AF_INIT, 즉 IPv4에 한정하고 있다. 그 이유는 나중에 이야기하겠다.

getaddrinfo()에서는 hints에 적합한 어드레스 구조체 리스트를 얻을 수 있어 그 요소를 차례로 socket(), bind(), listen()하면서 성공한 최초의 어드레스를 사용하도록 작성했다.

getaddrinfo()로 얻을 수 있는 리스트에 실제로는 어떤 내용이 들어 있을지 걱정될 수 있는데, 일반적으로는 로컬 호스트의 IPv4 어드레스 하나가 반환될 뿐이다. 따라서 사실은 일부러 루프로 처리할 것까지도 없지만, 일반적인 경우를 커버하기 위해 루프로 해두었다.

그 후의 socket(), bind(), listen()에 대해서는 특별한 내용은 없다. getaddrinfo()로 얻은 구조체의 멤버를 전달하고 있을 뿐이다.

server_main()

그런데 accept()는 어디로 가버렸을까? 실은 accept()는 다른 함수에 있다.

코드 17.3 server_main

```
static void
server_main(int server_fd, char *docroot)
{
    for (;;) {
        struct sockaddr_storage addr;
        socklen_t addrlen = sizeof addr;
        int sock;
        int pid;

        sock = accept(server_fd, (struct sockaddr*)&addr, &addrlen);
```

```
            if (sock < 0) log_exit("accept(2) failed: %s", strerror(errno));
            pid = fork();
            if (pid < 0) exit(3);
            if (pid == 0) {    /* child */
                FILE *inf = fdopen(sock, "r");
                FILE *outf = fdopen(sock, "w");

                service(inf, outf, docroot);
                exit(0);
            }
            close(sock);
        }
    }
```

우선 server_main()은 어디에서 호출되고 있을까? 조금 전으로 돌아가서 확인해 보면 main()
에서 호출된다. 아까의 listen_socket()도 main()에서 호출되고 있다.

흐름을 보면 listen_socket()의 반환값이 server_main()의 첫 번째 인자인 server_fd로 지정되고
있다. 즉, server_fd는 소켓을 나타내는 파일 디스크립터다.

정리해 보면 bind(), listen()로 얻은 소켓에 대해 accept()를 호출하면, 클라이언트의 연결을 기
다렸다가 연결이 완료된 새로운 소켓을 반환한다(그림 17.1). 즉, 포인트는 다음 두 가지다.

- socket(), bind(), listen()으로 작성한 소켓에 스트림이 연결되는 것은 아니다.
  accetp()로 만들어진 소켓에 스트림이 연결된다.
- socket(), bind(), listen()은 프로세스당 1회 호출하면 되는 것에 반해, accept()는
  몇 번이고 호출되어야 한다.

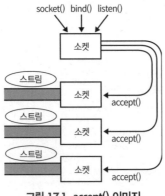

그림 17.1 accept() 이미지

이어 struct socket_storage에 대해 살펴보자. struct sockaddr가 IP 어드레스와 포트 번호를 포함한 구조체라는 것은 connect()를 설명할 때 얘기했다. struct socketaddr_storage는 그 struct sockaddr을 확보할 때 사용하는 전용 구조체다. 위 코드에서처럼 함수의 지역 변수로서 struct sockaddr을 확보할 때 사용한다.

왜 IPv4 전용으로 했는가?

listen_socket()에서 hints.ai_family를 AF_INET(IPv4)에 지정했다. getaddrinfo()는 IPv4/IPv6로 했는데, 정작 listen_socket()은 왜 IPv4 전용으로 했을까? 그 이유는 현재의 구현에 '동시에 한 개의 소켓만 accept()할 수 있다'는 제한이 있기 때문이다.

잠깐만 생각해 보자. IPv4와 IPv6를 하나의 소켓에서 동시에 처리할 수 없으니까, 어느 쪽의 접속도 받기 위해서는 소켓을 두 개 만들어 양쪽을 동시에 기다려야 한다. 이렇게 동시에 기다린다는 것은 다음과 같은 코드로 해결되는 것이 아니다.

```
int fd;

fd = accept(v4socket);
처리 (fd);
fd = accept(v6socket);
처리 (fd);
```

이것은 IPv4와 IPv6의 접속을 번갈아 처리할 뿐이다. IPv4 접속만 연속해서 도착하면 문제가 발생한다.

그러면 동시에 기다리는 것은 어떻게 하면 좋은가? 실은 리눅스에는 그러한 경우를 위한 API가 있는데, 바로 select(2)다.

그러나 이 책에서 select(2)를 다루기에는 내용이 복잡하고 방대하다. 따라서 여기서는 IPv4/IPv6 양쪽을 동시에 처리하는 것을 포기하고 IPv4 전용으로 한 것이다. select(2)에 대해서는 man 페이지나 18장에서 소개하는 서적을 참고하기 바란다.

accept()해서 접속이 성립되면, 이후는 표준 입출력에서와 마찬가지로 입출력을 수행하면 된다.

다만, 앞 장에서는 하나의 프로세스가 담당하는 접속은 하나뿐이라는 암묵적인 전제가 있었지만, 이번에는 그렇게 해서는 안 된다. 클라이언트는 이쪽의 상황을 알지 못한 채로 계속 접속해오기 때문에 특정 클라이언트를 상대하느라 다른 것을 처리하지 못하는 상태는 곤란하다. 즉 accept()를 하는 것은 하나의 프로세스가 하지만, 그 이후의 작업은 프로세스를 나눠서 복수의 클라이언트를 동시에 상대할 필요가 있다. 그래서 이번에는 fork()를 사용해서 복수 프로세스로 처리할 것이다. 그 처리를 수행하고 있는 것이 server_main()의 다음 부분이다.

```
pid = fork();
if (pid < 0) exit(3);
if (pid == 0) {    /* child */
    FILE *inf = fdopen(sock, "r");
    FILE *outf = fdopen(sock, "w");

    service(inf, outf, docroot);
    exit(0);
}
```

fork()해서 자식 프로세스를 만들고, 자식 프로세스에서만 service()를 호출해서 요청을 처리하고 있다. 위 코드에서처럼 처리가 끝나면 exit()하는 것을 잊지 말아야 한다(그림 17.2).

한편, 부모 프로세스에서는 accept()에서 얻은 연결된 소켓을 close()하는 것을 잊어서는 안 된다. 이것을 잊으면 연결된 소켓이 부모 프로세스에 점점 쌓이게 된다. 또한, 일단 접속이 확립된 소켓은 전체 프로세스가 close()되지 않는 한 접속이 끊어지지 않으므로 부모 프로세스에서 close()하지 않으면 클라이언트는 언제까지나 기다리게 된다.

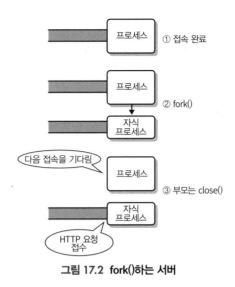

그림 17.2 fork()하는 서버

좀비 문제

12장에서 설명한 것처럼 fork()한 자식 프로세스는 wait()하지 않으면 좀비 프로세스가 되어 버린다. 그러나 보통 wait()만 해서는 자식 프로세스가 종료할 때까지 이쪽은 활동할 수 없게 되기 때문에 fork()하는 의미가 없다. 이런 경우 몇 가지 적절한 방법을 생각할 수 있다.

1. 시그널 SIGCHLD를 수신했을 때 wait()를 호출함
2. 일체의 wait()를 하지 않게 함

1번 방법이 전통적인 방법이다. 사실은 자식 프로세스가 종료하면 커널이 SIGCHLD를 송신해 준다. 따라서 그 시그널 핸들러로 wait()하면 wait()는 즉시 성공할 수밖에 없다. 이렇다면 쓸데없이 wait()로 기다릴 일은 없다.

2번 방법은 sigaction()을 사용해서 wait()를 안할 것이라고 커널에 선언하는 것이다. SA_NOCLDWAIT 플래그를 시그널 SIGCHLD와 함께 sigaction()에 전달하면, 커널은 '이 프로세스는 이제 더는 wait()하는 일이 없다'고 판단해서 자식 프로세스를 좀비로 만들지 않는다. 그 대신, 그 이후는 wait()가 에러가 되기 때문에 주의해야 한다. 이번에는 **2**번 방법을 사용했다 (코드 17.4).

```
static void
detach_children(void)
{
    struct sigaction act;

    act.sa_handler = noop_handler;
    sigemptyset(&act.sa_mask);
    act.sa_flags = SA_RESTART | SA_NOCLDWAIT;
    if (sigaction(SIGCHLD, &act, NULL) < 0) {
        log_exit("sigaction() failed: %s", strerror(errno));
    }
}

static void
noop_handler(int sig)
{
    ;
}
```

SIGCHLD 시그널 핸들러로서 아무것도 하지 않는 함수 noop_handler를 설정하고, SA_NO CLDWAIT 플래그를 세트해서 sigaction()을 호출한다. 이것으로 wait()를 하지 않아도 좀비가 발생하지 않게 된다.

 ## 프리포크 서버

이번에는 하나의 프로세스가 accept()하고 그 후에 fork()했지만, 그 반대로 미리 여러 번 fork() 해 놓고 자식 프로세스가 accept()하는 방법도 있다. 이런 종류의 서버를 **프리포크 서버**(prefork server)라고 한다. 그리고 이번처럼 accept()하고 나서 fork()하는 서버를 **병행 서버**(concurrent server)라고 한다.

일반적으로는 프리포크 서버는 퍼포먼스가 좋으나, 미리 준비하는 프로세스 수의 조정이나 프로세스 처리가 까다롭고, 구현이나 운용도 어려워진다. 그러므로 요청 빈도에 따라 프리포크 서버로 만드는 것을 검토해 볼 필요가 있다. 한편, 전통적인 유닉스 서버는 대부분 병행 서버로 구축되어 있다.

멀티 스레드

서버를 고속화하는 방법으로는 프리포크 이외에도 **스레드**(thread)를 사용하는 방법도 있다.

스레드는 프로세스와 비슷하게 여러 작업을 동시에 수행하는 구조지만, 크게 다른 점이 하나 있다. 그것은 메모리 공간이 나누어져 있지 않은 점이다. 즉, 프로세스 간 통신 메커니즘을 사용하지 않고 직접 데이터를 공유할 수 있다. 복수 스레드를 사용하는 프로그램을 **멀티 스레드 프로그램**(multi-thread program)이라고 한다. 이에 반해 스레드를 사용하지 않는 일반 프로그램은 스레드가 하나인 경우이므로 **싱글 스레드 프로그램**(single-thread program)이라고 한다.

스레드를 사용하면 데이터 교환이 쉽게 되어 매우 편리하지만, 한편으로 데이터를 공유하는 것으로 인한 문제도 발생한다. 예를 들면 전역 변수나 정적 변수를 사용하는 경우다. 다음과 같이 변수 값을 3 증가시키는 간단한 작업을 예로 생각해 보자.

```
int var = 0;

static void
increment(void)
{
    var += 3;
}
```

C 언어 한 줄로 작성되어 있지만, 이 명령은 컴파일되면 다음과 같이 여러 단계로 분리된다.

1. 변수 var 값을 메모리로부터 꺼낸다.
2. 3을 더한다.
3. 결과를 메모리상의 변수 var에 써넣는다.

싱글 스레드 프로그램에서는 이러한 과정이 아무런 문제가 되지 않는다. 그러나 멀티 스레드에서는 그림 17.3 같이 명령이 뒤섞일 가능성이 있다.

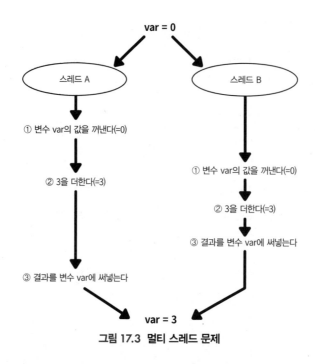

그림 17.3 멀티 스레드 문제

결과로서 var 값을 2회 증가시켰는데 var 값은 3밖에 증가하지 않게 된다.

이것이 데이터를 직접 공유할 때 발생할 수 있는 골치 아픈 문제다. 멀티 스레드 프로그램에서는 공유하는 데이터를 신중하게 선택해야 하고, 공유 데이터의 값을 변경하는 경우에는 작업이 섞이지 않도록 특별한 절차를 밟아야 한다. 그렇게 작성된 프로그램을 **멀티 스레드 안전**(multi-thread safe)하다고 말한다.

이는 라이브러리에서도 마찬가지다. libc 등 오래된 라이브러리에는 멀티 스레드 세이프가 아닌 API가 제법 있다. 대표적인 예가 ctime()이나 getpwuid() 등, 정적 버퍼로의 포인터를 반환하는 API다. 이러한 API에는 xxx_r()이라는 이름으로 멀티 스레드 세이프 버전이 준비된 경우가 있다.

17.4 데몬 만들기

소켓을 연결하는 것만으로는 별로 의미가 없다. 이번에는 데몬이 되도록 해보자. 데몬이 되기 위한 함수 became_daemon()이 코드 17.5에 기술되어 있다.

코드 17.5 became_daemon()

```
static void
become_daemon(void)
{
    int n;

    if (chdir("/") < 0)
        log_exit("chdir(2) failed: %s", strerror(errno));
    freopen("/dev/null", "r", stdin);
    freopen("/dev/null", "w", stdout);
    freopen("/dev/null", "w", stderr);
    n = fork();
    if (n < 0) log_exit("fork(2) failed: %s", strerror(errno));
    if (n != 0) _exit(0);       /* 부모 프로세스는 종료 */
    if (setsid() < 0) log_exit("setsid(2) failed: %s", strerror(errno));
}
```

이 함수에서는 크게 세 가지 작업을 수행한다.

1. 루트 디렉터리에 chdir()한다.
2. 표준 입출력을 /dev/null에 연결한다.
3. 제어 단말을 잘라낸다.

1번은 파일 시스템이 마운트 해제할 수 없게 되는 것을 방지하기 위함이다. 프로세스가 current directory로 사용하고 있는 파일 시스템은 마운트 해제할 수 없으므로 장시간 실행되는 데몬은 가급적 루트 디렉터리로 이동해야 한다.

2번은 프로그램이 무심코 표준 입출력을 사용했을 때 에러가 발생하지 않도록 하기 위함이다. 프로그램에서 표준 입출력을 사용하지 않도록 잘 작성되어 있으면 안 해도 상관없지만, 그래도 해두는 편이 안전한 습관이다.

freopen()의 에러 체크를 하지 않는 것은 의도적이다. 불필요한 에러를 내지 않도록 /dev/null에 연결하고 있으므로 해당 작업으로 오류를 내는 것은 좋은 구성이 아닌 데다가 어차피 단순한 예방 작업에 불과하다.

그리고 **3**번이 실제로 데몬이 되는 작업이다. 그중에서도 특히 setsid()가 중요하고, 그 전의 fork()는 setsid()를 확실히 성공시키기 위한 여분의 fork() 작업이다.

또한, setsid() 앞의 fork()에서는 exit()가 아니라 _exit()를 사용해야 한다는 것에 주의하자. exit()는 모든 FILE에 대해서 fflush()를 실행하므로 exit()를 사용하면 하나의 FILE이 부모 프로세스와 자식 프로세스 양쪽에서 fflush()가 되어 버린다.

daemon(3)

실은 리눅스에는 daemon(3)라는 API가 있다. 이 함수를 호출하면 앞서 설명한 것과 동일한 순서를 거쳐서 데몬이 된다.

```
#include <unistd.h>

int daemon(int nochdir, int noclose);
```

이 함수를 호출하면 제어 단말을 분리하고 데몬이 된다. 첫 번째 인자 nochdir이 0인 경우는 루트 디렉터리에 chdir()한다. 두 번째 인자 noclose가 0이면 표준 입출력과 표준 에러 출력을 /dev/null에 연결한다. 성공하면 0을 반환하고 실패하면 -1을 반환한 후 errno를 설정한다.

17.5 로그 기록

데몬이 되었을 때 에러 메시지는 어디에 출력해야 할까? 지금까지는 표준 에러 출력에 쓰면 그만이었지만, 데몬은 단말로부터 완전히 분리하여 작동해야 하므로 표준 입출력을 사용할 수 없다. 그래서 통상적으로 사용되는 방법이 특정 파일에 메시지를 써넣는 것이다. 이런 종류의 파일을 **로그 파일**(log file)이라고 한다.

로그 파일은 입출력 함수를 사용해서 스스로 써넣어도 되지만, 유닉스에는 syslog라는 공통 로깅 API가 있다. syslog를 사용하면 메시지의 배분 등의 작업을 공통화하거나, 네트워크상의 호스트에 로그를 통합할 수 있으므로, 시스템 관리자에게도 편리한 구조다. syslog로 출력한 로그는 레벨에 따라 /var/log/messages나 /var/log/syslog에 기록된다. 예를 들면 /var/log/syslog의 내용은 다음과 같다.

```
          ⋮
Aug 11 21:13:15 ubuntu systemd[1]: Started Network Manager Wait Online.
Aug 11 21:13:15 ubuntu systemd[1]: Reached target Network is Online.
Aug 11 21:13:15 ubuntu systemd[1]: Starting LSB: Starts or stops the xinetd daemon....
Aug 11 21:13:16 ubuntu xinetd[21760]:  * Starting internet superserver xinetd
Aug 11 21:13:16 ubuntu xinetd[21760]:    ...done.
          ⋮
          ⋮
```

왼쪽부터 로그가 출력된 시각(Aug 11 21:13:15), 다음으로 호스트명(ubuntu), 그다음으로 프로그램명과 프로세스 ID(system[1], 옵션으로 생략 가능), 마지막으로 자유 형식의 로그(Started Network…)가 기록되어 있다.

로깅과 관련된 설정(출력 내용 및 파일)은 syslog 서버별로 다르다. 과거에는 같은 이름의 syslog라는 서버가 일반적이었지만, 최근 배포판에서는 rsyslog이나 syslog-ng 중 어느 한쪽이 사용되고 있다. 각각의 도큐먼트를 참고하기 바란다.

그러면 syslog API에 대해 알아보자.

 **syslog(3)**

```
#include <syslog.h>

void syslog(int priority, const char *fmt, ...);
```

먼저 syslog()에 대해 알아보자. 기본적으로는 이 API만 사용해도 로그를 출력할 수 있다. 두 번째 인자 fmt 이후는 printf()와 거의 같은 형식으로 로그 본문을 지정하게 된다. printf()와 한 가지 다른 점은 %m이라는 포맷 기법이 추가되어 있다는 점이다. %m은 strerror()의 반환값과 같은 문자열로 전개된다.

또한 첫 번째 인자 priority는 **퍼실리티**(facility) 플래그라고 하며, 표 17.1과 표 17.2에 나타나는 플래그 비트를 OR 연산으로 지정한다.

표 17.1 플래그 우선순위

플래그	의미
LOG_EMERG	시스템이 동작하지 않는 긴급 사태
LOG_ALERT	긴급도가 높은 문제
LOG_CRIT	시스템을 계속 작동할 수 없는 에러
LOG_ERR	일반 에러
LOG_WARNING	경고
LOG_NOTICE	비교적 중요한 상태 변화 통지
LOG_INFO	중요하지 않은 통지
LOG_DEBUG	시스템 디버거용 메시지

표 17.2 퍼실리티 플래그

플래그	의미
LOG_AUTH	Login 명령어나 getty 명령어 등
LOG_AUTHPRIV	시큐리티·인증 관계
LOG_CRON	cron 서버와 at 서버
LOG_DAEMON	일반 시스템 서버
LOG_FTP	FTP 서버
LOG_KERN	커널
LOG_LOCAL0~LOG_LOCAL7	시스템별로 정의

표 17.2 퍼실리티 플래그 (계속)

플래그	의미
LOG_LPR	프린터 서버
LOG_MAIL	메일 서버
LOG_NEWS	USENET 뉴스 서버
LOG_SYSLOG	syslog 서버
LOG_USER	일반 사용자

우선순위 플래그는 코드를 보면 어렵지 않게 이해할 수 있을 것이다. 한편, 퍼실리티라는 것은 시스템을 구분하기 위해 사용한다. 예를 들면 LOG_MAIL 플래그는 메일 시스템, LOG_KERN 플래그는 커널 시스템을 나타내기 위해 사용한다. 일반적으로 사용하는 것은 LOG_LOCAL0~LOG_LOCAL7, LOG_USER, LOG_DAEMON 정도다.

openlog(3), closelog(3)

앞에서 설명한 것처럼 syslog()만 사용해도 로깅을 할 수 있으나, 로그의 이름 등을 지정하려면 openlog()를 호출한다.

```
#include <syslog.h>

void openlog(const char *ident, int option, int facility);
void closelog(void);
```

openlog()는 그 이후에 호출되는 syslog()에 적용될 파라미터를 설정한다.

첫 번째 인자 ident는 로그에 출력되는 프로그램 이름이다. openlog()에서는 이 포인터를 그대로 사용하고, 복사 등은 하지 않기 때문에 전달한 문자열을 해제시키거나 변경해서는 안 된다.

두 번째 인자 option은 표 17.3에 보이는 각 플래그 비트를 OR 연산으로 지정하면 된다. 세 번째 인자인 facility는 표 17.2에 보이는 LOG_DAEMON이나 LOG_USER를 지정할 수 있다.

표 17.3 openlog() 옵션

플래그	의미
LOG_CONS	로그 파일에 써넣지 않으면 시스템 콘솔에 출력
LOG_NDELAY	openlog() 시점에서 즉시 로그용 커넥션 연결
LOG_ODELAY	LOG_NDELAY의 반대(디폴트)
LOG_NOWAIT	리눅스에서는 의미 없음
LOG_PID	로그에 프로세스 ID를 출력

또한, closelog()는 openlog()로 열린 로그용 커넥션을 명시적으로 닫기 위해 사용한다. 그러나 많이 사용되지는 않는다.

vsyslog(3)

리눅스를 포함해 비교적 많은 유닉스에서 가변 인수를 그대로 전달할 수 있는 vsyslog()라는 API를 제공한다. fprintf()에 vfprintf()가 있는 것과 비슷하다.

```
#include <stdarg.h>

void vsyslog(int priority, const char *fmt, va_list ap);
```

vsyslog()는 syslog()와 같은 작업을 수행한다. 가변 인자를 다룰 수 있다는 점만 다르다.

syslog로 로그를 기록

이전 장에서 vprintf()를 사용하고 있던 log_exit()에서 syslog를 사용하는 것으로 바꿔보자.

코드 17.6 log_exit()

```
static void
log_exit(const char *fmt, ...)
{
    va_list ap;

    va_start(ap, fmt);
    if (debug_mode) {
        vfprintf(stderr, fmt, ap);
        fputc('\n', stderr);
```

```
    }
    else {
        vsyslog(LOG_ERR, fmt, ap);
    }
    va_end(ap);
    exit(1);
}
```

위 코드를 보면 디버그 중 (debug_mode==1)인 경우는 데몬화하지 않으므로 표준 에러 출력
을 그대로 사용하며, 그 외의 경우에만 vsyslog()를 호출한다. 그리고 main()에서는 다음과 같
이 미리 openlog()해 둔다.

```
server = listen_socket(port);
if (!debug_mode) {
    openlog(SYSLOG_IDENT, LOG_PID|LOG_NDELAY, SYSLOG_FACILITY);
    become_daemon();
    logging("start service");
}
server_main(server);
```

17.6 chroot()로 안정성 높이기

HTTP URL에서 파일 시스템의 파일을 얻는 처리 과정에서 문서 트리 밖의 파일에 접근할 수 있는 문제가 있다고 언급했다. 이 문제를 막으려면 두 가지 방법을 생각해 볼 수 있다.

1. 경로를 꼼꼼하게 확인한다.
2. chroot(2)를 사용한다.

1번은 정공법이다. 경로를 문자열 처리해서 '..'이 나타나지 않도록 바꾸고, 문서 루트 밖을 보고 있는지 일일이 확인한다. 심볼릭 링크도 확인해야 하므로 구현이 꽤 번거롭다.

한편, **2**번 방법인 chroot()를 사용하면 프로세스가 볼 수 있는 파일 시스템 자체를 좁힐 수 있다.

 **chroot(2)**

다음은 chroot()의 프로토타입 선언이다.

```
#include <unistd.h>

int chroot(const char *path);
```

chroot()는 현재 프로세스의 루트 디렉터리를 path로 변경한다. 즉, chroot()을 호출한 후 '/'에 액세스하면 chroot()를 호출하기 전의 path에 액세스하는 것이 된다. chroot()를 호출하면 디렉터리 path 밖의 파일은 절대 보이지 않도록 커널이 보증해 준다. 따라서 아주 간편하고 확실하게 파일 접근에 대한 안전성을 높일 수 있다.

 **chroot(2)의 문제**

chroot()는 무척 편리한 기능이지만, 반드시 좋은 점만 있는 것은 아니다.

먼저, 시스템 관리 비용이 늘어난다. chroot()는 파일 시스템을 새로 만드는 것과 같아서 필요한 파일을 chroot() 환경의 안팎에 배치하고 동기화해야 한다.

예를 들면 /etc/passwd나 /dev/null이 필요할 수도 있다. 그리고 CGI를 사용한다면 그 실행에 필요한 명령어도 chroot() 환경에 복사해 둬야 한다. 그리고 그 명령어를 실행하기 위해 필요한 라이브러리도 줄줄이 복사해야 한다. 하나하나 복사하는 것이 귀찮아서 chroot() 환경에 마구 파일을 복사하면, chroot()를 하는 의미가 퇴색되고 만다. chroot()를 하는 것은 접근할 수 있는 파일을 제한하기 위해서다. 따라서 꼭 필요한 파일만을 포함하도록 신경을 쓸 필요가 있다.

 ## chroot(2) 사용하기

이와 같이 다소 문제가 있다 하더라도 역시 chroot()는 편리한 도구임이 틀림없다. 우리의 HTTP 서버에서도 chroot()을 사용하도록 해보자.

코드 17.7의 함수 setup_environment()는 chroot()를 실행함과 동시에 인증을 user와 group에 변경한다. 인증을 변경하는 이유는 chroot()이 요구하기 때문이다. chroot()는 슈퍼 사용자가 아니면 실행 불가능하지만, HTTP 서버를 슈퍼 사용자의 상태로 실행하는 것은 위험하다. 그래서 처음에는 슈퍼 사용자 권한으로 실행하고, chroot()한 후에 스스로 권한을 포기하는 것이다.

코드 17.7 setup_environment()

```
static void
setup_environment(char *root, char *user, char *group)
{
    struct passwd *pw;
    struct group *gr;

    if (!user || !group) {
        fprintf(stderr, "use both of --user and --group\n");
        exit(1);
    }
    gr = getgrnam(group);
    if (!gr) {
        fprintf(stderr, "no such group: %s\n", group);
        exit(1);
    }
    if (setgid(gr->gr_gid) < 0) {
```

```
        perror("setgid(2)");
        exit(1);
    }
    if (initgroups(user, gr->gr_gid) < 0) {
        perror("initgroups(2)");
        exit(1);
    }
    pw = getpwnam(user);
    if (!pw) {
        fprintf(stderr, "no such user: %s\n", user);
        exit(1);
    }
    chroot(root);
    if (setuid(pw->pw_uid) < 0) {
        perror("setuid(2)");
        exit(1);
    }
}
```

chroot()이 다소 이상한 위치에서 호출되고 있는데 이렇게 된 데는 이유가 있다.

설명한 대로 chroot()는 슈퍼 사용자만 실행할 수 있다. 따라서 먼저 슈퍼 사용자로 실행된 후 프로그램 내에서 다른 자격 증명서로 변경한다. 그래서 우선 chroot()를 하기 전에 setuid()를 해서는 안 된다.

그럼 제일 먼저 chroot()를 하고 나서 setgid()나 initgroups()를 호출하는 것이 좋지 않을까 생각할 수 있겠지만, 이것도 다른 이유로 곤란하다. chroot 환경 속에는 /etc가 없기 때문이다. /etc가 없다는 것은 /etc/passwd도 /etc/group도 없다는 의미가 된다. 그러면 getpwnam(), getgrnam(), initgroups()도 동작하지 않는다. 그래서 /etc가 필요한 함수를 chroot() 전에 호출하고, setuid()만 나중에 호출한 것이다.

한편 자격 증명을 완전히 변경하는 경우에는 setuid(), setgid(), initgroups()을 호출하는데, 이들을 호출하는 순서가 있었다. 잊어버렸다면 14장에서 다시 확인하기 바란다.

파일 시스템 말고도 더 격리하고 싶다면

이 절에서 설명한 chroot()는 의외로 역사가 길다. 처음 출현한 것은 무려 1979년, 유닉스 버전 7 시절이다. 즉, 40년 정도 전이다. 소켓조차 없던 시대에 chroot()가 있었다는 것은 놀라운 일이다. 그만큼 chroot()를 사용한 환경의 격리가 편리하게 널리 사용되어 온 것이다.

그런데, chroot()를 사용하면 파일 시스템은 분리할 수 있지만, 그 이외의 시스템 리소스는 아무 것도 분리되지 않으므로, chroot() 안에 있는 프로세스가 chroot() 밖의 프로세스로부터 영향을 받는 요인이 몇 개 있다. 그 좋은 예가 CPU다. chroot()에서 파일 시스템을 격리한 것만으로는 CPU에 관해서는 아무런 제한도 없기 때문에 chroot() 안에서 작동되고 있는 프로세스가 무한 루프라도 들어가서 CPU를 다 쓰고 있으면, 바깥쪽의 프로세스는 사실상 동작이 불가능해진다. 메모리에 관해서도 마찬가지이고 I/O나 네트워크도 그렇다.

현재의 리눅스에서는 **cgroups**(control groups)라는 기능을 사용하여 리소스도 격리할 수 있다. 즉, 특정 프로세스들을 CPU의 최대 20%까지만 사용하게 하거나, 메모리 사용량은 최대 1GB까지만 사용하도록 제어할 수 있다.

이러한 기능을 조합하면 마치 리눅스 안에 독립된 리눅스가 움직이는 것 같은 환경을 만들 수 있다. 이러한 독립된 환경을 **컨테이너**(container)라고 한다. 컨테이너는 한 개의 리눅스 위에 몇 개라도 만들 수 있고, 컨테이너 환경 속에서는 파일 시스템, CPU, 메모리, I/O, 네트워크, 프로세스 ID, 호스트 이름이나 TCP 포트 번호에 이르기까지 단독 운영체제로서 동작하는 듯한 상태를 얻을 수 있다.

요즘의 대표적인 컨테이너 기술로는 **도커**(Docker)가 있다. 도커를 사용하면 리눅스 안에서 간편하게 독립된 환경을 만드는 것은 물론, 도커 이미지로 파일 시스템을 기록하면 다른 시스템에서 그 환경 그대로를 쉽게 구동하는 것이 가능하다.

17.7 완성!

길었던 HTTP 서버 구현도 이것으로 일단락되었다.

부족한 부분도 많지만 어쨌든 동작한다. 물론, 파이어폭스나 크롬 같은 브라우저에서도 접속할 수 있다. 꼭 한번 확인해 보기 바라며, 테스트할 때는 다음과 같은 점에 주의해야 한다.

- 절대로, 절대로, 절대로 작성한 서버를 인터넷에 노출하지 않도록 하자! 중간중간 설명했듯이 우리가 작성한 서버에는 치명적인 보안 구멍들이 존재한다. 외부로부터 접속 시도가 오지 않는 로컬 네트워크 내에서만 실험하기 바란다.
- 1023번 이하의 포트는 슈퍼 사용자밖에 listen()하지 못하므로 일반 사용자로 테스트할 때는 1024번 이상의 포트를 사용하기 바란다.
- 예를 들어 8081번 포트를 listen()하도록 한다면, 브라우저에서 http://local host:8081/path로 서버에 액세스할 수 있다.
- 일반적인 HTTP 서버에는 디렉터리에 액세스하면 index.html로 액세스하도록 바꾸는 기능이 있지만, 우리의 HTTP 서버에는 그런 기능이 없다. index.html에 접속하려면 명시적으로 index.html을 입력해야 한다.
- 현재는 Content-Type을 text/plain(플레인 텍스트)으로 반환하므로 HTML이 HTML처럼 표시되지 않을 것이다. 이 부분의 코드를 적당히 고쳐서 테스트해 보기 바란다. Content-Type에는 HTML인 경우는 text/html, JPEG 이미지는 image/jpeg, PNG 이미지는 image/png를 지정할 수 있다.

제 **18** 장

이 책을 다 읽은 후

마지막 장이다. 지금까지 다루지 못했던 부분을 정리하고 향후 참고할 만한
서적에 대해 안내하겠다.

18.1 리눅스/유닉스 전반

이 책에 이어서 리눅스/유닉스 전반을 공부하는 데 도움이 될 책은 다음과 같다.

- 《Advanced Programming in the UNIX Environment》(W. Richard Stevens/ Stephen A. Rago, Addison-Wesley Professional, 2013) 《UNIX 고급 프로그래밍》(퍼 스트북)

  통칭, APUE로 불리는 책이다. 유닉스 프로그래밍에 대한 가장 상세하고 정확한 서적이라 해도 과언이 아닐 것이다. select(2) 등을 사용한 I/O 다중화, 스레드, 단말 제어까지 모두 망라되어 있다. 두껍고 가격도 비싼 편이지만, 그만큼의 가치 가 있다. 이 책을 읽은 후라면 문제없이 읽을 수 있을 것이다. 초판의 저자인 W. Richard Stevens는 TCP의 표준에 참여한 것으로도 유명하다. 동일 저자가 저술 한 《UNIX Network Programming》도 명저다.

- 《The Linux Programming Interface: A Linux and UNIX System Programming Handbook》(Michael Kerrisk, No Starch Press, 2010) 《리눅스 API의 모든 것》(에이콘)

  이 책 또한 두껍고 고가의 책이다. APUE에 실려있지 않은 리눅스 고유의 정보, 예를 들면 epoll(2)을 사용한 고성능 다중 I/O나 inotify(2)를 사용한 파일 시스템 이벤트 탐지 등이 포함되어 있다. APUE와 이 책만 있으면 리눅스 프로그래밍을 하는 데 있어 충분한 지식을 얻을 수 있다.

18.2 커널이 어떻게 구현되었는지 알기 위한 책

프로그래밍을 공부하는 방법에는 크게 두 가지 접근법이 있다. 하나는 기능의 사용법을 배우는 것이고, 다른 하나는 어떻게 구현되었는지를 배우는 것이다. 물론 둘 다 공부하는 것이 좋은데, 이 책은 사용법 위주로 작성되었다. 사용법을 알아야 내부 구현에도 도전할 수 있을 것이다. 어느 정도 리눅스 프로그래밍에 숙달되었다면 커널이 어떻게 구현되었는지 이해하는 것에 도전해 보기 바란다. 이때 참고하면 좋은 책이 바로 다음이다.

- 《Understanding the Linux Kernel》(Daniel P. Bovet/Marco Cesati, O'Reilly Media, 2005) 《리눅스 커널의 이해》(한빛미디어)
  커널 소스를 읽을 때 이 책을 참고하자.

18.3 이식성

프로그램은 더욱 많은 환경에서 실행할 수 있는 것이 좋다. 자신의 컴퓨터에서만 동작하는 것보다는 친구의 컴퓨터에서도 동작하는 것이 더 좋고, 리눅스에서만 동작하는 것보다 여러 유닉스에서 동작하는 것이 더 좋고, 윈도우에서도 동작하면 더욱 좋다. 아예 이 세상의 모든 컴퓨터에서 동작한다면 더할 나위 없을 것이다. 이와 같이 더 많은 환경에서 동작하는 프로그램을 **이식성이 높은**(portable) 프로그램이라 한다.

프로그램의 이식성을 떨어뜨리는 원인을 몇 가지 나열해 보면 다음과 같다.

- 리눅스 커널의 버전 차이
- libc 등의 라이브러리 버전 차이
- 비표준 라이브러리의 존재
- 리눅스 배포판 차이
- 리눅스 배포판의 버전 차이
- 컴파일러 차이
- CPU 등 하드웨어 차이
- 운영체제 차이

그렇다면 이식성이 높은 프로그램을 작성하기 위해서는 어떻게 하면 좋을까?

 API 표준 규격

이식성을 위해서는 표준 규격을 지키는 것이 좋다. 표준에 명기되어 있다면 많은 환경에서 통용될 것이라 가정할 수 있고, 그렇지 않더라도 향후 지원될 가능성이 높다.

현재 유닉스의 API와 관련해서 가장 참고할 만한 표준은 **SUSv4**(Single UNIX Specification version 4)다. SUSv4의 핵심은 IEEE Std. 1003.1-2008(**POSIX:2008**)과 거의 같다. 자세한 내용은 http://www.unix.org/version4/에서 확인할 수 있다.

❧ autotools

표준 규격을 따르는 것은 이식성을 높이기 위한 좋은 방법이지만, 더 정확한 방법은 빌드 시에 각각의 플랫폼에 실제로 존재하는 API를 조사해, 사용 가능한 것만 조립하는 방법이다.

이 같은 목적에 사용할 수 있는 도구가 GNU의 **autoconf**다. 여러분도 리눅스에서 프로그램을 빌드할 때 configure라는 명령어를 사용한 적이 있을 것이다. 실은 그것을 만들 때 사용하는 것이 바로 autoconf다. configure는 단순한 셸 스크립트지만, 그 안에서는 온갖 셸 스크립트 기법을 사용하여 시스템에 존재하는 API, 헤더 파일, 컴파일러 작동, 버그의 유무 등을 조사해 그 정보를 C의 헤더 파일 형식으로 생성한다. 프로그램 측에서는 해당 정보를 바탕으로 #ifdef 등을 사용해서 각 환경을 위한 코드를 준비해 두면 되는 것이다.

단, 여기서 주의해야 할 점이 configure를 작동시키는 것만으로는 프로그램의 이식성이 전혀 올라가지 않는다는 점이다. 이식성을 높이려면 configure의 출력을 활용하는 코드를 각각의 프로그래머가 정리해 두지 않으면 안 된다. '이 환경에서 이 기능을 사용하려면 이 함수를 사용하면 된다' 등의 정보도 스스로 조사할 필요가 있다. 구체적으로 말하자면 autoconf를 사용해서 프로그램의 이식성을 올리고자 할 경우 다음과 같은 단계를 거쳐야 한다.

1. 어떤 환경에서 실제로 빌드나 실행이 실패
2. 필요한 조치를 조사
3. 새로운 configure를 autoconf로 생성
4. 그 정보를 프로그램에서 사용하도록 수정

이처럼 autoconf는 위 **3**번에서만 사용된다. 나머지는 전부 프로그래머의 일이다. autoconf는 실제로 꽤 까다로운 프로그램으로 이를 위한 보조 프로그램도 준비되어 있는데, 바로 **automake**와 **libtool**이다. 이들을 전부 통합해서 **autotools**라고 부른다.

autotools에 대한 정보는 GNU 매뉴얼이나 웹상의 정보를 참고하기 바란다.

18.4 GUI 프로그래밍

이 책에서는 스트림이나 네트워크 등, 비교적 눈에 보이지 않는 부분에 초점을 두었기에 사용자가 직접 조작하는 부분에 대해서는 거의 다루지 않았다. 즉, 마우스를 사용해서 버튼이나 스크롤바를 조작하는 **GUI**(Graphical User Interface)에 대해서는 다루지 않았다. 여기서 간략한 개요를 살펴보도록 하자.

GUI 툴킷

옛날에는 리눅스에서 GUI 프로그래밍을 하는 것은 꽤 어려운 일이었지만, 지금은 개발 환경이 무척 좋아졌다. 가장 중요한 변화로 **Gtk+**나 **Qt** 같은 **GUI 툴킷**(GUI toolkit)이 생겼다.

GUI 툴킷은 버튼이나 스크롤바 같은 GUI 부품을 제공하는 라이브러리를 말한다. 그 이전에도 **X 툴킷**(Xtoolkit, Xt)이나 **Motif** 같은 툴킷이 있기는 했지만, 디자인이 좋지 않았고 라이선스 및 설계 문제가 있어 거의 사용되지 않았다.

데스크톱 환경

Gtk+와 Qt가 현재 주류인데 이 중 어느 것을 사용하면 좋을까? 이때는 타겟이 되는 **통합 데스크톱 환경**(Desktop Environment)으로 결정하면 된다. 유명한 데스크톱 환경으로는 **GNOME**과 **KDE**가 있다. GNOME은 Gtk+를, KDE는 Qt를 각각 사용하고 있다. 우분투의 디폴트 환경인 유니티(Unity)는 GNOME으로부터 파생했기 때문에 Gtk+를 사용한다.

그러면 GNOME과 KDE 중에서는 어느 쪽을 사용해야 할까? 난립한 데스크톱 환경이 융합할 기미가 보이지 않기 때문에 이것은 각자 판단할 수밖에 없다.

참고로 Gtk+를 사용하고 있기 때문에 KDE에서는 동작하지 않는다든지, 역으로 Qt를 사용하고 있기 때문에 GNOME에서 동작하지 않는 일은 없다. 디자인이 다소 다르게 보이는 문제는 있지만, 기본적으로는 문제없이 사용할 수 있다.

✿ X 윈도우 시스템

X 윈도우 시스템(X Window System), 줄여서 X는 실제로 모니터에 이미지를 보내는 부분을 담당하는 시스템이다.

X의 특징은 클라이언트·서버 모델로 설계되었다는 점이다. 하부에서 모니터를 조작하고 있는 것이 **X 서버**(X server)이며, 파이어폭스나 터미널(Terminal)과 같은 애플리케이션이 **X 클라이언트**(X client)다.

서버와 클라이언트는 각각 별도의 프로그램이기 때문에 어떤 방법을 사용해서 통신하지 않으면 안 된다. 현재 X는 기본적으로 소켓을 사용해서 통신하고 있다(그림 18.1). 이때 사용하는 프로토콜이 **X 프로토콜**(X protocol)이다. 또한 이 X 프로토콜을 래핑하는 C 라이브러리가 **Xlib**이며, Gtk+와 Qt도 Xlib를 사용하고 있다.

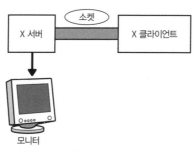

그림 18.1 X와 서버·클라이언트 모델

✿ 도서 안내

X나 Gtk+관련 도서는 무척 적고, 또한 있어도 대부분 오래되어 추천하기 어렵다. 양쪽 다 웹에 오픈된 레퍼런스 매뉴얼을 참고할 것을 추천한다. Qt는 비교적 최근에 나온 책이 있어 소개한다.

- 《C++ GUI Programming with Qt 4》(Jasmin Blanchette/Mark Summerfield, Prentice Hall, 2008)

  최신 버전을 다루고 있지는 않지만, Qt의 전반적인 설계를 다루고 있다. 또한, 《Advanced Qt Programming: Creating Great Software with C++ and Qt 4》(Mark Summerfield, Prentice Hall, 2010)이란 책도 있다.

18.5 단말 조작

이 책에서는 단말 조작에 대해서 거의 설명하지 않았다. 여기서 말하는 단말 조작이란, 단말을 스트림으로서 추상화해서 사용하는 것이 아니라 단말 그 자체에 특화된 조작을 말한다.

예를 들어, 단말상에서 돌아가는 에디터 프로그램을 만들 때 이러한 단말 조작이 필요하다. 에디터는 키가 눌러지면 그것을 즉시 받아들이지 않으면 안 되므로 버퍼링 기능이 오히려 방해가 된다. 또한, 화면에 텍스트를 표시할 때는 'n줄 m번째에 문자를 표시'하도록 지정할 수 있어야 한다.

또한, 패스워드를 입력할 때도 화면에 패스워드가 표시되지 않도록 하는 조작이 필요하다. 단말을 직접 조작하는 방법으로는 크게 두 가지가 있다.

- ioctl()을 사용
- 스트림으로 특정 바이트 열을 송신

ioctl()은 스트림에 연결된 디바이스에 특화된 시스템 콜이므로 이를 사용하여 단말 조작을 할 수 있다.

후자의 경우는 '\n'이나 '\r'이 대표적인 예다. '\n'은 해당 문자를 화면에 그대로 출력하는 것이 아니라 '단말의 커서를 다음 줄로 이동한다'는 의미를 담고 있다. 이와 비슷하게 '커서를 오른쪽으로 이동' 혹은 '여기부터 배경색을 칠하기' 같은 기능을 가진 바이트 열이 있다고 생각하면 된다.

두 가지 방법에 대한 각각의 추상화 레이어가 존재한다(그림 18.2).

첫 번째는 단말용 ioctl()을 추상화한 **termios**다. termios는 libc의 일부인데, 더 구체적으로는 API 그룹을 말한다. termios를 사용하면 패스워드를 입력 시 화면에 문자가 표시되지 않도록 할 수 있다.

두 번째는 단말에 특별한 동작을 수행하도록 하는 바이트 열에 대한 데이터베이스인 **termcap**와 **terminfo**다. 두 종류인 이유는 BSD와 SystemV으로 분파된 것에 따랐다. 리눅스에서는 terminfo를 사용한다.

마지막으로 양쪽을 사용하는 **Curses**가 있다. 리눅스에서는 **ncurses**(New Curses)라는 Curses 호환 라이브러리가 일반적이다.

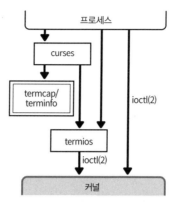

그림 18.2 단말 관련 라이브러리

🌱 도서 안내

termios에 관해서는 앞서 소개한 AOEP와 《리눅스 API의 모든 것》(에이콘)에 별도의 장을 마련하여 설명하고 있다. 후자가 좀 더 자세하다. Curses에 대해서는 아쉽게도 추천할 만한 서적이 없다. ncurses에 대해서는 GNU ncurses 도큐먼트를 참고하기 바란다.

18.6 make

이 책에서는 하나의 프로그램은 하나의 파일로 구성되어, gcc 명령어를 사용해서 빌드했다. 그러나 규모가 큰 프로그램을 작성할 때는 직접 gcc를 호출하는 것이 비효율적이다.

이런 경우에 보통 make 명령어를 사용한다. Makefile이라는 파일에 소스 코드의 처리 조건을 작성해 두면, make라고 입력하는 것만으로 프로그램을 빌드할 수 있다.

예를 들어, 이전 장에서 작성한 HTTP 서버 소스 코드를 세 개의 파일로 나눴다고 생각하자. main.c, network.c, http.c로 나누고 이 세 개를 각각 오브젝트 파일까지 컴파일해서 전부 통합하여 링크하면 httpd 명령어가 된다고 할 때 다음과 같은 Makefile을 만들면 된다(코드 18.1).

코드 18.1 Makefile 예

```
CC     = gcc
CFLAGS = -g -Wall
OBJS   = main.o network.o http.o

httpd: $(OBJS)
        $(CC) $(CFLAGS) -o $@ $(OBJS)

main.o: main.c
        $(CC) -c $(CFLAGS) -o $@ $<

network.o: network.c
        $(CC) -c $(CFLAGS) -o $@ $<

http.o: http.c
        $(CC) -c $(CFLAGS) -o $@ $<
```

그러면 make를 입력하는 것만으로도 httpd가 작성된다.

```
$ ls
Makefile http.c main.c network.c
$ make
gcc -c -g -Wall -o main.o main.c
gcc -c -g -Wall -o network.o network.c
gcc -c -g -Wall -o http.o http.c
gcc -g -Wall -o httpd main.o network.o http.o
```

```
$ ls
Makefile  http.c  http.o  httpd  main.c  main.o  network.c  network.o
```

make는 단지 빌드만 하는 것이 아니라, 파일의 수정 시각을 보고 갱신 여부를 판단한다. 따라서 아무런 변화없이 make를 재실행하면 작업이 반복되지 않는다.

```
$ make
make: 'httpd' is up to date.
```

그러나 여기서 network.c를 변경하면 network.o와 httpd만을 다시 작성한다.

```
$ vi network.c ◄──── 변경하고 저장
$ make
gcc -c -g -Wall -o network.o network.c
gcc -g -Wall -o httpd main.o network.o http.o
```

이와 같이 make는 작업량을 최소화해서 빌드의 부하와 시간을 줄여 준다.

본격적으로 C 프로그래밍을 한다면 make는 반드시 마스터하는 것이 좋다. 그런데 앞서 작성한 Makefile에는 불필요한 부분이 존재한다. make에 대해 공부하게 된다면 어느 부분이 쓸데없이 길게 작성되었는지 생각해 보기 바란다.

📍 도서 안내

make에 관해서는 다음 책을 추천한다.

- 《Managing Projects with GNU Make: The Power of GNU Make for Building Anything》(Robert Mecklenburg, O'Reilly Media, 2004)
  이 책을 포함하여 지금까지 추천한 책들은 모두 다소 전통적이고 딱딱한 책들이다. 따라서 다소 어렵고 지루할 수도 있다. 흥미를 잃지 않는 것이 중요하므로, 보다 쉽게 설명된 시중의 책을 살펴보는 것도 괜찮은 방법이다.

18.7 셸 스크립트

셸 스크립트는 무시할 수 없는 존재다. 넓은 의미로 awk와 sed도 셸 스크립트에 포함할 수 있다. 한때 펄이나 루비 같은 언어에 밀리기도 했지만, 최근에는 다시 재평가되고 있는 듯하다.

셸 스크립트는 일상의 작은 작업에 사용해도 편리하고, 중요한 프로그램을 기동할 때도 많이 사용된다. 특히, make와 조합해서도 많이 사용되므로 반드시 자유자재로 사용할 수 있도록 익혀 두기 바란다.

도서 안내

- 《Portable Shell Programming: An Extensive Collection of Bourne Shell Examples》(Bruce Blinn, Prentice Hall, 1995)

  셸 스크립트 관련 서적이라면 무조건 이 책을 추천한다. 초보자부터 상급자까지 모두에게 도움이 되는 책이다. 제목에 Portable이란 단어가 있듯이 이식성과 관련된 내용도 충실하다.

18.8 버전 관리 시스템

프로그램은 긴 시간을 두고 변화하며 성장한다. 그 과정에서 변화의 방향을 잘못 잡아 되돌아가고 싶은 경우가 생기기도 하고, 예전에 작성한 코드의 내용과 의도를 확인하고 싶은 경우가 생기기도 한다. 이럴 때 도움이 되는 것이 **버전 관리 시스템**(version control system)이다.

여기에서 버전은 소스 파일 단위로 변화해 온 버전을 의미한다. 예를 들어 파일을 만들 때가 버전 1이고, 오늘 조금 변경하면 버전 2가 되며, 내일 또 코드를 추가하면 버전 3이 된다.

버전 관리 시스템이 있으면 소스 코드를 언제든지 이전 상태로 되돌릴 수 있다. 따라서 버전 관리 시스템을 '긴 시간에 걸쳐 UNDO 기능을 제공하는 것'이라고 생각할 수도 있다.

버전 관리 시스템의 이점은 이뿐만이 아니다. 현재 소스 코드와의 차이를 조사할 수도 있고, 파일의 특정 부분을 언제 누가 변경했는가도 조사할 수 있다. 또한, 파일의 버전을 올릴 때는 사람이 읽을 수 있는 언어로 로그를 붙여넣을 수 있기 때문에 변경 원인을 더 명확하게 남기는 것이 가능하다.

현재 리눅스에서 압도적으로 많이 사용되는 버전 관리 시스템은 **깃**(Git)이다. 이 책의 원고도 깃과 깃허브(Github)를 사용하여 관리했다.

18.9 도큐먼트

프로그램에는 반드시 도큐먼트가 따라다닌다. 사용자 가이드, 튜토리얼, 레퍼런스 매뉴얼 등 그 종류도 다양하다.

도큐먼트는 최종적으로 HTML 형식으로 제공하면 되는데, 그렇다고 HTML 코딩을 할 필요는 없다. 마크다운(Markdown)을 사용하면 HTML로 변환해 주기 때문이다. 자세한 정보는 웹상에 많으므로 검색해 보기 바란다.

또한 리눅스 명령어를 만들어 배포하는 경우에는 man 페이지를 제공하고 싶을 수 있다. 그러나 man 페이지는 **roff**라는 형식으로 작성되어 있는데, 이 roff라는 것을 진지하게 배워 둘 가치는 크게 없다고 본다. 적당히 다른 페이지를 보고 따라서 작성하면 충분하다. 그러나 제대로 익히고 싶은 독자들은 **LDP**(Linux Documentation Project)의 MAN-PAGE HOWTO를 참고하기 바란다.

- Linux Man Page Howto(http://www.tldp.org/HOWTO/Man-Page/)

또한 자바 진영의 자바독(JavaDoc)과 같이 소스 코드에 삽입하는 형식의 도큐먼트 도구도 있다. C 언어용으로는 Doxygen이 유명하다.

- Doxygen(http://www.doxygen.org/)

18.10 패키지와 배포

프로그램을 작성하게 되면, 간단하게 설치하여 사용할 수 있도록 통합해서 배포할 수 있다. 여기서는 소스 코드와 바이너리, 각각의 패키지를 만드는 방법을 설명한다.

 tar.gz

리눅스에서 프로그램을 배포하는 가장 일반적인 방법은 소스 코드를 **tar** 명령어와 **gzip** 명령어를 통해 하나의 파일(아카이브)로 묶는 방법이다. 이때 GNU 코딩 표준(GNU Coding Standard, http://www.gnu.org/prep/standards/)를 따르는 것이 일반적이다. 다음은 그중 일부를 발췌한 내용이다.

- tar+gzip 또는 tar+bzip2로 아카이브한다.
- 아카이브 파일명은 packagename-X.X.X.tar.gz로 한다.
- 압축을 풀었을 때 packagename-X.X.X라는 디렉터리가 생성되도록 하고, 그 안에 모든 파일을 넣는다.
- configure와 make로 빌드할 수 있도록 한다.

위 내용을 파악하고자 한다면 인터넷에 오픈된 유명한 리눅스 도구를 직접 빌드해 보는 게 가장 좋다. 특히, GNU 소프트웨어는 반드시 위 스타일을 따르기 때문에 초보자들이 익히기에 좋다.

RPM과 deb

단순한 tar.gz보다 훨씬 편리한 패키지 형식도 있다. 바로 레드햇(RedHat)의 **RPM**과 데비안 (Debian)의 **deb**다. 이들은 패키지 간의 상호 의존성을 기술할 수 있어 설치와 제거가 쉽다. 특히, 컴파일된 바이너리를 배포하려면 이들 패키지를 만드는 것이 좋다.

RPM이나 deb 패키지를 만드는 것도 그렇게 어렵지 않다. 레드햇이나 데비안의 공식 사이트에도 작성 방법을 설명한 문서가 있고 웹을 검색해도 많이 나온다.

부록

A.1 gcc의 주요 커맨드라인 옵션

일반적으로 리눅스에서 '-xarg' 와 '-x arg'는 같은 의미이지만, gcc에서는 그렇지 않다. 예를 들어, '-Wall과 '-W all'은 다른 의미가 된다. 또한, 옵션을 부여하는 순서도 중요하다.

- **-c**

  처리를 어셈블러까지 수행하고 오브젝트 파일을 filename.o로 저장한다. -E 옵션과 -S 옵션을 참고한다.

- **-Dsymbol**

  Symbol을 정의한 상태로 프로세스를 수행한다. 코드 중에 #define symbol을 쓰는 것과 동일한 효과를 가진다.

- **-Dsymbol=value**

  Symbol을 value 값으로 정의한 상태로 프로세스를 실행한다. 코드 중에 #define symbol value라고 쓰는 것과 동일한 효과를 가진다.

- **-E**

  처리를 프리 프로세스까지 수행하고 표준 출력으로 프리 프로세스가 수행된 소스 코드를 출력한다. -c 옵션과 -S 옵션을 참고한다.

- **-g**

  프로그램을 디버깅용으로 컴파일한다. gdb와 같은 디버거를 사용할 때 사용한다.

- **-Ipath**

  프리 프로세스의 헤더 파일 검색 경로를 추가한다.

- **-Lpath**

  링커의 라이브러리 검색 경로를 추가한다.

- **-lname**

  라이브러리 name을 링크하도록 지정한다.

- **-o progname**

  출력할 프로그램 이름을 지정한다.

- **-O, -O1, -O2, -O3**

  프로그램의 속도를 최적화한다. -O와 -O1은 같은 의미로, 숫자가 클수록 강력한 최적화가 수행된다.

- **-O0**

  최적화를 일절 수행하지 않는다. 참고로 대문자 O와 숫자 0이다.

- **-Os**

  프로그램의 크기를 최적화한다(작게 만든다).

- **-Og**

  디버그 기능에 영향을 미치지 않는 최적화 옵션만을 유효화한다.

- **-S**

  컴파일까지 하고 변환된 어셈블리 언어 소스코드를 filename.s에 저장한다. -c 옵션과 -E 옵션을 참고한다.

- **-shared**

  이 옵션 이후에 지정한 라이브러리는 공유 라이브러리로 다뤄진다. -static 옵션과 -l 옵션을 참고한다.

- **-static**

  이 옵션 이후에 지정한 라이브러리는 정적 라이브러리로 다뤄진다. -share 옵션과 -l 옵션을 참고한다.

- **-v**

  gcc가 내부적으로 사용하는 명령어를 출력해 준다. gcc 자체의 동작에 대해 조사할 때 유용하다.

- **-Wall**

  일반적인 경고를 출력한다. 이 옵션은 항상 켜두는 것이 좋다.

A.2 참고 문헌

- 《GNU Autoconf, Automake, and Libtool》(Gary V. Vaughn/Ben Elliston/Tom Tromey /Ian Lance Taylor, Sams Publishing, 2000)
- 《Managing Projects with GNU Make: The Power of GNU Make for Building Anything》(Robert Mecklenburg, O'Reilly Media, 2004)
- 《Managing Projects with make》(Andy Oram/Steve Talbott, O'Reilly & Associates, 1993)
- 《Beginning Linux Programming》(Neil Matthew/Richard Stones, Wrox, 2007) 《Beginning Linux Programming》(아이티씨(ITC), 2008)
- 《The Linux Programming Interface: A Linux and UNIX System Program ming Handbook》(Michael Kerrisk, No Starch Press, 2010) 《리눅스 API의 모든 것》(에이콘)
- 《UNIX Network Programming Volume 1: Networking APIs: Sockets and XTI 》(W. Richard Stevens, Prentice Hall, 1998)
- 《UNIX Network Programming, Volume 2: Interprocess Communications》(W. Richard Stevens, Prentice Hall, 1998)
- 《The UNIX Programming Environment》(Brian W. Kernighan/Rob Pike, Prentice Hall, 1983)
- 《The C Programming Language》(Brian W. Kernighan/Dennis M. Ritchie, Prentice-Hall, 1988) 《C 언어 프로그래밍》(대영사)
- 《Understanding the Linux Kernel》(Daniel P. Bovet/Marco Cesati, O'Reilly Media, 2005) 《리눅스 커널의 이해》(한빛미디어)
- 《Advanced Programming in the UNIX Environment》(W. Richard Stevens/ Stephen A. Rago, Addison-Wesley Professional, 2013) 《UNIX 고급 프로그래밍》(퍼스트북)
- 《Portable Shell Programming: An Extensive Collection of Bourne Shell Examples》(Bruce Blinn, Prentice Hall, 1995)

찾아보기